教育部人文社会科学研究一般项目
上海政法学院创新性学科团队资助项目

韩国在中美之间的战略选择:中国的视角
South Korea's Strategic Choice between
China and the U.S.: China's Perspective

汪伟民 著

时间的纺车
시간의 물레

요약문

이 책은 반도국, 중견국, 분단국이라는 한국의 국가적 특징에 착안하여 각 시대별로 중국과 미국이 한국의 외교 전략에 미친 지리적, 경제적, 전략적 영향에 대해 살펴보았다. 나아가 한국이 대중국 외교에서 추구하는 4대 실리, 국가안보의 취약함 극복, 지속적인 경제 성장, 중견국으로서의 활발한 외교활동 및 한반도 통일에 관해 연구하였으며, 그밖에 중미일, 한중일, 한미일 삼각구도와 같은 외부의 구조적 요인과 남북관계, 국내 민족주의 및 보수·진보 세력의 추이와 같은 내부적 요인이 한국의 대중국 외교에 끼친 영향을 분석하고, 마지막으로 중국과 미국 사이에서 한국이 효과적으로 펼칠 수 있는 외교 전략을 도출하고자 하였다.

概　要

　　本课题从韩国国家特征的规定性(陆海桥梁国家、中等强国、分裂国家)入手，考察中美两国对韩所形成的地缘经济引力与战略引力在不同历史阶段在韩国外交战略中交相发挥作用的形式，进而探析韩国对华外交的四大国家利益诉求：克服国家安全的脆弱性、经济的持续繁荣、中等强国活跃的外交活动空间及朝鲜半岛的统一，同时分析其它外部结构性因素(如，中美日三角、中日韩三角、美日韩三角)及内部源生性因素(如，南北关系、国内反大国主义的民族主义及左右力量的消长)对韩国对华外交的刺激或辐射作用，最后辩明韩国化解其在中美之间的战略困境的有效途径。

目 录

序论 7

第一章　韩国对华外交与韩美同盟 13

第一节　中国在韩国外交与安全战略中的地位与角色 13

第二节　中国在韩国核心国家利益中的战略相关性 22

第三节　近年来韩国战略界应对中国崛起的观点与主张 ... 34

第四节　韩美同盟制约下的韩国对华关系 37

第二章　中韩经济合作的战略逻辑 43

第一节　中韩经济关系的发展与特点 43

第二节　中韩经济合作的互补性与竞争性 62

第三节　美韩经济关系与中韩经济关系 75

第三章　韩朝三角关系与美国的朝鲜半岛政策 97

第一节　冷战后中朝关系的演变与中韩朝三角关系 97

第二节　冷战后美国的朝鲜半岛政策 114

第三节　中美在朝鲜半岛的竞争与合作 132

第四章　虚幻的同盟：美日韩安全三角 ········· 146
第一节　冷战以来的美日韩三角关系 ········· 146
第二节　韩国对日政策的历史考察 ········· 165
第三节　美日韩安全三角：联盟理论的解读 ········· 174

第五章　韩国国内政治与韩中关系 ········· 183
第一节　韩国对外政策的国内政治根源 ········· 183
第二节　韩国国内政治对韩中关系的影响 ········· 198
第三节　当前韩中关系面临的问题与对策 ········· 213

第六章　韩国外交的主动性：中等强国的维度 ········· 230
第一节　中等强国外交的理论解析 ········· 230
第二节　韩国：中等强国外交的运筹 ········· 241
第三节　比较视野下的韩国中等强国外交 ········· 253
第四节　韩国中等强国外交的案例分析 ········· 261

序 论

一、研究现状评述及研究意义

有关冷战后韩国在中美之间的外交战略取向的研究成果主要出自韩、美学者之手,中国国内相关学术成果相对较少。这些成果的推出共有三次高峰,第一个高峰出现于亚洲金融危机时期:中国负责任的货币政策、新安全观及中国市场对韩国经济的强大支撑作用使韩国各界对中国的亲近感、依存度迅速上升;第二个高峰出现于卢武铉政府前期:"386一代"在政治上的崛起使韩国国内左翼进步力量进一步壮大,修正主义的历史观及韩美对朝政策的巨大分歧导致韩国国内激烈的反美风潮,与此同时,中国的和平崛起理念及中国主持的六方会谈使韩国政商两界皆对中国因素抱持积极认同的态度,韩中两国在朝核问题上的密切协作一度使韩中结盟的前景隐约可见;第三个高峰大致出现于2004年前后,并一直持续到现在:2003-2004年的高句丽历史争议使韩国战略界对中国长远的战略意图产生严重疑虑,并诱发了韩国国内潜伏的对外战略取向的争论。事实上,中韩历史争议、中国的快速崛起、韩国对朝无条件接触政策的失败及美国对韩国可能的战略抛弃,在韩国国内同时引发了对华政策辩论、对北政策辩论及对韩美同盟战略价值的重新评估。这三大争论相互交织不仅导致南南矛盾的激化,左右力量的内部分裂,并直接催生了韩国国内新右派的迅速崛起和李明博总统的当选,韩国国内的"韩美同盟派"藉此卷土重来,亲中派不仅有名无实,亲中话题甚至成为学术禁忌。

三次高峰产生的成果按其代表性观点可分为三大类：一是中国崛起机遇论；二是中国崛起挑战论；三是两面下注的"软制衡论"。中国崛起机遇论：首尔大学 Sheen Seongho 在"倒向中国龙：韩国对华政策辩论"一文中认为，中国的发展与增长将为韩国提供巨大机遇，中国庞大的人口及日益增强的购买力将为韩国经济的持续繁荣提供广阔市场。美国学者 Robert Sutter 则认为，加强韩中关系将为韩国对外政策提供多样化选择，降低对韩美同盟的依赖，确保韩国在朝鲜半岛的国家利益不受损于大国争夺。

中国崛起挑战论：首尔大学 Chung Jaeho 在《在联盟与伙伴之间：韩中关系与美国》一书及其系列文章中指出，2004 年中国的"东北工程"是韩中关系的分水岭，韩国对中国的扩张主义和崛起的潜在危害日益关注，韩方担心一旦中美交恶，韩国将面临在美中之间必须作出抉择的战略困境，韩国没有想到与中国全面接触的巨大成功会成为其外交上最大的困境，目前韩国对华政策正处于"重新觉醒"(reawakening)阶段。韩国翰林大学 Kim Taeho 认为中国对朝鲜半岛稳定的诉求主要缘于自身安全与经济利益，中国一直将半岛稳定置于朝鲜无核化的目标之上，韩中之间并没有共同的利益(commom interests)，只有需共同规避的风险(comon aversions)，中长期看韩国应为未来中国朝鲜半岛政策的反转做好准备。

两面下注的"软制衡论"：韩国安保战略研究所 Park Byungkwang 在"中国崛起与韩中关系：认知、议题与任务"一文中认为，随着中国在国际舞台越来越自信武断，中国在扩展其国际影响力方面将更具进攻性；中国地缘政治力量的上升对韩国的影响最甚，因为朝鲜半岛将成为中国崛起为大国的试验场。同时他认为，中国崛起对韩国来说是机遇与挑战并存，韩中友好互利关系不仅在于经济利益还关乎韩国的战略目标与统一前景，但无论是在外交、战略和经济层面，中国都不是替代美国的选项。

延世大学 Han Sukhee 认为李明博政府目前的对华政策是一种两面下注的战略(hedging strategy)，即深度接触与"软制衡"并行不悖。

纵观上述三论，单纯强调"中国机遇论"的学者在当下韩国已不合时尚，也无法入围韩国对华决策圈，第二派和第三派的观点有诸多交错之处，第二派关注认知层面，第三派着重应对手段，他们都可归纳为"对华警戒派"，他们的观点大致代表目前韩国战略界对华政策的主流观点。这批学者大多具有留美背景，研究成果颇丰，且常常刊于英文的国际核心期刊，但往往新瓶装旧酒，喜欢套用西方理论，关注韩中关系中的热点问题，理论创新与历史纵深不足。相比之下，美国的一些朝鲜半岛专家，如亚洲基金会的 Scott Snyder，乔治敦大学的 Victor Cha 和 Robert Sutter 对于韩国对外战略选择的分析似乎更加客观公允。中国的一些学者，如吉林大学的王生、复旦大学的汪伟民虽然也有相关研究成果，但中国学界对这一问题总体关注度不够，没有在国际学术界提出代表性观点，也没有推出有影响力的著作。

本课题的研究意义：1、中韩关系作为中国周边外交中最为成功的案例，如今却陷入战略疲乏期，传统的政治文化亲和力失去光泽，强大的经济纽带失去战略推动力。韩国大众的厌华情绪和战略界对华普遍的警戒心理，导致着力建构的中韩战略合作伙伴关系有名无实。除了反思对高句丽问题的笨拙处理和无效的民间敌对情绪控制，中国在处理对韩关系方面并无大错，因此转而对韩国对外战略决策和对华关系中的美国因素进行深入评估，并向美国学习管理美韩同盟的经验已是当务之急。过低评估美韩同盟的坚韧度，过低评估美国的联盟管理能力，过低评估韩国被美战略抛弃的恐惧感和挫折感；过高评估韩国与中国在朝鲜问题上的共同利益和立场，过高评估经济因素的战略溢出作用，过高评估韩国左翼力量的政治影响力，这些都直接导致当前中韩战略关系从高空正高速滑落。寻求重新修复中韩关系需要新的对韩外交思维，因此本课题的研究具有现实的策论意义。2、本课题的理论意义在于尝试从三个复合视角(地缘政治学、地缘经济学、中等强国外交)、三个分析维度(陆海桥梁国家 land-bridge state、有雄心的中等强国和分裂国家)来界定韩国外交战略的选择空间,这种研究方法在学界尚不多见。*

二、研究的主要内容、基本思路、研究方法、重点难点

主要内容:从韩国国家特征的规定性(陆海桥梁国家、中等强国、分裂国家)入手,考察中美两国对韩所形成的地缘经济引力与战略引力在不同历史阶段在韩国外交战略中交相发挥作用的形式,进而探析韩国对华外交的四大国家利益诉求:克服国家安全的脆弱性、经济的持续繁荣、中等强国活跃的外交活动空间及朝鲜半岛的统一,同时分析其它外部结构性因素(如,中美日三角、中日韩三角、美日韩三角)及内部源生性因素(如,南北关系、国内反大国主义的民族主义及左右力量的消长)对韩国对华外交的刺激或辐射作用,最后辩明韩国化解其在中美之间的战略困境的有效途径。

基本思路:

第一部分:"韩国对华外交与韩美同盟"。分析中国在韩国实现其四大核心国家利益方面的战略相关性,剖析韩国战略界对华政策的三大争论性观点,探析韩美同盟关系的干涉性作用及中韩双边关系不稳定的远源近因。第二部分:"中韩经济合作的战略逻辑"。从地缘经济学的角度考察冷战后中韩经济合作高速发展的动力学,对中韩经济关系与美韩经

---

* 吉林大学王生教授等人对本课题研究有重大贡献,并撰写了其中的部分章节,在此表示真诚感谢!

济关系进行横向比较,着重分析韩美 FTA 的战略蕴义。第三、四部分是两个重要的三角关系:"中韩朝三角关系与美国的朝鲜半岛政策","韩美日安全三角与中国"。第五部分分析国内政治层面,"韩国国内政治与韩中关系";第六部分是全书总结,"韩国外交的主动性(activism)及其战略抉择:中等强国的视角"。

研究方法:理论(地缘政治学、地缘经济学、中等强国外交)、历史与政策分析相结合的定性研究方法

重点难点:1、"陆海桥梁国家"的概念比较难以界定,这一核心变量与中等强国、分裂国家的复合视角对韩国的外交取向到底有哪些规定性作用只能进行形象描述和抽象假设,缺乏足够的可资分析的实证基础。本项研究以韩国作为独特个案,希望取得一定的理论突破。2、分析韩中美三角关系难以脱离中美日、中日韩这两个三角的结构性影响,三个三角相互作用的形态过于复杂,难以有效地简约化,这也是本项研究的难点之一。

三、基本观点和创新之处

1、基于历史经验分析,韩国独特的地缘政治条件决定了韩国即使实现了统一,仍不能改变其谋求与某一地区大国或域外大国结盟或松散联盟的冲动,周边准世界级大国林立的局面使韩国无法像其它中等强国那样可以择机采取中立或规避的外交战略,韩国完全意义上的战略自主只有在东北亚一体化的前提下实现。韩国国内目前的战略共识是与区域外的离岸平衡手美国相结盟,同时交好周边强邻。韩国中长期的外交战略应是在促进陆海力量平衡的前提下,通过新地区主义的中性路径,主动搭起中日战略和解的桥梁,方能化解战略焦虑,推进统一大业,进而谋求以

"东北亚和平推动者"(而不是"东北亚平衡者")的身份扩展其中等强国的外交活动空间。当前东北亚的地缘政治非常符合韩国大战略最优化的原则,这是韩国的宿命也是一种幸运,对中国来说则是不得不接受的政治现实。

2、中国对韩外交的基点不是致力于取代美国而与韩结盟或准结盟,而是推动韩国成为本地区积极的糅合性力量,而不是两边搭车取利的机会主义者。中韩关系不能被韩美关系推着走,对韩可以以大怀小,但决不能回避争执,迁就放任。目前韩国维持对华关系所付代价最小,所得却甚多。对中国来说,制约韩国对华政策中负面因素丛生的锁钥在于中国的对朝政策,能够颠覆美韩同盟的只有朝鲜因素,能够狙击韩国反华潜流的也只有朝鲜因素。中国只有机敏地运用对朝政策杠杆,才能使中韩关系真正具有战略性。

第一章　韩国对华外交与韩美同盟

迄今为止，对美关系几乎可被认为是韩国最重要的对外关系，美韩双边同盟关系和韩国对美政策，直接影响和塑造着韩国对其他国家的外交政策，包括其对华政策。因此，美韩同盟的结构特点与调整过程，直接塑造了韩国对华政策的演变过程，制约着韩国对华外交的发展路径。同时，韩国对华政策的变化，中韩关系的新发展，又会影响美韩同盟的运作轨迹。只有将韩国对华外交置于美韩同盟的整体背景和宏观架构中，才能准确把握其内在结构与本质特征。

第一节　中国在韩国外交与安全战略中的地位与角色：
以美韩同盟为参照系

随着冷战后国际环境和韩国外交总体战略的演变，中国在韩国外交与安全战略中的位置也在不断变化，这其中最重要的制约因素就是韩国对美关系和美韩同盟。冷战结束后韩国对华外交的演进历程表明，中韩关系的密切程度，与美韩同盟关系的巩固程度，是呈反方向变化的。当美韩同盟出现裂痕、摇摆不定的时候，中国在韩国外交与安全战略中的位置就会上升，韩国就会逐渐重视中国；而当美韩同盟逐渐完成在后冷战时代的调整过程，对自身的战略目标、制度架构、运作机制作出明确的重新定义，实现了美韩同盟关系的转型与提升的时候，中韩关系则出现了越来越多的分歧乃至冲突，甚至由热转冷，渐行渐远。

(一) 理论视角的阐释

与美英同盟不同，美韩同盟自建立之时起，就是典型的"非对称同盟"，这种同盟的长期维系，依赖于同盟双方从多个角度展开的计算与博弈，具有较高的复杂性和不确定性。莫罗（James Morrow）最早提出了分析非对称同盟的理论框架。他认为，非对称同盟比其他类型的同盟具有更强的互补性，同盟双方都是在"追求自主"和"寻求安全"这两种互相替换、无法兼得的利益之间寻求平衡。施耐德（Glenn Snyder）则认为，在非对称同盟中，弱势方对强势方的制度和资源的依赖程度越高，则弱势方选择"逃离同盟"（Defection）的成本就越高，而强势方选择"抛弃同盟"（Abandonment）的成本就要高于选择"深陷同盟"（Entrapment）的代价。在这些理论阐释的基础上，韩裔美国学者 Gi-Wook Shin 则提出，美韩双方在同盟架构内的分歧乃至冲突，可以从不平等关系引发的"反美主义理念"（Anti Americanism Thesis）、处理对朝关系具体议题的"政策主张分歧"（Policy Rift Thesis）、和强势方映像中的自身民族身份认知（National Identity Thesis）三个视角予以解释。而此类分歧与冲突的根源，在于同盟关系的非对称结构。

Gi-Wook Shin 的阐释不仅为解析美韩同盟关系中的冲突提供了清晰的分析框架，也能为人们理解美韩同盟与韩国对华外交之间的关系奠定基础。利用他的分析框架，可以进一步解析在美韩冲突的影响下，中国在韩国外交与安全战略中的位置与作用的变化。随着中国的日渐崛起，中国对朝鲜半岛乃至整个东北亚地区的影响力不断增强。当美韩同盟关系出现变化时，韩国不可避免地考虑到借重中国来制衡美国，向美韩同盟的架构施加压力。

〈表1〉美韩冲突背景下中国在韩国外交与安全战略中的位置的变化
(从美韩冲突的三个阐释视角审视)

美韩冲突的阐释视角	冲突产生的原因	引发冲突的事件	冲突产生后中国在韩国外交与安全战略中的位置的变化
"反美主义理念"(Anti Americanism Thesis)	美韩在同盟架构中的地位与权力的不平等	2000年以来驻韩美军多次交通肇事	中国被视作更为负责任的大国
"政策主张分歧"(Policy Rift Thesis)	美韩对朝鲜政权性质的评价的差异	2000-2007年美国对韩国对朝"阳光政策"的否定	中国被视作能帮助解决朝鲜问题的积极因素
强势方映像中的自身民族身份认知(National Identity Thesis)	美韩双方在管理同盟过程中心理认知的非对称结构	美国在处理朝鲜问题时不尊重韩国的一系列事件	中国被视作可能替代美国的东北亚安全合作的战略伙伴，成为可以向韩国提供民族身份认知的映像的另一个强国

从上表可以看出,美韩冲突的根源比较复杂,包括现实权力政治中的美韩双方同盟地位的差异,外部环境变化对双方的影响的差异,以及双方心理认知结构的差异等多方面。而每当美韩之间的冲突加剧时,中国总是会不可避免地被韩国视作可以抗衡美国的因素,此时中韩关系会逐渐密切。然而,美韩冲突的三个阐释视角,没有一项涉及美韩双方安全战略利益的根本变化。换言之,尽管冷战结束,中韩建交,但好战的朝鲜的存在,使美韩双方当初缔结同盟关系的战略利益的基础,并未出现根本性的改变。这样一来,美韩冲突和中韩关系的升温,都充满了不确定性。

(二) 中国在韩国外交战略中的地位演变：
以美韩同盟的演变为参照系

冷战结束后,中国在韩国外交战略中的位置,经历了三个阶段的变化。第1个阶段是自1992年中韩建交至1998年金大中就任总统。这一时期,美韩同盟处于随波逐流的状态(Autopilot State),未能针对冷战后的时代变迁作出清晰的调整,呈现出模糊不清的状态。与此相对应,这一时期的中国虽逐渐成为韩国重要的贸易伙伴与投资场所,对韩国的经济发展逐渐具备了重要意义,但在韩国外交与安全战略中的地位并不明朗。第2个阶段是1998年至2007年金大中、卢武铉两位总统任职期间,韩国政坛的所谓"386"一代开始发挥重要作用。这批人里有不少都曾在1980年代积极参加反抗军人独裁统治的民主运动风潮,是当年的民主异见人士,具有强烈的左翼进步主义思想,因而采取对朝缓和政策,并在一定程度上疏远美国,希望脱离美国的影响而实施完全自主的对外战略。在此背景下,这一时期的中韩关系不断升温,韩国战略研究界一部分人提出了"中国崛起机遇论",卢武铉进而明确提出韩国应成为"东北亚平衡者"(Northeast Asia Balancer),在中美之间保持平衡。甚至有学者认为这一时期已出现中韩结盟的前景。但2003-2004年高句丽历史评价问题出现后,韩国朝野开始产生对中国崛起的疑虑,中韩关系开始由热转冷。第3个阶段是2008年李明博上台之后,美韩同盟关系完成了再定义,且不断深化,而中韩关系则不断下滑,双方之间的敌意不断增强,官方的冲突和民间的争吵都渐趋频繁。

1. 1990-1998:美韩同盟的漂流状态及其对韩国对华外交的影响

早在1990年,面对冷战趋于结束的大趋势,美国军事与安全决策层制定了"东亚战略计划"(East Asian Strategic Initiative),打算分阶段逐步减少美国在朝鲜半岛的军事存在,对美韩战略同盟在新形势下的微调作出了详细的规划。根据这一计划,美军打算分三个阶段逐步调整美韩同盟关系,将美军在朝鲜半岛掌控的一部分资源和权力移交给韩国。按照这一计划,在第一阶段,驻韩美军将裁撤7000人左右,一名韩国将官将担任军事停战委员会的领导职务,美军的一部分行动任务将移交给韩国并将美国在美韩同盟中的军事定位从"领导者"转变为"支持者";在第二阶段,美国打算将美军在共同警备区的一部分巡防任务移交给韩军,将美国第二步兵师的两个旅调走,并将驻韩美军第七航空队重组为一个战斗机联队;在第三阶段,将由美韩双方在综合考虑朝鲜半岛及整个东北亚地区安全形势后,确定美军长期驻韩的适当规模,将驻韩美军龙山基地迁出首尔、另觅他址,将驻韩美军第二步兵师管理的军事防区移交给韩国,进而改变战时行动指挥部(Wartime Operational Control),乃至建立美韩平行的指挥体系。

但美国的"东亚战略计划"遭到韩国政府的明确反对。此时冷战已经结束,韩国在韩朝双方的经济与军事实力的对比中已占据明显优势,朝鲜在常规军事力量方面对韩国的威胁已大为缓解。尽管如此,韩国方面仍将朝鲜视作威胁韩国安全的隐患,以及与韩国争夺国际生存空间的主要竞争对手。1992至1993年的第一次朝鲜核危机,致使"东亚战略计划"的不少内容被搁置起来,未得到严格执行。纵观1990年至1997年的大致八年间,美韩军事同盟的基本架构未变,美军驻韩的分布结构与总体规模亦未改变,韩朝关系也未得到改善。

就在这一时期内的1996年前后,美国克林顿政府对美日同盟实施了全面评估和重新定义,明确了美日同盟在后冷战时代的战略目标、制度架构、运作机制,从而使美日同盟完成了从冷战时代向后冷战时代的转型,由防范敌对阵营的单纯军事安全同盟转变为后冷战时代维护地区稳定的综合安全同盟。但同一时期美国并未花费足够的时间和精力,对美韩同盟在后冷战时代的转型问题展开深入的思考和详细的沟通。1992年前后"东亚战略计划"搁浅后,美韩同盟处于"随波逐流"的状态(Autopilot State)。界定同盟关系基本结构的其目标、制度、机制等主要事项,仍然以冷战对峙时代美韩双方对安全形势的认知作为其基本内涵,未能针对冷战后的时代变迁作出清晰的调整,呈现出模糊不清的状态。这一方面表明美日同盟和美韩同盟在美国的亚太战略安全同盟体系中的地位的差异,另一方面则表明朝鲜核危机的动荡起伏,牵涉了美韩双方较多的精力,使其一时难以认清美韩同盟转型的总体方向,难以为其转型设计出适应形势的新的制度架构。

美军推出的"东亚战略计划",表明美国方面认为朝鲜半岛乃至整个东北亚地区的安全形势已经改观,过去两大阵营阵线分明、壁垒森严的对峙局面已结束。美国方面的这种战略认知深刻影响了韩国对周边环境和国际形势的评判,使其致力于逐步拓展韩国的外交空间。在此形势下,1992年韩国与中国建立正式外交关系。这一双边关系的建立,不仅意味着朝鲜半岛上两大阵营间的对峙僵局的化解,更意味着东北亚在贸易、金融、投资等方面的地区经济一体化进程,从此进入快车道。这一时期,美韩同盟对韩国的影响和制约较弱,而中国在韩国对外经济战略中的重要性迅速提升。韩国积极发展对华经济合作,借助中韩经济较强的互补性,迅速扩大对华贸易与投资,中国逐渐成为韩国最重要的投资场所,以及韩国主要的贸易伙伴。同时,至2002年,韩国亦已成为中国第四大贸易伙伴,和中国最重要的外资来源国之一。不过,与美韩同盟的"漂流状态"相适应,这一时期中国在韩国对外安全战略中并无明确定位。

2. 1998-2007:美韩同盟的再定义进程及其对韩国对华外交的影响

1998年以后,以"阳光政策"为起点,韩国金大中和卢武铉两届政府向朝鲜摆出积极友善的姿态,主动寻求改善韩朝关系和半岛安全环境。2000年跨越三八线的韩朝首脑会晤,标志着这种缓和达到了顶点。金大中访朝归来后,甚至乐观地宣称朝鲜半岛发生战争的可能性已被永远排除了。就在同一时期,韩国开始更加积极地参与国际事务,在国际社会发挥出越来越大的影响力。1996年,韩国就加入了经济合作与发展组织

(OECD),跻身于富国俱乐部。此后,韩国开始在一系列国际组织中发出自己的声音。而2002年韩国成功地举办世界杯足球赛,使其民族自信心提升到了一个新的层次。恰在这一时期,美韩同盟关系因一系列事件而摩擦不断。2002年连续发生驻韩美军开车撞死韩国人的交通事故,在韩国国内激起民间反美风潮。同时美国小布什政府罔顾韩国寻求解冻韩朝关系的意向,执意将朝鲜列入"邪恶轴心",导致韩国舆论哗然。在此背景下,美韩双方都开始重新审视自身在世界上的位置,进而重新思考美韩同盟关系的未来发展方向。虽然这一时期美韩同盟并未出现涉及战略目标、制度架构更方面的根本性调整,但为下一阶段美韩同盟的再定义进程作了铺垫。

1998至2000年,美国克林顿政府启动了关于"驻地伙伴计划"(Land Partnership Plan, LPP)的谈判。根据这一计划,驻韩美军打算将一些基地及其周边土地归还给韩国,并允许韩国对驻韩美军人员在非执勤状态下的不法行为拥有更多的司法管辖权。在此基础上,2002年12月30日,韩国政府和驻韩美军方面签署了修改《驻韩美军地位协定》的协议书,协议书从当天起生效。修改后的《驻韩美军地位协定》规定,触犯韩国法律的美军官兵在审判前应由韩国拘留,修改后的协定对驻韩美军均有效力。韩国因此对在非执勤时犯罪的美军官兵有了较大的司法权。协定中规定的犯罪包括谋杀、纵火、强奸、交通肇事致人死亡后逃逸等。但美军对在执勤过程中触犯韩国法律的美军官兵仍拥有司法权。2004年1月,驻韩美军一名因交通肇事致人死亡的士兵已经被移交韩国地方当局。这是韩美两国就韩国对驻韩美军拥有更大的司法权协议达成后的首例案件。从长远看,将《驻韩美军地位协定》修改为同美与其他盟国类似的协定恐怕难以避免。《驻韩美军地位协定》的修改,是1997年至2002年间美韩双方调整其同盟关系的主要举措。

"九·一一"事件彻底改变了美国决策者的战略安全认知,促使美国决策层自2002年开始,调动大量资源,整合不同部门,详细评估国际安全形势的变迁,深刻反思美国传统安全战略的不足,进而对美国过去的对外安全战略展开全面的修改和深入的调整,从而确立起一整套构筑在全新理念基础上的新型美国国家安全战略,以适应后冷战时代国际安全形势的新挑战。在此基础上,美国亦开始深刻反思其在世界各地建立的战略安全同盟体系,对战略安全同盟体系的目标、架构、运作实施相应的调整,以使其战略同盟体系的运作理念与其经过根本性调整的国家安全战略保持协调一致。在此背景下,2002年至今,美韩同盟经历了深刻的再定义进程(Redefinition)。美韩双方对其双边同盟的战略目标、组织架构、运作机制、资源分配与责任分担等一系列根本性议题展开深刻讨论,进行重新定义,作出重新阐释。在此阶段,美韩同盟经历了深刻的转型,且这一转型直接影响到韩国处理其对华关系的态度与立场。

在此时期,韩国对华外交经历了三波演变,与韩国对美关系的变化节奏同步。首先,1998年,中国应对亚洲金融危机的负责任的货币政策,中韩双边贸易与投资关系的迅猛发展,以及中国决策层提出的新安全观,使韩国朝野各界对中国的好感迅速增强,韩国战略界的注意力迅速转向中国。其次,2002年卢武铉上台初期,在韩国出现激烈的反美风潮的同时,中国提出了和平崛起的理念,并通过主持朝核问题六方会谈,对朝鲜问题发挥了积极的主导作用。这使韩国各界对中国的认同进一步增强,中韩两国在朝核问题上的密切合作甚至使双方学术界和决策层开始考虑中韩结盟的可能性。再次,2002至2008年,由于美国在"九·一一"事件后开始深入调整其对外安全战略和全球同盟体系,美韩双方对美韩同盟的现状与未来展开了认真的讨论,美韩同盟再定义进程得以启动,韩国战略界开始认真考虑韩国在中国与美国之间的位置。此时,在朝鲜核危机愈演愈烈的背景下,中朝关系在某些方面却出现加强的迹象,而且2003-2004年中韩学术界围绕高句丽历史问题爆发激烈的争论,致使中韩关系出现裂痕。这些因素导致韩国对华政策出现变化,开始了由热趋冷的转折。

3. 2008年以来：美韩同盟关系的深化与中韩关系的恶化

2008年李明博政府上台后,秉持以对美外交为核心的外交安全总体战略,奉行右翼保守主义的外交理念,韩国外交的原有格局开始出现重大变化,美韩同盟关系不仅重新巩固,而进一步深化。2008年李明博政府上台伊始即访问美国,宣布美韩同盟将从"全面同盟"升级为"21世纪战略同盟关系"。这样一来,美韩同盟所涉及的领域不再局限于战略安全防御,而是拓展到各种议题,形成全方位合作;同时其所覆盖的地区也将逐步从朝鲜半岛拓展到整个东北亚、乃至世界各地。按照这一趋势发展下去,美韩同盟可以逐渐提升为像美英同盟那样的全面战略同盟。同时,2011年底,美韩自由贸易区协定生效,同时李明博政府表明了对参与美国主导的"泛太平洋合作伙伴关系框架"(TPP)的强烈兴趣,这意味着美韩战略同盟与合作关系逐渐向双边经济与贸易的领域拓展,美韩同盟关系逐渐深化。

自金大中时期以来不断升温的中韩关系此时逐渐步入下滑的轨道。虽然2008年中韩首脑两度会晤,宣称两国要建立"战略合作伙伴关系",但两国从民间到官方都争执不断。在民间,高句丽历史评价问题,2008奥运会火炬接力的冲突,长白山和苏岩礁等领土归属问题,连连引发争吵。在官方,由于亲美日的人士掌握了外交决策主导权,在涉及朝鲜的相关问题上,在中韩自由贸易区问题上,甚至在中韩"战略合作伙伴关系"的确切含义上,两国的分歧乃至对立日渐凸显。2010年的"天安舰事件"和"延坪岛炮击事件"发生后,韩国官方和民间对中国的负面印象急剧加深,韩国国内的"中国不负责任论"和"打击中国论"迅速抬头。同时,2008年以来中韩关于建立双边自由贸易区的谈判议而不决,且韩国要求将中韩自由贸易区的设想与日韩自由贸易区的规划相挂钩,这与美韩自由贸易区协定的顺利生效形成鲜明对比。中韩关系渐行渐远的趋势日益明显。

第二节 中国在韩国核心国家利益中的战略相关性:
从美韩同盟再定义的视角出发

美韩同盟是韩国安全战略的基石,从这一同盟的战略目标中,可以看到韩国的核心国家利益的详细内容。因而,美韩同盟再定义的过程,也就是韩国重新认识外部安全环境、重新评估自身安全需求、重新界定自身核心国家利益的过程。而美韩在再定义进程中对涉及中国的问题的评估与考量,能够清晰反映出中国在韩国核心国家利益中的战略相关性。

(一) 启动再定义进程的三大焦点问题

"九·一一"事件之后,美国决策者感到,冷战后国际安全环境和军事威胁的性质已发生根本变化,将大规模的驻军集中在特定盟国已不合时宜,海外驻军的小规模、机动化不可避免。为此,美国2001年《四年防务评估》报告提出,要把"防务规划的基础从主导过去思维的'基于威胁'的模式转变为未来'基于能力'的模式。这种基于能力的模式更多地着眼于可能如何作战,而不是对手可能具体是谁或者战争可能在哪里发生","它要求改革美国的军队、能力和体制,以扩大美国的非对称性优势"。

与此同时,韩国国内的反美风潮虽在2002年驻韩美军交通事故发生后达到顶点,但此后却逐渐退潮。主要原因有三:一是由于第二次朝核危机的爆发,使韩国人看到自金大中以来的"阳光政策"并没有真正软化北方的敌对立场,南北和解依然任重而道远,解决朝核危机韩国根本离不开美国,韩国坚持与中协调路线,并试图主导南北关系的进程显然力所不逮;二是由于高句丽历史争议的发生,使韩国战略界对中国的朝鲜半岛政策产生严重疑虑,中韩关系不再一路高歌猛进,韩国国内的保守亲美势力重新获得对外战略取向方面的话语权;三是9.11事件和第二次朝核危机的爆发,一方面使美国对朝鲜拥核的企图进一步警惕,另一方面也促使美国在朝核问题上加强与韩国、日本在六方会谈之外的三边磋商,要求韩国在同盟框架内参与全球反恐进程,并加入美国倡导的全球反扩散议程。

在此背景下,美韩双方同时对同盟的认知发生重大变化。为了阻止同盟间的矛盾进一步激化甚至瓦解,卢武铉同意在同盟的框架内向阿富汗派兵以显示盟国的团结,美国也同意在调整全球海外驻军的同时,就驻韩美军的地位、驻地调整等与韩方进行谈判。美韩之间早就存在定期的军事安全对话机制,但是对于同盟调整来说,年度的美韩安全磋商会议(又称"美韩安保会议",SCM)和军事委员会会议已远不充分。2002年11月,美向韩提议举行"未来美韩同盟政策构想"(FOTA),作为美韩进行同盟调整的协商机制。这一提议在同年12月举行的第34次美韩安全协商会议上被正式接受。两年后,这一协商机制又为"美韩安全政策构想"(SPI)所取代。

2004年以来,美韩共同磋商的主要有三大问题:一是驻韩美军龙山基地的迁移安排问题;二是同盟内部韩国的军事安全角色和美韩军队功能的分工;三是驻韩美军地位协定的修改及未来美韩同盟的政策构想。第一个问题相对比较容易解决,涉及到美韩再定义和根本性调整的主要是后两个问题。

1990年,冷战刚刚结束后,美韩其实就已经就迁移龙山美军基地至乌山-平泽地区达成协议,但一直难以落实。2002年末,美国决意对美韩同盟做出根本性调整,驻韩美军基地的调整很快进入实质性磋商阶段。驻韩美军调整是美国全球军事部署调整的重要内容,并是美国海外驻军调整计划中最先推进的部分。

2003年11月25日,美国发表海外驻军重新部署计划(GPR),强调海外驻军削减与再部署、按地区调整同盟优先顺序的必要性。新的GPR计划要求驻韩美军在应对朝鲜威胁上,从强调数量转向提高质的优势,同时加强机动性和灵活性,提高与美国东亚其它地区驻军的协同能力,在未来的地区安全保障中发挥更广泛的作用。2004年的FOTA会议就驻韩美军基地调整达成最终协议:美国将分两阶段推进驻韩美军再部署,即2006年之前将汉江以北的30多个小型美军基地集中到凯泽基地和红云基地,2008年之前将汉江以北的美军转移到汉江以南的乌山-平泽地区;至2008年分阶段裁减12500名驻韩美军;在2008年前将驻扎在龙山基地的驻韩联合国军司令部、美韩联合司令部及驻韩美军司令部迁至平泽地区。在驻韩美军再部署问题上,韩方认为在朝鲜核问题尚未解决的状态下,美军在非军事区放弃警戒线作用将产生不稳定。对此,美国的让步是表示即使在第二阶段部署结束后,也将通过在美韩联合训练场上的轮换训练,在汉江以北维持美军的驻扎。美国还承诺,美军调整将不影响两国的联合防卫能力,相反将加强对朝鲜的军事威慑。美国决定在2004-2006年3年中投入110亿美元用于驻韩美军约150种装备的升级。这些投入将用于提高驻韩美军的机动性,加强其处理非对称威胁(如朝鲜的弹道导弹和WMD攻击)的能力。

第二个问题有关韩军与驻韩美军之间的安全角色分工。起初美韩双方存在严重分歧,但在卢武铉后期,由于韩方的妥协,这一问题也局部获得解决。对于提高"自主国防",卢武铉政府一度非常积极。2005年3月8日,他在韩国空军陆军士官学校学生毕业典礼上发表讲话曾表示,"韩国政府争取在未来10年中获得完全的军事自主权"。韩国前总统金泳三也声称,"必须相信和只能相信某一种力量的时代一去不复返了","大韩民国最终应当担负起保障自身国家安全的责任"。卢武铉还提出了韩国充当"东北亚区域平衡者"的国家战略,其目标便是试图在保持美韩同盟的前提下,通过加强与亚太地区国家、特别是中国的多边合作,"保障韩国安全、民主与繁荣"。韩国为此加强了与俄罗斯、中国和日本之间的军事合作关系,并开始与新加坡、印度、印尼等亚洲国家合作,合作内容包括建立军事对话渠道、开展军事技术交流等。韩方的上述举动客观上对美韩传统的军事同盟关系构成了威胁,并使美国决心对美韩军队的分工做出重大调整,以服务其地区安全的整体目标。

然而,追求自主国防和平衡外交这一"双重战略"的卢武铉政府却又不愿意在朝鲜核危机爆发并升级的背景下,改变美韩同盟对朝鲜的联合防卫态势,而是强调美韩协调政策,优先解决迫在眉睫的朝核问题。由于对未来同盟的功能以及驻韩美军及韩国军队在其中的作用和角色没有明确的一致认识,双方在谈判中发生诸多争执。美国认为随东亚安全环境的变化,美韩同盟的功能应从单纯的防卫韩国扩大到介入地区安全事务,驻韩美军应改造为更机动、灵活的军事力量。韩国虽然同意未来美韩同盟将向着半岛内外安全都介入的方向发展,但要求美国考虑半岛核危机的实际情况,强调同盟调整阶段性推进的必要性,放缓调整速度,减少调整给韩国安保带来的影响。

在此问题上,双方迄今已经达成的协议有三条:一是至2006年,将驻韩美军遏制朝鲜的10项任务移交韩国军队。这些任务包括联合警戒区的保卫、布雷、在后方去除生化和辐射物质的污染、搜寻和营救行动、针对朝鲜特种部队的保护行动等;二是驻韩美军将更多地处理半岛外的地区事务,在半岛则承担减少但仍有效的防卫责任,韩国军队在半岛统一前或统一进程中承担更大的国防责任,为国防独立做准备。2005年

2月,美韩举行第一次SPI会议,开始全面协商驻韩美军的任务和作用,驻韩美军"战略灵活性"成为会议的主要议题,即:驻韩美军将不仅是为防备朝鲜而部署在半岛的固定部队,它将作为"地区快速机动部队"进出半岛,参加反恐战争以及处理地区安全纷争。在同年4月举行的第二次SPI会议上,美韩双方决定在考虑南北关系、东北亚局势变化等情况的前提下,拿出分阶段确定朝鲜半岛安全状况、重新调整美韩同盟关系的方案。韩国同意将驻韩美军的责任扩大到围绕半岛的事件,美国则保证这些变化不影响两国的联合防卫能力,韩国军队不被用于与韩国国防无关的事件,美国在将驻韩美军调遣到半岛之外时将与韩国协商。三是到2012年4月17日正式将韩军战时指挥权移交给韩方。

第三个大问题涉及到美韩同盟未来的发展方向,决定着美国需要韩国在其东亚联盟体系中到底扮演一个什么样的角色?美韩同盟在推进美国在东北亚安全利益中到底有多大的功能?美韩同盟在朝核问题(朝鲜威胁)解决之前和之后具有怎样不同的利益基础?美国到底需要一个怎样的韩国,新的美韩同盟的战略基础是什么?是共同的威胁认知还是扩展的联盟利益?

进入新千年,随着韩国摆脱1997~1998年的金融危机,实现新的经济飞跃和国内民主化进程的深化,韩国人的自主意识进一步增强,国内民族主义急剧抬头,尤其是所谓"386"一代对美韩同盟之间的不平等现状很是不满,韩国战略界也对美国继续高度重视美日同盟,却迟迟不愿与韩国重新界定联盟关系心中感到不快。在卢武铉执政期间,美韩在对朝政策上发生严重冲突,加上驻韩美军士兵的暴行,使韩国的反美浪潮迅速席卷全国,而且矛头直指美韩同盟的重要基石之一,即《驻韩美军地位协定》。1966年签定的《驻韩美军地位协定》实际上赋予了驻韩美军当局治外法权,因此驻韩美军在韩国的行为一直肆无忌惮。韩国人普遍认为,《驻韩美军地位协定》与驻日美军和驻德美军地位协定相比,更加单方面有利于美军,是一个"举世难觅先例的不平等条约",是"韩国与美国不平等关系的象征"。

2002年12月30日,韩国政府和驻韩美军方面签署了修改《驻韩美军地位协定》的协议书,协议书从当天起生效。修改后的《驻韩美军地位协定》规定,触犯韩国法律的美军官兵在审判前应由韩国拘留,修改后的协定对驻韩美军均有效力。

(二)再定义的运作方式:通过"双扩展"、达到"双平衡"

由上观之,本着先易后难的原则,美韩同盟在过去的数年中就上述三大问题展开了一系列的磋商和合作,取得了某些实质性的进展,特别体现在驻韩美军基地的调整、驻韩美军地位协定的修改、美韩军队的安全角色分工、驻韩美军的灵活性及韩国军队战时指挥权的交接等。目前,美韩同盟再定义最大的困境在于美国在地区战略乃至全球战略中到底赋予韩国何种战略角色,以及韩美同盟在韩国的安全战略选择中处于何种地位?也即两国的战略利益如何能够实现平衡(利益平衡),同时使两国对差不多相似的外部安全威胁达成共识(威胁平衡)。如果能有效地实现上述的"双重平衡",则美韩同盟再定义的任务就基本可以完成。目前来看,美韩双方主要试图通过同盟在"适用区域的扩展"及"内涵的扩展",这一"双重扩展"的战略来实现其"双重平衡"的目标。

"区域扩展"主要通过加强驻韩美军的"战略灵活性"来实现。2003年10月,美国在第4次FOTA会议上首次提出要实现驻韩美军"战略灵活性"的目标,希望能将驻韩美军的作用与任务扩展到朝鲜半岛以外。由于韩美意见不一,加上驻韩美军的裁减与重新部署、向伊拉克派兵等问题的干扰,有关驻韩美军"战略灵活性"的讨论被拖延。自2005年2月起,美韩安全磋商会议才开始正式协商该问题。但当年3月,卢武铉总统即公开强调:"未经韩国同意,驻韩美军不得卷入东北亚冲突;这是在任何情况下都不能让步的、十分明确的事。"其后,韩美就驻韩美军"战略灵活性"问题进行了12次秘密谈判,才于2005年11月达成初步协议。2006年初,韩国表示"理解美国全球军事战略的变化,尊重美实现驻韩美军'战略灵活性'的必要性";美国则强调"在实现'战略灵活性'的过程中,尊重韩国立场,不会在违背韩国国民意志的情况下介入东北亚地区冲突"。最终,韩美以战略对话形式对驻韩美军的"战略灵活性"予以确认。

驻韩美军战略灵活性的取得,使美国成功地实现了三重战略利益:一是使美国在继续保持前沿存在的前提下,摆脱了驻韩美军专守防卫朝鲜半岛的冷战结构,适应了美国"以能力为基础"的新军事战略,确保了海外驻军的小型化和机动化,分解了军事负担,提高了驻韩美军的作战效能,使其能随时介入地区冲突和全球性的作战任务,当然也包括参与反恐战争。二是通过驻韩美军与韩军的作战分工,使驻韩美军脱离了三八线附近的危险作战区域,不再充当军事前沿的绊网,同时平抑了美国国内的反韩情绪和韩国国内的反美情绪,改变了韩国民众有关驻韩美军是对韩国的一种主权干涉或会妨碍半岛未来和平统一的认识。同时通过强化韩军的自主作战能力,继续确保对北方的有效威慑。美国认为,从韩朝实力对比看,韩国现有的经济实力超过朝鲜25~30倍,拥有威慑朝鲜的强大军事手段,并有驻日和太平洋基地的美高科技部队做后盾,足可遏阻朝鲜军队南侵。三是通过赋予驻韩美军介入周边地区冲突的功能,事实上使驻韩美军与驻日美军具有相似的地区角色,美韩同盟也将如美日同盟一样成为地区性同盟,这一方面有利于美国在必要时较容易地整合其亚太同盟体系,尤其是使美日韩"铁三角"形成实质性的同盟,另一方面可以借此进一步加强对中、俄、朝的战略威慑力,还间接分化瓦解了中韩协作关系,并迫使日韩两国在东北亚安全事务上采取更加协调的步骤。

反观韩国,在驻韩美军战略灵活性和军事分工的问题上,尽管是被美国推着走,但也基本能确保其重要的战略利益。首先从韩国传统的安全战略取向上看,在周边大国林立的地缘政治中,韩国习惯与某一个大国结盟,尤其倾向于与区域外的大国结盟。朝鲜战争后,韩国历来视美韩同盟为其国家安全的战略基础和最大的战略资产。韩国学者甚至称,"韩国是在美韩同盟基础上实现民主化与经济繁荣的";"夹在中日之间、军事力量弱小的我们若与美国分离,还怎么搞自主?"从南北力量对比看,虽然韩国的自主国防能力有很大的提高,在武器装备现代化方面对朝鲜形成一定优势,但是朝鲜拥有兵力达100余万人,而韩军只有68万余人,尤其是朝鲜的导弹及核开发对韩国构成了严重威胁。如果朝鲜真的拥有了核武器,南北的军事力量对比将出现失衡状态。为了维持对北的有效威慑,韩国将不得不长期依赖美军的存在。从经济角度讲,驻韩美军如果在近期撤走将会影响投资者信心,引起外来投资的急剧减少,对韩国经济的打击将会很大。而且,填补因美军撤离带来的巨大真空所需的费用也是韩国一时难以承受的。而且朝鲜弃核、和平机制构建问题及南北统一进程等问题的解决都离不开美国。

从区域安全角度看,韩国认为美军的存在可以有效钳制中、日、俄,维护东北亚地区战略势力均衡与地区形势的稳定,确保韩国的长远安全。在韩国,不管是哪一派政治力量当政,都不可能放弃维持美韩同盟的长期国策,差别只在于追随美国的战略与其区域平衡战略所占比例的大小而已。2002年3月,金大中曾明确表示:"对列强环绕的韩半岛来说,驻韩美军是为维护国家防御必要的选择,即使在统一之后,韩国仍需要美军继续驻守。"即使是起初比较反美的卢武铉后来在对美关系上也是步步妥协,不仅向阿富汗派兵,而且驻韩美军战略灵活性的协议正是在其任内达成的。李明博总统更是直接指出对美关系占其对外政策的50%。

其次,作为同意驻韩美军战略灵活性的交易条件,韩国获得了美方可观的军事援助,既满足了韩国国内自主国防派的要求,又可通过美方的援助,名正言顺地提升韩军的战斗力,而且由于美韩双方达成的军事分工,将使韩国在未来的半岛安全问题上乃至统一进程中占据一定的主导地位。此外,韩国还借此成功摆脱了"抛弃"与"牵连"的联盟困境。卢武铉起初并不同意驻韩美军的战略灵活性,主要是考虑到此举会影响到中韩关系,并导致在未来可能的台海冲突中,韩国不期然地被卷入中美对抗中,但是后来鉴于中近期中美关系的现状,韩方转而认为,"韩国不能因顾忌可能性很小的中美冲突而漠视美国的要求","即使韩在未来中美冲突中保持中立,也难保真正安全"。而且韩方认为,在驻韩美军"战略灵活性"问题上如果不妥协,韩国可能在美全球军事战略调整过程中丧失美国盟国的身份与地位,可能遭到"抛弃",并导致美国亚太联盟战略的重心进一步向日本倾斜。"美日两国安全合作不是为了搞合作安全、建设安全共同体,而是一味结合两国的军事力量,这对东北亚安全机制而言是一大不幸,但又是严峻的事实",此外,"对多边合作安全机制的期待与要求虽与日俱增,但现实仍要求我们对诸如强化同盟之类的周边国家物理力学关系的变化保持敏感"。

第二个扩展,即美韩同盟"内涵的扩展"。美韩同盟是美国亚太联盟体系中有关法律最多、体制最为健全、作战指挥系统也最为完备的军事同盟,然而军事同盟的最根本基础是存在明确的军事和安全威胁。但在当前的东北亚安全环境中,韩国不少人并不像美国那样将朝鲜作为明确的主要威胁,对于美国早先将中国作为其"势均力敌的竞争对手"更是难以认同。主敌观念的模糊与对外部威胁的不同认知,不仅使美韩军事同盟的基础发生动摇,而且成为美韩同盟再定义进程中最大的难点。为此,美韩不少专家提出了诸多的方案,其核心便是扩展双边同盟的内涵,使美韩同盟超越军事同盟,成为像美日同盟那样的"全面同盟"或"战略同盟",通过扩大的内涵和扩展的利益关联,使美韩同盟获得新的、扩大了的同盟基础。如果说驻韩美军战略灵活性的实现主要是满足了驻韩美军的功能扩展,使美国国内对美韩同盟关系抱消极态度的部分势力暂时噤声,那么美韩同盟内涵的扩展则主要体现为让韩国在美韩同盟框架内,在政治、经济、地区安全和国际事务中的角色得以扩展,由此可以同时满足韩国国内"自主外交派"、"国家主义派"和"多边安全派"的政治与心理需求。

在2003年的美韩首脑峰会上,双方其实就已提出要建立"全面同盟"关系,"以推进两国人民分享的民主、人权、自由经济等价值观",在东北亚地区维持半岛的和平与稳定。随着卢武铉政府后期对美政策的不断调整,一些韩国专家学者进一步阐述了"全面同盟"的含义。韩国外交安保研究院的尹德敏教授的观点包括三方面的内容:一是"全面同盟"将使美韩同盟超越军事同盟,发展为政治、经济、安全和文化全方位同盟,美韩同盟将致力于实现自由民主和市场经济的共同价值观、加强经济合作、推进亚太区域合作、应对各种非传统威胁、保护能源安全等;二是同盟不针对具体国家,不以地理为基础;三是在台湾问题上,韩国应尽量保持战略模糊性,根据台海事态发展的具体情况选择同盟合作的程度。外交安保研究院的另一位专家崔刚教授则从联盟理论的角度提出,美韩同盟的性质应实现三大转变:即从军事同盟转向全面同盟,从以地理区域为取向的同盟转向以问题为取向的同盟,从以威胁驱动的同盟转向利益驱动的同盟。

与此同时,美国国内不少著名的朝鲜半岛问题专家也提出类似的转型方案。前美国国家安全委员会亚洲事务高级主任维克多·车(Victor

D.Cha)认为,扩展后的美韩同盟的地区功能应该包括"反力量投送、反恐怖主义和干涉性、预防性的国防"。"反力量投送"是指利用美国的前沿部署阻止其他国家的力量投送超越东亚沿岸;"预防性国防"是指美韩同盟未来主要任务之一是防止半岛统一后不利的地缘战略形势在亚洲出现,即阻止出现驱逐美国、孤立日本、韩国与其邻国关系紧张化的情景。为此,要拓宽美韩同盟的功能,使美韩同盟更持久、不为地缘战略形势变化所左右。同时,他还认为未来美韩同盟应不仅仅是针对威胁,而且应包括维护地区稳定和就自由民主、市场经济、不扩散、人权、反恐、维和等地区问题进行合作。美国外交政策分析研究所的查尔斯.佩里(Charles M. Perry)教授则提出了使美韩同盟多样化的方案。他建议可以模仿伊拉克战争中的新联盟战略模式,建立以美国为中心的"意愿者同盟"(coalition of the willing)作为东亚安全合作的新模式:这种联盟战略以美国在东亚的双边同盟为根基,使韩国成为联盟核心成员的途径是美韩同盟多样化,即扩大美韩同盟的功能,使反恐等议题成为美韩共同防御条约的补充。

虽然美韩双方对美韩同盟扩展转型为"全面同盟"有着不同的解释,但双方明显有三点共识:一是都赞成同盟功能的地区化,使美韩同盟升级为地区同盟;二是将同盟变成所谓"全天候的同盟",不以特定的威胁为同盟的基石,而是以共同的战略利益为基础;三是将同盟合作从传统的军事领域扩大到非传统安全领域,将反恐等新内容纳入同盟关系之中。作为一种过渡形态,"全面同盟"具有相当大的灵活性。对于美国来说,在两国因战略追求不同难以就同盟目标与功能达成一致的背景下,"全面的同盟"可以缓和目前的冲突,并通过维系和扩大同盟功能,尽量协调双方的军事转型,为今后进一步调整同盟关系奠定基础。对于韩国来说,由于目前并不清楚南北统一后的地区战略形势,难以确定未来的战略需要,"全面同盟"可使其在保持与美国密切联系的同时实现同盟灵活性最大化,而且强调同盟的广泛性，有利于弱化同盟对中国的针对性以及与台湾问题的相关性，从而减少来自中国方面的压力。

2008年李明博上台执政后，美韩同盟的内涵进一步扩展。当年4月，李明博访美期间，美韩商定将两国关系从"全面同盟"关系进一步提升至"21世纪战略同盟关系"。这表明，两国根据新的国际环境，将原本局限于安保领域的韩美同盟，发展为全方位的、围绕各种议题开展合作的同盟。美韩同盟的功能将从朝鲜半岛向东北亚乃至全世界进行扩展，并逐步上升到美英同盟、美澳同盟的档次。"美韩两国将致力于改善亚太地区的安全状况"，这意味着两国要将美韩联盟提升为"亚太同盟"，甚至"全球同盟"。根据这一构想，韩国应超越朝鲜半岛，"向外提供符合世界第十四大经济国家地位的援助和展开做出贡献的外交"。

(三) 美韩同盟再定义进程所凸显的中国对韩国的战略相关性

从美韩同盟再定义的进程可以看出，尽管韩国朝野对美国存在种种不满，但最终还是将美国视作能够有效维持东北亚战略均势、制衡中国等东北亚大国、保护韩国免受朝鲜威胁的唯一力量。历史经验表明，韩国独特的地缘政治条件决定了韩国即使实现了统一，仍不能改变其谋求与某一地区大国或域外大国结盟或松散联盟的冲动，周边世界级大国选手林立的局面使韩国无法像其它中等强国那样可以择机采取中立或规避的外交策略。而目前，韩国在安全上持久的脆弱性和分裂国家的特征，使其外交策略上的选择空间并不大，而只能选择继续依赖美韩同盟，以维持有利于韩国的东北亚战略均势，推进朝鲜半岛的局势演变。韩国国内目前的战略共识是与区域外的离岸平衡手(Offshore Balancer)美国相结盟，同时与周边强邻中日俄交好，当前东北亚的地缘政治非常符合韩国大战略最优化的原则，这是韩国的宿命也是一种幸运，对中国来说则是不得不接受的政治现实。因此,卢武铉"东北亚平衡者"的主张是一个虚假的民族主义宣言,韩国无力成为中美和中日之间的平衡者。

但是,对韩国而言,韩美关系固然重要,但近邻中国的崛起,则意味着韩中关系已形成韩国外交的另一战略支撑点。中国对韩国而言,不仅具有贸易、投资等领域的双边经济合作的巨大潜力,而且在处理朝鲜问题、制衡日本对韩国海洋权益的威胁等方面,也具有重要意义。韩国战略界不少人也清楚,如果加入美国来强力制衡中国,形同自废一足,即使是对中国采取"软制衡"的政策,对韩国来说也是长远危害很大。韩国决策层不希望为巩固美韩同盟而损害中韩关系的正常发展,不愿因为维系与美国的同盟关系而陷入与中国的对立。正因为如此,在美韩同盟再定义进程中,在涉及如何界定这一同盟"适用区域的扩展"和"内涵的扩展"(即所谓"双扩展")的问题时,卢武铉政府一再强调美韩联合军事力量应聚焦于韩国的安全和朝鲜半岛的形势,一再要求美国不得借助美韩同盟关系迫使韩国卷入朝鲜半岛以外的地区争议,对美国提议的驻韩美军的所谓"战略灵活性"迟迟不予以确认。

第三节 近年来韩国战略界应对中国崛起的观点与主张

2002至2008年,随着美韩同盟再定义进程的启动,韩国对华政策出现变化,开始了由热趋冷的转折。"九·一一"事件后美国深入调整其对外安全战略和全球同盟体系,美韩双方对美韩同盟的现状与未来逐步开展认真的讨论,促使韩国知识界和决策层开始认真考虑韩国在中国与美国之间的位置。就在这一时期,在朝鲜核危机愈演愈烈的背景下,中朝关系在某些方面却出现加强的迹象,而且中韩学术界围绕高句丽历史问题爆发激烈的争论,致使中韩关系出现裂痕。这些形势变化使韩国学术界和决策层重新思考中韩关系和对华政策的议题,形成了处理对华关系的四类代表性观点:中国崛起机遇论;中国崛起挑战论;两面下注的"软制衡论";地缘政治平衡论。

持"中国崛起机遇论"的学者认为,中国的崛起为韩国带来了机遇,使韩国有可能实施独立外交、摆脱对美国的过度依赖。如首尔大学的Sheen Seongho指出,中国的发展与增长,尤其是中国庞大的人口及日益增强的购买力将为韩国经济持续的繁荣提供广阔的市场。而美国学者Robert Sutter认为,韩国希望加强韩中关系,从而为韩国的对外政策提供多样化的选择,降低对韩美同盟的依赖,确保韩国在朝鲜半岛的国家利益,同时促进韩国的经济发展。

持"中国崛起挑战"论的学者则认为,中国的崛起从长远来看并不利于韩国,甚至可能挑战韩国的国家利益。如韩国首尔大学教授Chung Jaeho认为,中国有扩张主义的倾向,因而其崛起对韩国而言具有潜在的危害;尤其是一旦中美交恶,韩国将面临在美中之间必须作出选择的战略困境。他认为韩国现在对中国崛起的反应方式还未定型,韩国对中国崛起的速度之快还没有适应,韩国也没有想到与中国全面接触的巨大成功会成为其外交上最大的困境,因此现在韩国对华政策正处于一个"重新觉醒"(reawakening)的阶段。而韩国翰林大学的Kim Taeho教授认为中国对朝鲜半岛稳定的诉求主要缘于自身的安全与经济利益,中国一直将半岛稳定置于朝鲜无核化的目标之上,韩中之间并没有共同的利益(commom interests),只有需共同规避的风险(comon aversions),中国既是韩国的希望之星,也是最大的失望之源,韩中之间在脱北者、高句丽历史、中朝经济关系、中国对朝鲜半岛统一的态度等一系列问题上存在潜在冲突,中长期看韩国应为未来中国朝鲜半岛政策的反转做好准备。

两面下注的"软制衡论"比较复杂。持这一派观点的学者主张韩国在中国和美国这两个大国之间维持一定程度的平衡，相机行事。如韩国安保战略研究所的 Park Byungkwang 指出：中国崛起对韩国来说是机遇与挑战并存，韩中友好互利关系不仅在于经济利益还关乎韩国的战略目标与统一前景，但无论是在外交、战略和经济层面，中国都不是替代美国的选项。他们认为，为使韩国的国家利益最大化，既获得战略稳定又取得经济繁荣，韩国的对华政策介于"制衡"与"追随"之间，在不同的议题上选择追随或制衡美中，利用现存的超级大国平衡崛起中的超级大国，以便两边取利。

持"地缘政治平衡论"的学者则着眼于构建有利于韩国的东北亚地缘政治的均势格局。韩国高丽大学教授 Im Hyug-baeg 是这一观点的突出代表，他提出：用"软制衡"的方式同时制衡中日俄等周边大国；在亚洲大陆，以韩国为中心构建一个从柬埔寨到蒙古的北方新月形"软联盟"；在朝鲜半岛建立一个包括7000万人口的南北经济共同体；重新定义美韩同盟的性质，要求韩美同盟与美日同盟一样，重新签订新的防卫合作指针。这一大战略的目标是使韩国成为与中日并驾齐驱的亚洲三强之一。

这四派观点对韩国战略决策层影响深刻。但随着朝鲜核危机的升级、美韩同盟再定义进程的深化、以及中韩关系的摩擦的不断出现，单纯强调"中国机遇论"的学者在韩国逐渐显得不合时尚，也无法入围韩国对华决策圈，最后一派的观点更是应者廖廖，而第二派观点和第三派观点有诸多交错之处，第二派关注的是认知层面，第三派着重于应对的手段，因此他们都可归纳为"对华警戒派"，他们的观点逐渐成为韩国战略决策层处理对华外交的主流观点。

第四节 韩美同盟的制约下的韩国对华关系：
下滑之根源与前景之展望

在冷战结束至今的 20 年间，美国决策层在逐步推动美国国家安全战略转型的同时，对其全球战略同盟体系的各部分，实施了全面而系统的调整。1995 至 1996 年克林顿政府对美日同盟进行了再定义，通过构建新的理念基础和制度架构，使美日同盟成为美国在东亚地区维护均势与稳定、抑制热点冲突的重要工具。1999 至 2001 年，克林顿和小布什两届政府对北约的未来进行了规划，确认北约应成为维系欧洲地区稳定、协调欧洲与其周边地区关系的重要制度资源，应在欧洲一体化的治理结构中，将发挥重要作用。2002 年以来美韩同盟的再定义进程，则是美国调整其全球战略安全同盟体系的重要一环。这些调整措施表明，美国决策者在后冷战时代，已不再将战略安全同盟视作单纯用于防范传统军事威胁的政策工具，而是将其变成推动全球治理和地区一体化的重要组织结构。美国决策层在调整这些战略同盟的过程中，一方面保留了冷战时期形成的集体安全机制，作为同盟存续的基石，另一方面则向这些同盟赋予新的内涵，促使其形成新的功能、衍生出新的结构与机制，从而使这些同盟能够与超国家层面的经济与社会治理机制，包括各类全球治理机制和地区一体化机制，融合在一起。在这方面，北约与欧洲一体化的地区治理结构的融合，因其较为顺利，显得较为典型。而美国决策层推动美韩同盟转型的举措，亦蕴涵着前述政策考虑。因此，美韩同盟对韩国对华政策的影响、制约、与塑造的作用，更趋复杂。

中韩关系的下滑，与美韩同盟的巩固和美韩关系的重新升温在同一时间里发生，同时演进，节奏相同。这表明，美韩同盟确实对中韩关系存在相当程度的制约作用。实际上，1998 年以来韩国战略研究界和决策层关于美韩同盟的辩论与其对中韩关系的辩论相伴而行,互相交织在一起。中韩关系不断下滑的根源在于,韩国通过美韩同盟再定义的进程,逐渐明确认识到:美国对韩国战略安全利益的关键性的影响力是其他任何国家所无法替代的,美韩同盟在韩国外交中的重要作用亦是其他任何双边关系所无法替代的;中国不仅不可能在韩国对外关系中替代美国这样的战略盟友,而且在与韩国核心国家利益相关的诸多问题上,与韩国之间存在着结构性的矛盾。

从韩国的角度看,作为一个地区性中等强国,韩国的对外战略选择无非有以下三种:一是与现存的霸权国家结盟,尤其是与区域外最强大的国家结盟,并对之采取"追随战略";二是与地缘相近的、可能具有修正主义意图的次强国家结盟,以平衡周边国家或区域外最强大的霸权国家,此所谓积极的"平衡战略";三是采取内部平衡的政策,加强自主国防,采取独立自主的外交政策,同时努力借助多边性制度安排,对大国竞争和结盟政策采取"规避战略"。从韩国的国家安全实践来看,由于韩国周边大国林立,而且中、俄、日都有问鼎世界一流强国的实力,因此韩国即使处于统一状态,也无力单独平衡周边任何一个大国,鉴此,"内部平衡战略"从来没有成为韩国对外战略的优先选择。另外,由于韩国所在的朝鲜半岛地处东北亚地区的战略要冲,历史上韩国经常沦为周边大国争夺的牺牲品,是大国实现地区霸权野心必欲取之的桥头堡和对外进击的基地,韩国成为城门失火必将殃及之池鱼,因此,韩国向来难以采取"规避"或"中立"战略。如此看来,韩国采取对外结盟战略似乎是其实现国家安全的最佳选择,历史上韩国与强盛时期的中国和作为霸权的美国结盟,都曾保持较长时期的和平。

然而,目前的韩国虽然继续秉持与霸权国家结盟的战略,却并没有享受到稳定的和平,究其原因主要有三:一是韩国依然是一个分裂国家,这是韩国最大的安全隐患和战略劣势；二是作为盟主的美国虽然珍惜韩国这一个小盟友，但美国却将本地区的日本作为最有价值的战略盟友；三是韩国面临中、俄同时再度崛起的挤压，而韩日也非实质性盟友，美国与中、俄也并非死敌，美国有着多重而复杂的战略思考，韩国的国家安全利益难以在美国的战略框架中实现其全部目标。因此，在新世纪的复杂地缘环境下，韩国显然难以采取简单的对美追随战略。

近些年来，韩国对外战略的争论主要围绕的话题就是：在巩固美韩同盟的大前提下，韩国的安全战略思维应该补充些什么内容？这些补充的内容与韩美同盟战略应该如何排序？根据不同的优先排序，韩国的对外战略选择主要分为三大派：一是韩美同盟派，二是亲华派，三是自主多边派。"韩美同盟派"坚信与美结盟才是韩国国家安全的根本保障，认为从地缘政治角度看，在中、日、俄等周边大国的包围下，韩国只有通过与区域外的霸权国美国结盟，才能有效分解地缘安全压力，才能确保生存与繁荣。他们还认为，因为美国不允许在亚太地区出现一个能挑战美国霸权的势均力敌的对手，因此，美国也需要维持韩美同盟以平衡周边大国，而且在周边国家都乐见朝鲜半岛维持分裂现状的情况下，可能只有美国最可能帮助韩国实现国家统一的目标，目前的朝核危机也唯有美国有能力和决心真正予以解决。

"亲华派"认为，韩国如果完全追随美国，继续与美国维持紧密的同盟关系，在朝鲜半岛南北统一问题上将难以获得中国的配合。为此，韩国应在美中之间采取平衡政策，既推进与中国的经济合作，又继续维持与美国的同盟关系，但应减少对美国的倚重。而且他们认为，随着中国的加速崛起，韩中经济关系将进一步密切和相互依赖，韩国与东亚国家尤其是与中国经济关系的价值已开始超过与美国关系的价值，从而提供给韩国一个重要的可供选择的利益中心。从历史上看，每当中国处于虚弱状态时，朝鲜半岛也处于一种不安定的状态，因此他们乐见中国的强盛，而不愿看来韩美同盟以中国为目标，或是被动卷入与中国有关的国际争端中。

"自主多边派"实际上同时主张"自主平衡"外交与"多边安全"保障，这一派的观点突出体现在卢武铉所提出的"东北亚区域平衡者"的主张上。他们认为，由于朝核问题以及中、美、日等大国间关系的不确定性，东北亚在短期内可能处于不稳定之中，但长期看，随着经济合作和地区多边安全对话的推进，东北亚实现和平与繁荣的机会将增加。韩国应采取对朝和解政策，并谋求周边国家支持，寻求半岛核问题的和平解决，并建立半岛和平体制。这一派人士并不排斥韩美同盟，而是认为在发展美韩同盟关系的同时，应积极推进自主国防，使韩国在未来的自身防务中扮演主要角色。与此同时，韩国应采取自主平衡外交，韩美关系、韩中关系同时并进，韩美同盟与多边安全对话并重，实现同盟和多边合作间的平衡，不同意韩国军队介入地区冲突，也反对驻韩美军功能地区化。卢武铉还试图让韩国充当美中和中日之间的桥梁与协调者。

在韩国对外安保战略的争论中，尽管存在着上述三大派别，但实际上哪一个派别都不主张抛弃韩美同盟。而且从卢武铉后期对美政策的调整、及李明博所推行的亲美路线看，第一个派别明显成为韩国对外战略选择的主流观点。作为韩国最重要的安全智库，外交安保研究院的尹德敏教授认为，自主外交路线、亲中路线和多边安保都不现实。"大国力量交汇的特定地缘政治环境使韩国难以利用自身力量实现和平与安定，美韩同盟是韩国安保不可替代之路。韩国虽然可以在中美力量发生逆转时考虑走亲中路线，但结果将导致韩国与美日关系的恶化。而且，韩美同盟关系中的不平等问题将会以另一种形式出现在韩中关系中"，"韩国(卢武铉--作者注)政府提出的多边安保过于理想化，参考欧洲的经验，成熟的、能够确保韩国安全稳定的多边合作体制，至少需要20年以上才能形成"。这表明，韩国战略界已达成共识，美韩同盟为保障韩国安全利益所发挥的重要作用，是韩国对任何别国的双边关系所无法替代的。从美韩同盟所界定的韩国战略利益的视角来看，中国虽然对韩国的经济利益具有重要战略意义，但对韩国的外交与安全利益而言，则具有相当程度的不确定性。

因此，从中近期看，在朝核危机没有解决，朝鲜半岛和平机制没有建成，东北亚安全机制整体缺失，区域主义有待发育的时期，韩国依然会将韩美同盟作为其安全政策的基石。通过美韩同盟再定义进程的持续推进，双方在区域和内涵"双重扩展"的同时基本达到了两国战略利益"双重平衡"的目标。由此朝鲜再次成为韩国的"敌人"，甚至中国也成为韩国的潜在威胁。韩方的这一认知变化不仅加快了美韩同盟再定义的进程，深化了美韩同盟，韩国的"日本化"趋向也更加清晰，同时还解决了美韩同盟中一些悬疑的问题，包括战时指挥权交接时间推延到2015年、美日韩三边安全合作的启动态势及韩国全面加入反扩散安全倡议(PSI)等，而且还大大简化了韩国当前在中美之间的外交战略选择，这无疑会对中韩关系产生一定冲击。一旦南北关系稳定或半岛统一，那么韩国将更趋向于推行国防自主、美中并重及多边合作三位一体的"综合安全战略"，以保持在该地区战略选择上的灵活性。

中国对韩外交的基点不是致力于取代美国而与韩结盟或准结盟，而是推动韩国成为本地区积极的中性力量，东北亚当前的地缘格局最有利于韩国的国家利益，这是中韩应该达成的战略共识。中韩关系不能被韩美关系推着走，当年朝鲜在中苏之间游走的教训无疑是深刻的，对韩可以以大怀小，但决不能以大事小，回避争执，一味迁就，美国管理美韩同盟的经验可资借鉴。目前韩国维持对华关系所付代价最小，所得却甚多，对中国来说制约韩国对华政策中的负面因素丛生的锁钥在于中国的对朝政策,能够颠覆美韩同盟的只有朝鲜因素,能够狙击韩国反华潜流的也只有朝鲜因素。不断升高的中韩经济合作热度,只能使中韩关系沦为"酒肉朋友"关系,只有机敏地掌握对朝政策的杠杆,才能使中韩关系真正具有战略性。中国只有具有这样坚定的战略意志,才能使韩国象尊重美国一样尊重中国。

第二章 中韩经济合作的战略逻辑

冷战结束后,国际格局发生了重要变化,国际政治经济体系进入了新的调整和重构期。与冷战时期相比较,这其中最为显著的变化就是经济因素影响效力的上升,国际社会的复合相互依赖空前提高。从20世纪90年代开始,地理上的相近和产业分工上的互补促成了两国经济关系的快速发展,这种经济上的相互依赖关系同时也推动了两国政治关系的不断进步。而美韩两国由于军事同盟的存在,经济上的合作也十分密切。随着2012年美韩FTA的正式生效和中韩FTA谈判的正式启动,未来经济因素在三国关系中所扮演的角色更佳引人瞩目。

第一节 中韩经济关系的发展与特点

中韩建交20年来,双边经济关系得到了快速的发展。在建交前后,两国之间还只是规模十分有限的间接贸易,其他经济领域的合作则几乎一片空白。而如今,中国已成为韩国第一大贸易伙伴,韩国则是中国第三大贸易伙伴。中韩在投资、金融、物流等其他领域的经济合作也已全面、深入地展开。随着中韩FTA谈判的正式启动,两国的经济依存度还将进一步提高。回顾中韩经济关系发展的历程,总结取得的经验,认清存在的问题,将有益于中韩经济关系的继续深入发展。

(一) 地缘经济视角下的中韩经济关系

一般而言,地缘经济学就是研究经济现象与地缘关系的科学。但是迄今为止,关于地缘经济与地缘经济学概念的解释由于并没有一个统一的或是权威的定义,美国学者的解释和俄罗斯、意大利等欧洲学者的解释甚至还存在很大差距。相比较地缘政治学的产生,地缘经济学只是一个初生之物,地缘经济概念的出现也不过是冷战结束后三十余年的时间。这就决定了地缘经济的研究存在着很多不确定性的因素,而且随着世界经济实践的发展,如全球化、区域一体化乃至反全球化的发展,都会对这一概念的内涵和外延、研究和实践产生很大的影响。

在地缘经济的范畴内,地理要素是经济活动的基础,一个国家的地理区位、资源禀赋乃至产业布局会对国家经济的发展和国家对外经济行为产生重要影响。地缘经济正是研究从地理的角度出发,如何在国际经济活动实现国家利益,在国际经济竞争中维护国家利益的学问。人类在地球上的经济行为必然受到地理条件的约束,一般而言在国家初期的对外经济活动中,大都会选择邻近的地区进行交往与合作。即便在交通工具可以满足远距离经济交往的条件下,邻近地区也会因为具备了合作基础、较低的交通成本等便利性条件而倍受青睐。由于地域上的关系产生的经济关系即称之为地缘经济关系。这种关系既可以表现为合作,也可以表现为竞争,两者也可以同时存在。地缘经济合作的重要表形式就是区域经济一体化或集团化,竞争的表现方式则非常多样化,包括设立各种贸易壁垒、反倾销、贸易歧视等。除了合作和竞争,地缘经济关系还可以表现对立,这时就表现为封锁、制裁、禁运等。

在地缘政治的概念中,地理位置的作用更加明显并居于核心地位,大量的地缘政治学说都在强调占据有利的空间位置将在竞争中处于有利态势。但在地缘经济中,地缘主要是用来界定"经济"的范围和性质,"即经济是怎样作用于国际政治的,虽然也有地理成分在里面,但地理方位已经不是决定性的核心因素了"。[1] 在全球化的背景下,国际经济交往在不同空间

---

1. 陈少华:《国家间博弈中的地缘政治与地缘经济》,武汉理工大学学报(社会科

内的实现情况产生了明显的差异,国家实力的延伸和国家利益的实现在不同的空间内也具有了不同的意义。因此,随着相互依存程度的不断加深,地缘经济和地缘政治交叉作用的效应也会更加明显。

进入近代工业社会以后,特别是第三次科技革命以后,地理环境对与经济发展的制约效应明显减小。对于不同发展阶段的国家和同一国家的不同发展阶段,地理要素对经济产生的作用并不相同。现代国家在制定对外经济政策时,一方面会考虑运输距离、资源禀赋和市场特征等自然地理和人文地理的因素对经济交往的影响,另一方面会更重视围绕本国经济利益来确定经济交往的地理对象。因此,在地缘经济概念中经济要素的分量要高于地缘要素。而且,在国际社会中,经济交往的背后大都有着国家行为的影子,国家即是国际体系中最为主要的地缘角色。当国家行为出现时,就不仅仅是地缘经济了,更涉及的政治的推动。

在全球化发展的浪潮下,实现资本、货物的全球流动已经相当频繁。但是,比较而言,全球经济一体化本身就饱受争议,其实现程度也远远低于区域经济一体化。因此,在全球一体化不具备充分条件的情况下,区域经济一体化则是地缘经济的主要表现形式和内容。而趋于经济一体化的主要动力就在于,区域内具备不同经济禀赋且具有重要经济影响力的国家间的经济合作。20世纪70年代以后,随着中美关系的解冻,中韩关系也随之发生松动,官方的非正式交往和民间交往开始启动。随着中国改革开放的开始和韩国北方外交的开展,冷战格局下中韩对峙的坚冰逐渐走向消融,彼此的相互敌意也日趋减弱。这种政治上的缓和为中韩经济交往亮起了绿灯,而空间上的邻近、资源的互补和分工的不同为中韩经济合作提供了持久动力。

20世纪80年代以后,中国的改革开放大刀阔斧地进行,经济发展面临着资金短缺和技术落后的困境。而韩国经过70年代的经济高速增长

学版),2009年第3期,第37页。

后,已经具备了一定的资金积累和技术储备,能够为中国企业提供资金支持和技术转让,而其出口导向型的发展战略也成为中国借鉴的重要经验。而韩国当时也亟需寻求新的市场、原料产地与经济合作伙伴。中国巨大的市场、丰富的资源、廉价的劳动力以及改革开放的政策扶持为韩国发展新的对外经济联系提供了机遇。中韩两国在1992年正式建立了外交关系后,陆续签署了涵盖科技、贸易、投资、运输等多个经济领域领域的条约、协定,[1] 有力地推动了中韩经济关系的制度化发展。经济合作在中韩合作各领域中开始最早、规模最大、层次最深,影响也最为广泛,它加深了两国之间的相互依赖关系,促进了各领域的合作。随着经济领域合作的深入,信任感在日渐争强,"将会推动合作态度的改变,或者使合作的意向从一个领域扩展到其他领域"[2] 合作的不断推进使得中韩两国内形成越来越多的相关利益部门和群体,通过国内机制推动两国关系的进一步发展。从时间序列上看,中韩经济合作的扩展和外溢也体现了这样一种规律,首先是从贸易往来、科技合作扩展到产业合作、劳务合作,并带动了与经济合作密切先关的航运合作、海关合作、金融合作与司法合作。在此基础上,人员交流、安全合作也陆续展开。(见表1)

〈表1〉 中韩政府间协定签署情况

时间	1992年	1993年	1994年	1995年	1998年
内容	贸易、科技	海运、邮电、空运	产业合作、空运、贷款	教育交流	刑事司法、签证
时间	2000年	2002年	2003年	2004年	2007年
内容	引渡、渔业	货币互换	民事和商事司法协助条约	青少年交流	海上搜寻救助合作协定

1. 参见韩国驻华大使馆网站 http://chn.mofat.go.kr/worldlanguage/asia/chn/bilateral/treaty/index.jsp
2. [美]詹姆斯·多尔蒂、小罗伯特·普法尔茨格拉夫著,阎学通、陈寒溪等译:《争论中的国际关系理论》,世界知识出版社2003年版,第550-551页。

中韩两国最早于1983年开始通过香港、新家坡等地进行间接贸易，1988年开始有步骤地开展民间直接贸易。1991年，中国国际商会同大韩贸易振兴公社在汉城(首尔)和北京互设代表处，1992年2月和7月，中韩民间贸易协定和民间投资保护协定分别正式生效。1992年中韩建交后，两国签订了贸易协定和投资保护协定以及关于成立经济、贸易和技术合作联委会的协定，两国贸易往来、直接投资、劳务合作等得到了迅猛发展。中韩经济合作快速发展的原因一方面在于两国在资源、资金、技术和市场等方面具有较强的互补性，另一方面也是因为两国地理的毗邻性以及经济发展水平和产业结构的差异性等有利的条件。

(二) 中韩经济关系发展的轨迹

1. 双边贸易规模增长迅速

无论是在世界贸易发展的背景下，还是东北亚区域合作的范围内，中韩双边贸易的增长速度都是惊人的。按照中国海关方面的统计显示，1992年建交时中韩贸易额为50.3亿美元，1996年就超过了200亿美元，2004年中国取代美国成为韩国最大的贸易伙伴。中韩贸易额在2005年突破1000亿美元，2010年突破2000亿。在20年的时间里，中韩贸易额翻了50倍，平均年增长率达到了30%左右，远超过同时期中国和韩国的对外贸易增长率。其中，韩国对中国的出口由1992年的26.5亿美元增长到2012年1343亿美元，中韩贸易额占韩外贸总额的比重达到20.1%，中国已经成为韩国最大的贸易顺差来源国。(见表2-1、2-2、图2-1)

〈表 2-1〉1993-2012 年 中韩进出口贸易额统计 (单位：亿美元)

年份	1993	1994	1995	1996	1997	1998	1999	2000	2001	2002
总额	82.2	117.2	169.8	199.8	240.5	212.6	250.3	345.0	359.0	441.0
出口	28.6	44.0	66.9	75.0	91.2	62.5	78.1	112.9	125.2	155.3
进口	53.6	73.2	102.9	124.8	149.3	150.1	172.3	232.1	233.8	285.8
年份	2003	2004	2005	2006	2007	2008	2009	2010	2011	2012
总额	632.2	900.5	1119	1343	1599	1861	1562	2071	2456	2151
出口	200.9	278.1	351.1	445.2	561.0	739.3	536.7	687.7	829.2	808.0
进口	431.3	622.3	768.2	897.2	1037.5	1121.4	1025.5	1383.5	1627.1	1343.0

数据来源：中国商务部网站。

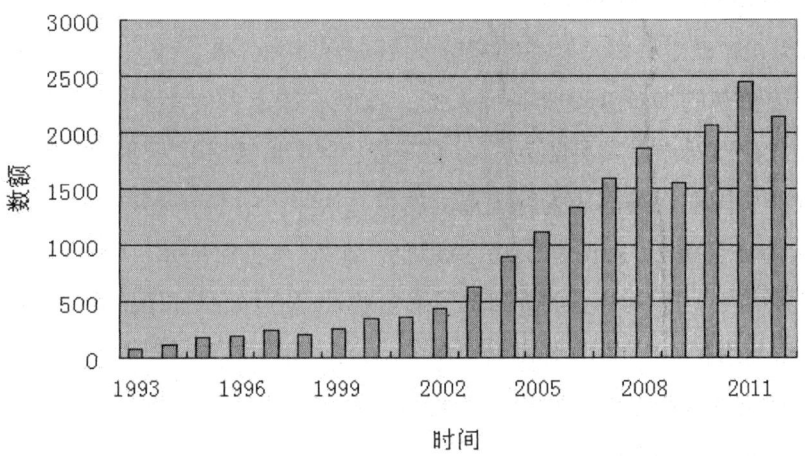

〈图 2-1〉中韩贸易额变化 1993-2012 (单位：亿美元)

中韩两国之间的劳务合作也取得了积极、快速的进展。中韩劳务合作以中国向韩国派出劳务人员为主。韩国自 1993 年开始以"产业研修生"形式雇佣中国赴韩劳务人员。2007 年 1 月 1 日起，韩国政府宣布在引进外籍劳务方面全面实施雇佣许可制，以替代"产业研修生"制度。2008 年

4月,中国主管对外劳务输出的商务部和韩国主管雇佣许可制的劳动部,在首尔签订《中华人民共和国商务部和大韩民国劳动部关于输韩劳务人员的谅解备忘录》,拉开了两国雇佣制劳务合作的序幕。2006年,中韩当年新签劳务和工程承包合同金额3.7亿美元,完成营业额6.5亿美元,向韩派出人数2万人。2009年,中韩新签劳务和工程承包合同金额2.4亿美元,完成营业额8.2亿美元,向韩派出6483人。2012年1-8月,中韩新签工程承包合同额1.5亿美元,完成营业额7418万美元,中国对韩劳务合作派出各类劳务人员1847名。截止2012年8月底,中国累计完成对韩工程承包营业额21.9亿美元,在韩劳务人员4.2万名。[1]

〈表2-2〉1999-2011年中国对韩经济合作完成营业额 (单位:万美元)

年份	承包工程	劳务合作	总额[2]
1999	148	16582	16740
2000	37	21552	21633
2001	527	22032	22709
2002	893	20168	21079
2003	9101	22755	31879
2004	10482	27559	38043
2005	21215	31381	52596
2006	65059	32149	32788
2007	17618	32209	49975
2008	24969	28574	53703
2009	61318	20366	81684
2010	9871	16154	26025
2011	21088	-	-

1. 数据来源:中国商务部各年统计资料,参见中国商务部网站。
2. 部分年份承包工程与劳务合作完成营业额之和小于总额,是因为还有少量的设计咨询营业额没有纳入统计。

〈图 2-2〉 中韩劳务合作合作变化 1999-2011（单位：万美元）

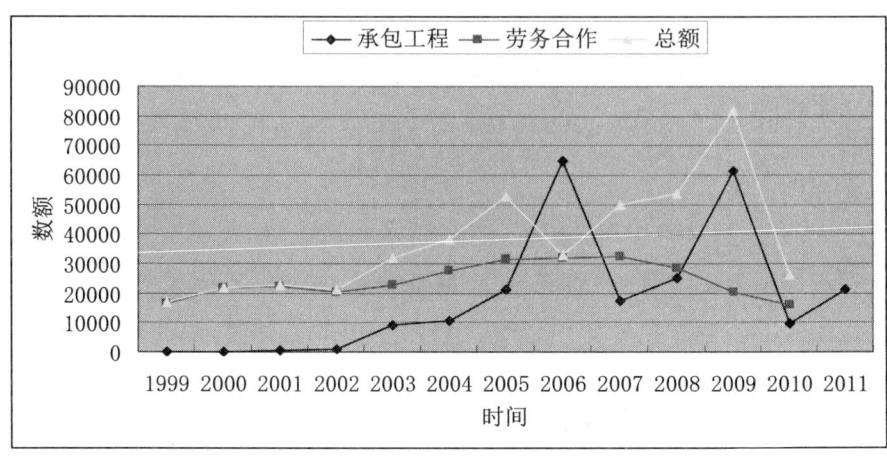

数据来源：《中国统计年鉴》各年。

2. 商品结构变化显著

1992 年，中国对韩出口的商品主要为农林水产品(占 34.1%)、矿产品(13.8%)、纤维类(21.6%)、化工产品(15.0%)。同年，韩国对中国出口的商品主要是钢铁及金属制品(占 32.3%)、化工产品(19.6%)、纤维类(17.3%)、机械类及汽车(7.0%)。[1] 中国对韩出口主要以自然资源和初级产品为主，韩国对华出口主要以机械、钢铁 电子制品为主。到 2000 年，中国向韩国出口工业制成品的比重已经达到 70.8%，向韩国出口的机电、音像设备及零部件增长了 49.1%，超过纺织原材料及制品，成为对韩国出口最大的商品。到 2010 年，中国向韩国出口工业制成品的比重增加至 88.40%，与此对应的是初级产品出口占比逐渐下降，从 2000 年将近 30%的水平降为 2010 年的 11.59%。[2]

---

1. 张喜军：《中韩经济关系的现状与发展前景》，《亚太经济》1994 年第 1 期，第 24 页。
2. 资料来源：根据 UNCTAD 数据整理。

中国自韩国进口的商品一直以来都以制成品为主，初级产品进口所占比重相对较小。从2000年到2010年，至成品所占比重基本维持在90%左右，变动幅度不大。但是随着中国经济的快速发展和对外贸易规模的不断扩大，中国自韩国进口商品的势头一直保持了快速增长。1992-2000年，中国从韩国进口以年均46.4%的速度增长，远远超过中国对韩国出口年均增长率。[1]

近年来，随着中韩经济的发展和随之带来的产业结构调整与升级，中韩两国的贸易层次也得到了明显提高。韩国向中国出口产品的科技附加值越来越高，中国向韩国出口的产品也更加多元化，机电产品、化工产品、运输设备等制成品的份额已经过半，其中不乏计算机、机械、半导体等高附加值产品。从2003年开始，机电产品成为中国向韩国出口的第一大产品。对比中韩进出口货物种类可以发现，机电产品、化工产品和运输设备等产品已经成为互相进出口的主要产品，这说明两国在产业内进行的贸易显著增加，中韩两国的分工体系也逐渐由垂直型分工转向了水平型分工。不过，韩国在产业发展层次和成熟度上依然较中国所领先，在产业调整和升级的方面也有成功的经验，这和中国丰富的资源和庞大的市场依然具有很强的互补关系。

中韩技术贸易近年来也迅速升温，特别是中国从韩国引进技术项目不断增加。1995年，韩国在我国的技术引进来源国中还只是排在第七，技术引进金额仅1亿美元，不及从美国进口金额的5%，而到了2004年，韩国已经上升为第四大技术引进来源国，引进金额超过8亿美元，已经达到从美国引进金额的28%。[2] 相比而言，中国对韩国的技术出口虽然也呈增长趋势，但在规模上则要小一些。中国在一些基础科学领域如航空航

---

1. 张宝仁、张慧智：《东北亚区域贸易合作研究》，吉林人民出版社2006年版，第88页。
2. 邵军、程勇：《中韩技术合作的实践、前景与发展战略》，《中国软科学》2005年12期，第28页。

天、生物化学、纳米技术等方面领先于韩国,两国在技术领域的合作具有很大的潜力。

3. 直接投资规模不断扩大

韩国企业对华投资的增长速度也是迅速的,目前已成为中国第四大外资来源地。据韩方统计,截至2012年3月,韩国对华直接投资项目数2.2万个,累计投资金额369亿美元,分别是建交当年的80倍和180倍,在韩国整体海外投资中所占比重分别达42.3%和18.8%,项目数居第1位,投资金额仅次于美国居第2位,单个项目平均投资金额也由83万美元增至578万美元。此外,韩国对华投资地域也发生了显著变化,建交初期56%集中在山东省和东北三省,目前已减少至16.3%,而对华东地区投资则由8.2%增至25.1%,拉动了对华东地区的出口大幅增长,不过,目前韩国对中国中西部地区的投资仍处于较低水平。[1]

另外,2007-2011年间,韩国对华直接投资年均减少5.4%,占世界对华投资比重从5.4%(2006年)下降到2.2%(2011年)。这是由于中国产业扶持政策发生了新的变化,而韩国投资重点没有进行相应的调整。中国正在将政策扶持的重点从出口工业品生产转向服务业,但韩国对华制造业投资比重反而从69.2%(2007年)增加到77.4%(2011年),对服务业投资的缩减降低了韩国对华内需市场的影响力。[2]

---

1. 数据来源:中国驻韩国大使馆经济商务参赞处网站。"建交20年韩对华直接投资扩大近180倍",
http://kr.mofcom.gov.cn/article/jmxw/201208/20120808281384.shtml
2. "近五年间韩对华直接投资年均减少5.4%", http://www.mofcom.gov.cn/aarticle/i/jyjl/j/201205/20120508141229.html

〈表 2-3〉 1993 年-2012 年 韩国对华投资额(实际利用金额) (单位：亿美元)

年份	1993	1994	1995	1996	1997	1998	1999	2000	2001	2002
直接投资	1.54	7.3	10.5	15.0	21.4	18.0	12.7	14.9	21.5	27.2
其他投资	-	-	-	-	0.85	0.01	0.06	0.11	0.03	0.08

年份	2003	2004	2005	2006	2007	2008	2009	2010	2011	2012
直接投资	44.9	62.5	51.7	38.9	36.8	31.4	27.0	26.9	25.5	65
其他投资	0.08	0.05	0.16	0.12	0.2	0.16	0.22	0.01		

数据来源：中国统计局：《中国统计年鉴》各年；1993 年数据来自 Korea Export & Import Bank, http://www.koreaexim.go.kr/en/fdi/stat_01.jsp. 2012 年数据来自韩国财政部，为协议金额。http://afdc.mof.gov.cn/pdlb/ wgcazx/201302/t20130227_734963.html.

根据韩国进出口银行统计资料，1993-2000 年，在韩国对华直接投资项目中，制造业项目数占了 87.2%，投资金额占到 85.6%。从投资方式看，韩国对华直接投资偏重外商独资形式，在所有对华投资项目中，外商独资形式比重超过 50%，远高于同期我国利用外资中外商独资企业的比重。[1] 中国在 2001 年加入 WTO 后，根据相关规则制定颁布了《指导外商投资方向规定》，提出奖励外国企业在农业新技术、能源、交通、新材料等部门的投资。据此，韩国自 2002 年开始，扩大了汽车、钢铁、通讯、石化及加点等领域的投资份额。再加上中国劳动力成本上升、产业技术进步所带来的影响，韩国对华投资开始向技术和资本密集型产业转移。在韩国投资制造业结构方面，属于传统劳动密集型产业的纤维与服装、鞋与皮革等的占比分别从 2001 年的 16.79%、2.77%逐渐减少至 2007 年的 5.87%、1.11%，属于资本、技术密集型产业的电子通信装备、机械类等的比重分别从 32.56%、6.44%增加至 40.26%、16.54%。[2]

---

1. 黄繁华：《韩国对华直接投资特点和发展趋势》，《国际经济合作》2002 年第 09 期，第 47 页。
2. 洪涓、白燕：《韩国对华直接投资现状及中国的对策》，《对外经贸实务》2009 年 第 1 期，第 71 页。

与韩国对中国的直接投资相比,中国对韩国的直接投资规模较小,2003年-2010年,中国对韩直接投资额最高为2005年的5.8亿美元,当年增长率高达1363.63%,而最低为2006年的996万美元。2010年,中国对韩直接投资1.2亿美元。截止到2010年,中国对韩直接投资额累计达10.5亿美元。从中国对韩直接投资占中国对外直接投资的比重来看,除2003年和2005年占比约为5%,其余年份均不足1%。2012年1~8月,中国对韩非金融类直接投资5328万美元,同比增加59.8%。截至2012年8月底,中国累计对韩投资9.3亿美元。[1]

(三) 中韩经济关系发展中存在的问题

1. 中韩贸易发展不均衡,存在严重的逆差问题

中韩建交以来,双边贸易额不断增长的同时,中国对韩国的贸易顺差也持续扩大。1992年中韩建交时双边贸易总额为50.3亿美元,中国对韩国贸易逆差只有2.1亿美元。到2002年,双边贸易总额达到440.7亿美元,逆差达到130.7亿美元,十年间一路攀升,增长了65倍。并且自2003年以来,中韩之间的贸易逆差额就已经开始超过或接近中国对韩国的出口额。到2011年,中双边贸易规模达到了史上最高的2456.3亿美元,中韩贸易逆差也达到了最高的797.9亿美元。

目前,韩国已经成为中国最大的贸易逆差来源国。随着中国经济的高速增长和韩国对中国直接投资的增加,再加上庞大的市场和日益增长的消费能力,中国从韩国的进口不断扩大;而韩国方面对进口中国商品持有消极态度,在一些商品领域还设立了贸易保护壁垒,阻碍了中韩贸易的均衡发展。从图　可以看到,中国从韩国进口商品的数额不仅远远高于韩国从

---

1. "中韩经贸合作简况(截至2012年10月)", http://www.mofcom.gov.cn/article/tongjiziliao/fuwzn/ckqita/201302/20130200023262.shtml.

中国进口商品的数额,其增长曲线的斜率即增长率也远远高于对方。

〈表 2-4〉 中韩贸易逆差情况 (单位:亿美元)

年份	中国自韩国进口	中国向韩国出口	中韩逆差
1992	50.3	24.1	2.1
2000	345	112.9	119.2
2001	359.1	125.2	108.7
2002	440.7	155	130.7
2003	632.3	201	230.3
2004	900.7	278.2	344.3
2005	1119.3	351.1	417
2006	1343.1	445.3	392.5
2007	1599	561.4	476.2
2008	1861.1	739.5	382.1
2009	1562.3	536.8	488.7
2010	2071.7	687.7	696.3
2011	1627.1	829.2	797.9
2012	1343.0	808.0	535.0

数据来源:中国商务部网站。

〈图 2-3〉 中韩进出口额及逆差变化 1992-2012 (单位:亿美元)

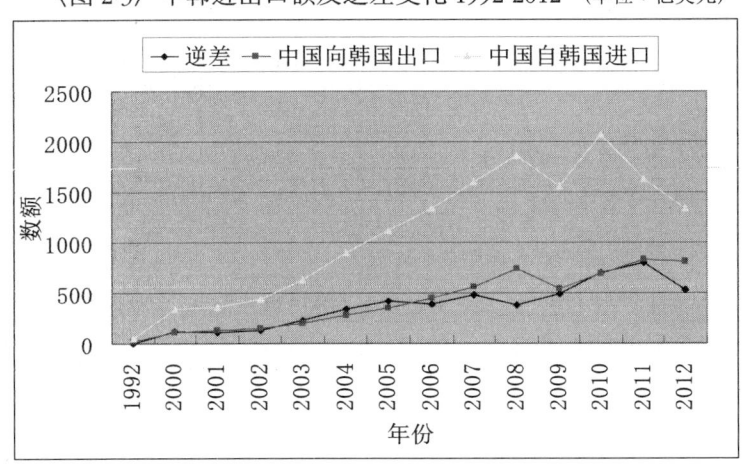

综合多年的数据来看,中韩之间的逆差产品主要以技术密集型和资本密集型产品为主,顺差产品则以劳动密集型产品为主。以逆差额最大的 2011 年为例,中国对韩贸易的 99 类产品中,贸易逆差前几位的商品主要包括:机电产品、光学、钟表、医疗设备、化工产品、矿产品、塑料/橡胶制品和运输设备等;贸易顺差产品主要为贱金属及制品、纺织品及原料、陶瓷;玻璃、家具、玩具、杂项制品等。(参见表 2-5)

〈表 2-5〉2011 年韩国对华主要进出口商品种类及数额　(单位:百万美元)

商品类别	韩国出口	韩国进口	差额
电机、电气、音像设备及其零附件	34212	26010	8202
光学、照相、医疗等设备及零附件	22953	3839	19114
核反应堆、锅炉、机械器具及零件	15845	9,637	6208
有机化学品	12931	2800	10131
矿物燃料、矿物油及其产品;沥青等	11591	2100	9491
塑料及其制品	9717	1661	8056
车辆及其零附件,但铁道车辆除外	6477	1500	4977
钢铁	4340	8630	-4290
铜及其制品	2,300	460	1840
无机化学品;贵金属等的化合物	1365	2096	-731
钢铁制品	963	3861	-2898
家具;寝具等;灯具;活动房	426	1217	-791
鱼及其他水生无脊椎动物	414	1060	-646
非针织或非钩编的服装及衣着附件	282	2295	-2013
棉花	195	593	-398
鞋靴、护腿和类似品及其零件	170	1067	-897

数据来源:《2011 年韩国货物贸易及中韩双边贸易概况》,中国商务部国别贸易报告。

中韩贸易逆差的主要原因有三点：

首先，商品需求结构的先天不平衡。中韩贸易高速增长始于1992年两国建交以后，而20世纪90年代也是中国经济持续高速增长的时期。在GDP增长率最低的1999年也达到了7.6%，1992-2002年GDP年均增长率为10.25%，2003-2012年GDP年均增长率为10.73%。[1] 在经济高速增长的带动下，中国市场对各类机械、设备等资本和技术密集型产品的需求迅速增加。而韩国在机电产品、机械、汽车、化工产品等领域的优势与中国进口商品的需求结构十分吻合。以2006年和2007年为例，中国进口电机、电气、音像设备及其零附件的总额分别为2189.66亿和2568.29亿美元，而从韩国进口的此类产品分别为185.2亿和248.3亿美元，占到了进口额的8.5%和9.7%。[2] 而中国很长一段时间内向韩国出口的主要是低附加值的资源、劳动密集型产品，其中尤以原料型商品为主，如纺织品原料及其制品、贱金属及制品、矿产品和农产品等，这些产品的附加值低，较资本和技术密集型产品易受到冲击，一旦商品的相对价格提高，就很容易被替代。而近年来，中方出口的电子产品、机电产品数量增加，但附加值与从韩国进口的同类产品相比仍有一定差距，因此，商品需求的差异性，使双边贸易本身就存在不平衡因素。

第二，韩国对华直接投资快速增长。由于相当长一段时间内中国劳动力成本较低，直接投资设厂还可以绕开贸易壁垒的限制，韩国企业纷纷在华投资设厂。但很多韩资企业都是从韩国进口设备、零部件甚至是原材料，进行加工、组装后再从中国出口。这导致在华韩资企业本土化程

---

1. 数据来源：根据历年GDP增长率计算所得，1992-2012年历年GDP增长率分别为：14.2%、14.0%、13.1%、10.9%、10.0%、9.3%、7.8%、7.6%、8.4%、8.3%、9.1%、10.0%、10.1%、11.3%、12.7%、14.2%、9.6%、9.1%、10.4%、9.2%、7.8%。

2. 数据来源："中国统计年鉴2008"，
   http://www.stats.gov.cn/tjsj/ndsj/2008/indexch.htm，
   "2006年、2007年韩国货物贸易及中韩双边贸易概况"，中国商务部网站。

度不高,相当大比例的零配件、半成品和原材料以及数额巨大的生产设备都需要从韩国进口,导致韩国对华出口大增,而加工完成的最终产品大部分是在中国或欧美市场销售,销往韩国的比例并不高,最终造成了中韩贸易的持续逆差。据韩国贸易协会 2003 年对 1180 个在华韩资企业的调查表明,这些企业对韩原材料的进口依赖度达 40%,而把产品返销到韩国的比率只有 16%左右。韩国产业资源部一份报告称,2003 年中韩贸易逆差中,加工贸易和设备投资逆差所占份额为 57.4%,一般贸易引致的逆差占 42.6%,即中韩贸易逆差中的大部分是由于加工贸易和设备投资引致的。[1]

第三,韩国在一些产品的进口上设置了各种贸易壁垒,影响了中国具有比较优势产品的出口。韩国在不同的发展阶段制定了相应的进出口法规,对农产品、水产品和畜产品设置了调节关税、配额关税和特殊保障措施关税等贸易壁垒,还频频以反倾销调查阻止农林水产品等的进口。依据韩国《关税法》,韩国政府可对农、林、水等产品在基本关税的基础上,加征不超过 100%的调节关税。韩国在乌拉圭回合谈判中对占其总税目 13.7%的农产品保留关税配额,截至 2011 年底,实施配额关税的产品种类已达到 111 种,[2] 中国大部分具有竞争力的农产品都被韩国政府纳入关税配额管理范围。韩国还采取了通关环节壁垒、技术性贸易壁垒和卫生措施等非关税壁垒,阻碍中国农产品、水产品、畜产品、食品及食品添加剂、药品及医药原料等产品进入韩国市场。此外,韩国还对农产品提供了大量的政府补贴,以贷款和拨款的方式,对林业、渔业提供补贴。韩国是中国玉米、大米、小麦等农产品以及渔产品的主要出口市场,韩国在中国以上商品出口市场中均处在前三位之列。韩国政府维持的巨额农业补贴扭曲了中韩农产品贸易的正常流向。

---

1. "三大因素导致中韩贸易失衡",
   http://ccn.mofcom.gov.cn/swxw/show.php?eid=14951.
2. 中华人民共和国商务部编:《国别贸易投资环境报告 2012》,上海人民出版社 2012 年版,第 107-108 页。

第四,"中心-外围"的东亚产业结构。东亚地区长期处于世界"中心-外围"生产结构的外围地区,日本重新崛起后勉强挤进中心地区,此后是则是包括韩国在内的亚洲四小龙陆续进入半外围(边缘)区。在"中心-外围"的生产模式下,以中心为最高等级,不同国家和地区处于不同的等级。高等级国家向低等级国家一层一层提供技术、部件和投资,低等级国家以出口导向型发展战略为高国家量身打造各类产品。低等级国家的产业结构、核心技术、核心零部件依赖于高等级国家,需要从高等级国家进口大量的设备和零配件,相似产业上对高等级国家出口产品优势不明显,加之高等级国家"富有经验"的贸易壁垒,低等级国家对自己上一层级的国家出口始终乏力。近20年来,中国已逐步成为世界产业链中加工、装配环节中最重要的力量,需要大量从日本、韩国等地获取投资、零部件和半成品,这成为中韩贸易逆差的结构性原因。而韩国本身又不向美国、欧洲和日本那样有用广阔的国内市场,再加上韩国自身的贸易壁垒,从而导致两国的贸易逆差的持续扩大。

2. 中韩贸易竞争日益激烈

随着中国经济的发展和中韩贸易的不断扩大,两国间的竞争和摩擦也不断增加。随着中国经济的快速发展和产业结构的不断升级,中国的制造业已经成为国际市场上的一支重要力量,以低廉劳动力为基础和不断提高的技术附加值为保障的中国产品在国际市场上的竞争力日益提高。同时,中国出口产品结构正变得与韩国类似,这使得韩国产品和韩国市场经受着中国产品的有力冲击。以美国市场为例,1996年韩国产品占有率为3.0%,经历了金融危机后逐渐上升到2000年的3.5%,但到2007年已下降至2.43%。而中国产品在美国市场的占有率则由1996年7.1%上升到2007年16.4%。[1] 目前,在世界市场上,韩国在化工产品、运输机

---

1. 数据来源:韩贸易研究院网站、中国海关总署网站。

械、钢铁、机械类等领域,韩国产品依然具有优势,但在轻工业、家电、零部件等领域,中国产品则处于绝对有利的地位,而在轮胎、油类制品、人造纤维、钢材、钢板等行业,中韩之间的差距则在迅速缩小。随着中国产业的继续升级,中韩之间的竞争将会更加明显。

〈表2-6〉中韩2011年出口额前五位的产品　(单位:亿美元)

中国	机电产品	纺织品及原料	贱金属及其制品	运输设备	杂项制品
数额	7995.19	2405.39	1449.21	1091.07	1037.89
韩国	机电产品	运输设备	矿产品	贱金属及制品	塑料、橡胶
数额	1783.48	1229.37	538.98	524.72	374.83

数据来源:中国商务部:"2011年韩国货物贸易及中韩双边贸易概况",
http://countryreport.mofcom.gov.cn/record/view.asp?news_id=27905.
中国国家统计局:"中国统计年鉴2012",
http://www.stats.gov.cn/tjsj/ndsj/2012/indexch.htm.

而在韩国市场上,以农产品为例。中国的农产品价格比韩国具有绝对的竞争优势,又因为地理位置的临近,对农产品的保鲜方面比其他竞争国家也具有绝对的优势,因此中韩农产品竞争非常激烈,韩国也为此设立了众多的贸易壁垒。如2000年,韩国国内大蒜产量增加,短期内市场曾出现供过于求的问题,而韩国以中国大蒜进入韩国市场过多,冲击力韩国市场为由,单方面突然决定对从中国进口的大蒜征收315%的关税,引起了中韩"大蒜贸易争端"。因此,韩国对中国经济的发展存在亦喜亦忧的情绪,一方面承认中国经济发展能够给韩国带来巨大的经济效益,另一方面又担心中国经济发展会降低韩国的竞争力,而这种情况还将长期存在。

3. 中韩直接投资亟待改善

由于国情不同,韩国对华直接投资远远高于中国对韩直接投资。截至2012年8月底,韩累计对华投资项目数54380个,实际投资金额513.3

亿美元。韩国是中国第四大外商直接投资来源国,而中国累计对韩投资只有9.3亿美元。[1] 中国长期以来都是世界上吸引外资的主要地区之一,但随着中国经济的发展,对外投资的规模也呑苏扩大。2011年,中国对外直接投资净额达到746.5亿美元,成为世界第四大对外投资国。[2] 中国对韩国的直接投资规模也在迅速扩大,2011年同比增加57.2%,2012年1-8月同比增长59.8%。[3] 在对韩直接投资迅速扩大的同时,也暴露出许多问题。首先,韩国投资准入壁垒颇多。韩国限制外国资本直接投资粮食作物栽培、肉牛养殖、沿海近海渔业、电力、国内银行等29个行业,投资90类与国防有关的韩国企业,则需要知识经济部的批准。但这90类企业涵盖了很多同时是非国防产品主要生产者的电子和工业企业集团,如三星、现代等企业。第二,韩国税收体系不健全是在韩外资企业面临的首要困难。韩国不健全的税收体系已成为影响外商企业对韩投资的首要因素。其中包括外商投资企业接受韩税务调查期限的不合理延长、税务行政缺乏一贯性、未与国际税收制度接轨以及税务调查中存在主观性等问题。[4] 第三,许多韩国公众和媒体对国外资本并购持怀疑态度,特别是并购企业的工人和工会对并购方的不认同成为外资并购韩企的重大障碍。2009年,中国上汽集团收购韩国双龙汽车公司宣告失败,韩国过于强大的工会力量和过度紧张的劳资关系就是上汽入主双龙之后公司再度破产的直接原因。

---

1. "中韩经贸合作简况(截至2012年10月)",
 http://kr.mofcom.gov.cn/article/zxhz/tjsj/201302/20130200023262.shtml
2. "商务部 国家统计局 国家外汇管理局联合发布《2011年度中国对外直接投资统计公报》",http://www.mofcom.gov.cn/aarticle/tongjiziliao/dgzz/201208/20120808315019.html
3. [韩]"去年外国人直接投资达136亿美元 创2000年来新高",
 韩联社首尔1月12日电。http://chinese.yonhapnews.co.kr/allheadlines/2012/01/12/0200000000ACK20120112002100881.HTML
4. 中华人民共和国商务部编:《国别贸易投资环境报告2012》,上海人民出版社2012年版,第133页。

在韩国对华直接投资方面,目前已经显露出本土化水平难以提高、技术投资过于保守、投资领域太过集中等问题。与欧美在华的投资企业相比,在华的韩国企业本土化水平普遍较低。像摩托罗拉、飞利浦等跨国公司在中国设立的分公司的总经理均由中国员工担任,公司的业务主管、部门经理等中层管理人员中中国员工所占的比重也很高。而在韩资企业中,一线工人主要雇佣中国人,而在管理层面则以韩国人为主。此外,韩资企业中国国内购买原材料和零部件俄比重也很低。除三星、LG等大企业之外,韩企也很少在中国设立研发中心,投资领域也有相当一部分还是集中在纺织、家电等资本和劳动密集型产业,对中国在技术转让和技术投资方面非常保守。目前,韩国对中国投资已经开始趋于多元化,金融、批发零售、服务贸易等方面的投资逐渐提高,但是所占比重远远低于劳动密集型的制造业。韩国的这种投资取向也使得韩资企业经营状况易受到劳动力成本、原材料价格以及投资环境变化等外在因素冲击,导致出现因经营不善频繁撤资的行为。

第二节　中韩经济合作的互补性与竞争性

经过二十年的发展,中韩经济关系已经发生了一些变化。如果说中韩建交之后的前十年两国的双边经济关系主要是互补性的合作,在后十年的时间里两国间的竞争开始出现,而今后的十年和更长的时间里,两国将会出现竞争与合作并存的局面。随着中国经济的发展和科技的进步,中韩两国在科技水平、研发能力、产业结构等领域的差距越来越小,在出口地区结构、主要出口商品、技术水平等方面的竞争也会日渐激烈。在这种形势下,中韩两国有必要造作准备,探索新的合作模式。

(一) 中韩经济的相互依赖性

相互依赖是现代工业化国家间出现的一个重要特征,它的出现和发展是二战后国际关系的一个突出变化。理查德·库珀将其特征定义为"国家间增长的对外经济发展的敏感性"。斯坦利·霍夫曼认为相互依赖是"社会的相互渗透",是"世界经济中不同国家政策的相互联系"。[1] 罗伯特·基欧汉和约瑟夫·奈则提出,"世界政治中的相互依赖,指的是以国家之间或不同国家的行为体之间相互影响为特征的情形"。[2] 总而言之,相互依赖体现的是一种相互影响的关系。而分析两国间之的相互依赖度可以采用多种分析方法。鉴于双边贸易关系在中韩两国经济合作中的重要地位,笔者采用了贸易贡献度来分析中韩两国的贸易依赖度。

贸易贡献度(Index of trade Contribution)是指相应年度一国总进/出口增长率(与前一年对比)中某国家做出贡献的程度,其义在于分析两国之间贸易关系的依赖性。其具体的计算公式如下:

b 国对 a 国的贸易贡献度=Xa×Xab

Xa: a 国总进口(出口)增长率(与前一年对比)

Xab: a 国对 b 国的进口(出口)占 a 国总进口(出口)的比重(贡献率)

---

1. 倪世雄等著:《当代西方国际关系理论》,复旦大学出版社 2005 年版,第 335、337 页。
2. [美]罗伯特·基欧汉、约瑟夫·奈著,门洪华译:《权力与相互依赖》,北京大学出版社 2002 年版,第 9 页。

〈表 2-7〉 中国对韩国出口贸易贡献度　(单位：亿美元)

年度	韩国总出口	增长率	对华出口	比重	贡献度
1992	757.1	10.6%	26.5	3.5%	0.4
2002	1624.7	8.2%	237.5	14.6%	1.2
2003	1938.2	19.3%	351.1	18.1%	3.5
2004	2538.5	31.0%	497.6	19.6%	6.1
2005	2844.2	12.0%	619.2	21.8%	2.6
2006	3254.7	14.4%	695.5	21.4%	3.1
2007	3713.3	14.1%	819.9	22.1%	3.1
2008	4220.1	13.6%	913.9	21.7%	2.9
2009	3635.3	-13.9%	867	23.8%	(-3.3)
2010	4663.8	28.3%	1168.4	25.1%	7.1
2011	5565.14	19.3%	1342.05	24.1%	4.7
2012	5480.8	-1.5%	1343.3	24.5%	(-0.4)

数据来源：根据韩国统计厅公布数据整理计算所得。

〈表 2-8〉 中国对韩国进口贸易贡献度　(单位：亿美元)

年度	进口	增长率	自华进口	比重	贡献度
1992	810.9	16.9%	37.3	4.6%	0.8%
2002	1520.2	7.7%	174	11.4%	0.9%
2003	1788.3	17.6%	219.1	12.3%	2.2%
2004	2244.6	25.5%	295.9	13.2%	3.4%
2005	2612.4	16.4%	386.5	14.8%	2.4%
2006	3093.8	18.4%	485.6	15.7%	2.9%
2007	3564.5	15.2%	630.3	17.7%	2.7%
2008	4352.7	22.0%	769.3	17.7%	3.9%
2009	3230.8	-25.8%	542.5	16.8%	(-4.3%)
2010	4252.1	31.6%	715.7	16.8%	5.3%
2011	5243.75	23.3%	864.26	16.5%	3.8%
2012	5195.8	-0.9%	807.8	15.5%	(-0.1%)

数据来源：根据韩国统计厅公布数据整理计算所得。

〈表 2-9〉 韩国对中国出口贸易的贡献度 (单位：亿美元)

年度	中国总出口	增长率	对韩国出口	比重	贡献度
1992	849.4	18.1%	24.1	2.8%	0.5%
2002	3255.7	22.3%	155	4.8%	1.1%
2003	4383.7	34.6%	201	4.6%	1.6%
2004	5934	35.4%	278.2	4.7%	1.7%
2005	7620	28.4%	351.1	4.6%	1.3%
2006	9690.7	27.2%	445.3	4.6%	1.2%
2007	12180	25.7%	561.4	4.6%	1.2%
2008	14285.5	17.2%	739.5	5.2%	0.9%
2009	12016.7	-16%	536.8	4.5%	(-0.7%)
2010	15779.3	31.3%	687.7	4.4%	1.4%
2011	18986	20.3%	864.26	4.6%	0.9%
2012	20498.3	7.9%	808	3.9%	0.3%

数据来源：根据中国海关总署公布数据整理计算所得。

〈表 2-10〉 韩国对中国进口贸易的贡献度 (单位：亿美元)

年度	中国总进口	增长率	自韩国进口	比重	贡献度
1992	805.9	26.3%	26.2	3.3%	0.9%
2002	2952.0	21.2%	285.7	9.7%	2.1%
2003	4128.4	39.9%	431.3	10.4%	4.2%
2004	5614	36%	622.5	11.1%	4.0%
2005	6601	17.6%	768.2	11.6%	2.0%
2006	7916.1	20.0%	897.8	11.3%	2.3%
2007	9558	20.8%	1037.6	10.9%	2.3%
2008	11330.8	18.5%	1121.6	9.9%	1.8%
2009	10056	-11.2%	1025.5	10.2%	(-1.1%)
2010	13948.3	38.7%	1384	9.9%	3.8%
2011	17434.6	24.9%	1342.05	7.7%	1.9%
2012	18178.3	4.3%	1343	7.4%	0.3%

数据来源：根据中国海关总署公布数据整理计算所得。

分析上面的表 2-7 和 2-8 来看,从 1992 年中韩建交后,中国对韩国出口的贡献度开始高速增长,从 1992 年的 0.4%增长到 2002 年的 1.2%,2010 年则达到了最高的 7.1%。2002 年以后,受 2008 年世界金融危机影响,韩国在 2009 年和 2012 年的出口出现了负增长,所以贡献度计算出现了负值。这并不表示中国对韩国出口出现了负面影响,只是说明这一年度韩国对中国的出口不足以拉动总体出口正增长。总体看来,韩国对中国的出口在其总体出口中拉动作用越来越大,其出口在很大程度上依赖中国。比较而言,韩国对中国出口贸易的贡献度要相对小一些,从 1992 年的 0.5%增长到 2002 年 1.1%,2004 年达到了最高的 1.4%。这说明在出口市场上,韩国对中国的依赖要明显高于中国对韩国的依赖。

从进口来看,中国对韩国进口的贡献度要小于出口的贡献度,1992 年到 2002 年仅上升了 0.1 个百分点,但从 2002 年以后得到了快速的增长,2010 年达到了最高的 5.3%,这说明韩国从中国的进口出现了明显上升。而韩国对中国进口的贡献度则从 1992 年的 0.8%上升到 2002 年 2.1%,2003 年达到了最高的 4.2%。仅从进口数额上看,韩国对中国的依赖度也高于中国对韩国的依赖度,但这种倾斜并没有出口那么明显(见图 2-4)。而且受商品结构的影响,这种依赖并不一定向中国倾斜。

〈图 2-4〉 中韩贸易贡献度比较

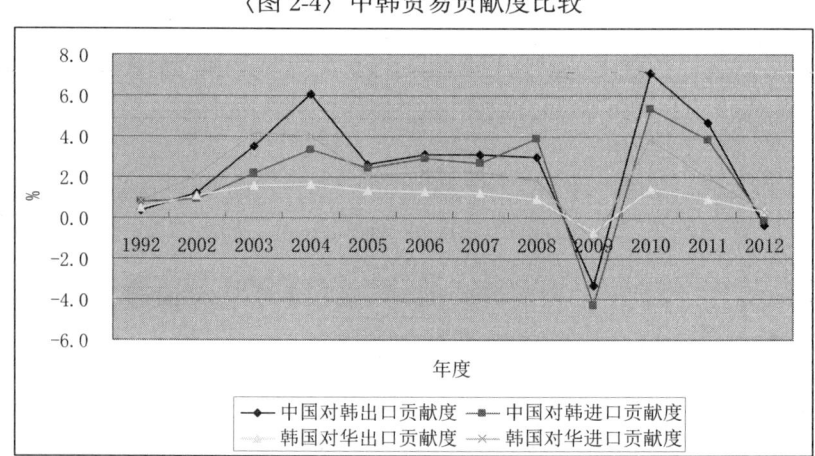

(二) 中韩经济的比较优势和竞争力分析

从上文分析可以看到,中韩经济的相互依赖度在1992年之后开上升,到2002年以后增长速度开始明显加快,相互依赖度不断提高。与之相对应,中韩经济合作的互补性和竞争性的发展变化也有着阶段性的特征。在20世纪90年代,中韩两国以各自的优势产业进行生产和贸易往来,互补性十分明显。而随着中国科技进步和产业升级,中国出口产品的科技附加值不断提高,两国间的经济关系进入新的发展阶段。

通过对2010-2012年中韩产业间竞争力指数[1]和各类产品在双边贸易总额中的比重进行分析,可以看到中国具有明显比较优势的产业主要是以陶瓷、玻璃、家具、玩具、食品、饮料、活动物等7类劳动密集型产业或资源密集型产品为主。

〈表 2-11〉 中韩产业间竞争力指数变化(2010-2012 年) — 中国优势产业

HS 编码 类	商品类别	2010		2011		2012	
		竞争力指数	比重	竞争力指数	比重	竞争力指数	比重
15	贱金属及制品	0.17	0.061	0.24	0.068	0.23	0.062
11	纺织品及原料	0.31	0.027	0.36	0.028	0.34	0.025
20	家具、玩具、杂项制品	0.65	0.010	0.57	0.009	0.50	0.010
4	食品、饮料、烟草	0.45	0.006	0.36	0.005	0.32	0.006
1	活动物;动物产品	0.64	0.005	0.44	0.005	0.51	0.005
8	皮革制品;箱包	0.39	0.004	0.46	0.004	0.44	0.004
13	陶瓷;玻璃	0.79	0.011	0.82	0.010	0.77	0.012
累计			0.123		0.131		0.124

数据来源:根据中国商务部2010、2011、2012年国别贸易报告(韩国)整理计算所得。

---

1. 贸易竞争力指数,即TC(Trade Competitiveness)指数,是对国际竞争力分析时比较常用的测度指标之一,它表示一国进出口贸易的差额占进出口贸易总额的比重,即TC指数=(出口额-进口额)/(出口额+进口额)。该指标作为一个与贸易总额的相对值,剔除了经济膨胀、通货膨胀等宏观因素方面波动的影响,即无论进出口的绝对量是多少,该指标均在-1-1之间。其值越接近于0表示竞争力越接近于平均水平;该指数为-1时表示该产业只进口不出口,越接近于-1表示竞争力越薄弱;该指数为1时表示该产业只出口不进口,越接近于1则表示竞争力越大。

中国优势产业占中韩贸易额的比重也不高,最高的贱金属及制品所占比重也不到7%,2010-2012年以上7类产业在中韩进出口总额中所占比重均不高,分别为12.3%、13.1%和12.4%。

中韩产业间贸易韩国具有优势的产业,以技术密集型产业和资本密集型产业为主,包括光学、钟表、医疗设备、塑料、橡胶、矿产品、化工产品等。韩国优势产业对华贸易额占中韩总贸易额的比重明显高于中国优势产业所占的比重,2010-2012年该比重分别为55%、54%和56%。

〈表2-12〉 中韩产业间竞争力指数变化(2010-2012年)—韩国优势产业

HS 编码类	商品类别	2010 竞争力指数	比重	2011 竞争力指数	比重	2012 竞争力指数	比重
16	机电产品	0.22	0.251	0.17	0.227	0.22	0.243
18	光学、钟表、医疗设备	0.75	0.113	0.70	0.104	0.70	0.111
6	化工产品	0.41	0.065	0.41	0.075	0.46	0.077
5	矿产品	0.50	0.039	0.63	0.054	0.71	0.050
7	塑料、橡胶	0.72	0.052	0.68	0.050	0.67	0.051
17	运输设备	0.33	0.028	0.46	0.030	0.38	0.027
10	纤维素浆;纸张	1.00	0.003	1.00	0.002	1.00	0.002
14	贵金属及制品	1.00	0.001	1.00	0.001	1.00	0.001
累计			0.55		0.54		0.56

数据来源:根据中国商务部2010、2011、2012年国别贸易报告(韩国)整理计算所得。

20世纪90年代,中国向韩国出口的产品主要是农产品、原材料等初级产品和劳动密集型产品,韩国向中国主要出口工业制成品,中韩贸易大多为产业间贸易和垂直型产业内贸易,这种贸易结构是基于要素禀赋(自然资源、廉价劳动力)的垂直分工和互补型贸易,双方基本不存在竞争。而随着中国产业和产品竞争力逐渐提高,中国出口韩国的商品中初级产品的比重下降,技术、资本密集型产品的比重逐渐上升。中韩这种垂直互补关系正在趋弱,水平竞争关系日渐转强。但是,从中韩产业间竞争力指数变化的情况可以看到,中韩目前的经贸合作依然是以垂直互补关系为主。

韩国对华直接投资也在很大程度上促进了中韩经贸合作的垂直互补关系。截止2012年,韩国累计对华投资的396.77亿美元,其中309.1亿美元集中在制造业领域。韩国在早期对华制造业投资时,主要集中在纺织、服装、玩具、鞋类、皮革加工等劳动密集型行业,近年来则拓宽到电子零部件、电脑、通信设备、汽车等行业。韩国通过对华直接投资将劳动密集型和中低端的技术密集型产业的加工、组装环节转移到中国,使得在华韩资企业形成了以轻纺工业、加工组装型电子通信产品和汽车组装等为主的结构。这种产业结构需要从韩国大量进口机器设备和零部件。根据韩国贸易协会的数据,2008年中国从韩国进口的商品中77.8%是零部件、工业用原燃料以及润滑油等半成品。其中进口零部件占34.4%,进口最终产品仅占21.4%。[1] 因此,这种投资结构进一步促成了中国处于产业分工的劳动密集型向资本/技术密集型过渡阶段,韩国则处于资本和技术密集型阶段。2008年,中国对韩国出口的半成品也占到了货物的63.6%,但工业用原材料就占了41.4%,零部件占20.7%,最终产品占30.4%。这说明中国向韩国出口零部件的加工程度要低于韩国向中国出口的零部件,两国之间存在的技术差距使得韩国处于产业分工的较高等级,中韩之间的垂直分工还将持续一段时间。对此,可以通过产业内贸易指数[2]来分析两国间的贸易结构。

---

1. 郝洁:《韩国对华投资带动下的中韩产业分工与双边贸易》,《中国经贸导刊》2011年第2期,第56页。
2. 公式:$T=1-|X-M|/(X+M)$ 式中:X 和 M 分别表示某一特定产业或某一类商品的出口额和进口额,并且对 X-M 取绝对值。T 的取值范围为[0, 1],T=0 时,表示没有发生产业内贸易;T=1 时,表明产业内进口额与出口额相等;T 值越大说明产业内贸易程度越高。

〈表 2-13〉 中韩产业内贸易主要类别指数与比重(2010-2012)

HS 编码类	商品类别	2010年 产业内贸易指数	比重	2011年 产业内贸易指数	比重	2012年 产业内贸易指数	比重
16	机电产品	0.78	0.251	0.53	0.227	0.78	0.243
18	光学、钟表、医疗设备	0.25	0.113	0.14	0.104	0.30	0.111
6	化工产品	0.59	0.065	0.53	0.075	0.54	0.077
5	矿产品	0.50	0.039	0.46	0.054	0.29	0.050
7	塑料、橡胶	0.28	0.052	0.23	0.050	0.33	0.051
15	贱金属及制品	0.83	0.043	0.79	0.041	0.77	0.039
17	运输设备	0.67	0.028	0.65	0.030	0.62	0.027
11	纺织品及原料	0.69	0.014	0.68	0.013	0.66	0.013
20	家具、玩具、杂项制品	0.35	0.002	0.35	0.003	0.50	0.003
4	食品、饮料、烟草	0.55	0.002	0.55	0.002	0.68	0.003
1	活动物；动物产品	0.36	0.001	0.36	0.002	0.49	0.002
8	皮革制品；箱包	0.61	0.002	0.60	0.002	0.56	0.002
13	陶瓷；玻璃	0.21	0.001	0.21	0.001	0.23	0.002
累计			0.61		0.60		0.62

数据来源：根据中国商务部 2010、2011、2012 年国别贸易报告(韩国)整理计算所得。

从〈表 2-13〉来看，中韩贸易中的纺织原料及纺织制品、金属及其制品(如钢铁、钢铁制品)、机电产品(如机械、电器)、运输设备(如汽车、船舶)等产业内贸易程度非常高，这些产品占中韩贸易额的比例也十分可观，达到了 60%。因此，总体上中韩贸易中的垂直分工仍然占有较大比重。而这些贸易过程中，韩国往往通过直接投资的方式主导着产业内贸易。韩国向中国出口零部件和中间产品，在中国实现加工和组装，中国在产业链上处于利润最少的加工、组装环节，凭借的主要优势依然是相对低廉的劳动力。

(三) 优化中韩经济合作的举措

从目前来看,受到国际金融危机的影响,中韩双边贸易额在2009年出现了下降。但2010年、2011年又迅速攀升,超过了2000亿美元,2012年再度下降但也保持了历史第二的2151亿美元,远超过危机爆发前的水平,这说明中韩依然保持了重要的贸易伙伴关系。更为重要的是,中韩两国各自的国内经济都经受住了危机的考验,保持了相对稳定的发展势头,为双边经济合作的进一步开展提供了广阔的空间。而从两国贸易结构上看,两国间商品往来的主体已经是机电产品、化工产品等工业制成品,农产品和初级原材料所占比重不高,与20年前相比实现了优化升级。而两国的产业结构虽然发生了一些变化,但整体上依然存在明显的互补性,中国具有明显比较优势的产业是以陶瓷、玻璃、家具、玩具、食品、饮料、活动物等劳动密集型产业或资源密集型产品为主,韩国具有优势的产业是以光学、钟表、医疗设备、塑料、橡胶、矿产品、化工产品等技术密集型产业和资本密集型产业为主。这种比较优势的差异为两国继续深入开展双边贸易、实现互利共赢提供了充分的空间。

在直接投资方面,中国继续保持韩国第二大投资对象国地位,韩国则是第四大外商直接投资来源地。2012年韩国对华直接投资额达到了65亿美元,占韩国对外投资总额的16.7%。[1] 从上文分析可以看到,韩国一直借助中国廉价的劳动力资源,将大批的加工、组装等下游产业转移到中国。而中国经济的增长带来的劳动力成本上升和2008年新《劳动合同法》的实施,中国中小型劳动密集型企业的生存空间被大幅度挤压,这也是出现韩资企业非法撤离现象的原因之一。韩国对华投资进入新的优化重组阶段,在投资地域上日趋扩大,从靠近韩国的山东辽宁等地逐渐扩展到江苏、北京、上海、广东等经济发达地区。韩国对华直接投资的行业

---

1. "2012年韩国对外直接投资下降",
   http://afdc.mof.gov.cn/pdlb/wgcazx/201302/t20130227_734963.html.

也逐渐拓宽,1993 - 2000 年,在韩国对华直接投资项目中,制造业投资金额占到 85.6%,[1] 2010 年则下降到 70.7%,2011 年为 77%。[2] 在今后一段时间内,中国经济还会处于转型时期,韩国对华直接投资存在着很大的上升空间。而中国对外直接投资在近年来获得长足的发展,2002 - 2011 年,中国对外直接投资年均增长速度为 44.6%。截至 2011 年底,中国对外直接投资累计净额(存量)达 4247.8 亿美元,位居全球第 13 位,2011 年中国对外直接投资总额达到 746.5 亿美元,对韩投资却只有 6.51 亿美元。[3] 从中长期看,中国对韩直接投资有着很大的发展空间和增长潜力。

中韩经济关系有着巨大的发展潜力,但要推进中韩经济关系的健康持续发展,还需要妥善解决存在的问题和争端,采取必要的优化措施,包括加强宏观经济政策和贸易政策协调,积极应对贸易摩擦和贸易不平衡问题,加强重点领域的共同开发与合作等。

在宏观经济政策方面,中韩两国都应该继续深化双边和区域性合作,加强政府间对话,共同维护区域经济和金融稳定,促进地区经济持续、健康发展。国际宏观经济政策协调是国际经济一体化中各国经济政策相互调整的过程。由于经济行为的外部性和公共产品的存在,一国的的经济政策和其效果会对另一国产生溢出效应,尤其是在地缘邻近和经济相互依赖较深的国家之间。这种溢出效应可能来自财政、货币、税收、贸易、产业政策的变动,因此宏观经济政策的跨国协调成为了必要。[4] 随着国际经

---

1. 数据来源:韩国进出口银行网站。
2. "2010 年韩国对外投资实现恢复性增长",
   http://www.mofcom.gov.cn/aarticle/i/dxfw/cj/201102/20110207421437.html.
   "2011 年韩国对外直接投资情况分析",
   http://www.mofcom.gov.cn/aarticle/i/dxfw/cj/201204/20120408062533.html.
3. "2011 年度中国对外直接投资统计公报",
   http://www.mofcom.gov.cn/aarticle/ae/ai/201208/20120808313286.html.
4. 杨照东、王劲松:《国际宏观经济政策协调理论研究综述》,
   《经济学动态》2004 年第 2 期,第 43 页。

济一体化特别是区域经济一体化的范围和深度快速发展,区域内国家的宏观经济政策跨国溢出问题和集体行动问题变得更加紧迫和重要。相比较欧盟、北美自由贸易区等地的经济一体化和货币一体化进程,东亚国家间的宏观经济政策本就显得滞后,2008年爆发的国际金融危机更加凸显了这一困境.中韩之间也是如此,两国今后应当就各自宏观政策目标、偏好以及汇率或货币政策变动互通信息,就政策工具的配置进行必要合作,对国际经济、金融危机的冲击做出政策协调。

2009年,在全球金融危机的冲击下,亚洲国家加强区域金融和货币合作的意愿日趋强烈。中国、日本和韩国三国财政部长于5月3日在印度尼西亚巴厘岛就三方对筹建中的自我管理的区域外汇储备库的出资份额达成共识。在发生金融危机时,储备库以借贷方式向出现流动性困难的成员提供资金帮助。中日韩财长重申,在当前形势下,三国要继续加强宏观经济政策协调,深化区域财金合作,为维护区域金融稳定和促进区域经济尽快恢复增长作出积极努力。[1] 2010年,中国总理温家宝访问韩国时,两国同意继续保持宏观经济政策协调,共同反对贸易保护主义,推进全球经济治理结构改革。在巩固传统合作领域的同时,以各自转变经济发展方式、调整经济结构为契机,发展新兴战略产业,着力在节能环保、绿色低碳、循环经济、高新技术等领域培育新的合作增长点。中韩商定,本着先易后难、求同存异、循序渐进的原则,推进双边自贸区谈判。[2] 2012年,韩国李明博总统访华时,中韩再次强调了协调宏观经济政策的重要性。此外,韩国还计划购买以人民币计价的中国国债,在外汇储备中加入人民币资产。

在贸易政策方面,中韩双方需要适当调整各自的贸易政策,共同努力

---

1. "中日韩就筹建中的区域外汇储备库出资份额达成共识, "http://news.xinhuanet.com/world/2009-05/03/content_11303128.htm.
2. 《传递和平、友好、合作的信心与希望杨洁篪谈温家宝总理访问亚洲四国并出席中日韩领导人会议》,《人民日报》2010年6月4日。

解决贸易不平衡和贸易摩擦问题。中国需要通过政策性扶持,大力发展技术贸易,保持具有比较优势产品的市场份额,增加高附加值产品出口份额,推动中国企业开拓韩国市场的力度;通过与韩国磋商敦促韩国取消不合理的进口限制措施,改善中国商品出口的环境;在进口方面采取必要措施减少对韩国产品的依赖度,对于韩国拥有核心技术的商品需要通过自主研发或多元进口寻找必要的替代品。韩国也应当充分考虑到,长期贸易逆差会促使中国在处理中韩贸易摩擦时采取强硬态度,取消或降低进口的贸易壁垒和歧视性限制,加大对中国产品的进口。

中韩两国还应当建立健全贸易摩擦解决机制,同时积极实施标准化战略,加快自贸区建设,以妥善处理和减少贸易摩擦。中韩政府方面应当在 WTO 框架内建立通畅的信息沟通渠道,建立磋商协调机制,将中韩贸易摩擦的解决规范化,防止负面效应的溢出。还应当充分发挥各类非政府组织的作用,通过行业协会、跨国仲裁机构之类的组织调解企业间争端。由于中韩两国商品的生产、检验标准存在一定差异,有必要实施标准化战略,特别是面对韩国的非关税壁垒,中国企业有必要加强相关产品的认证工作。此外,中韩两国已经正式启动了自贸区谈判。自贸区的建立能够促进商品和生产要素的自由流动,削弱贸易壁垒、促进贸易结构升级,是解决贸易摩擦的有效途径。

中韩两国继续加强重点领域的共同合作也是保持双边经济关系良性发展的重要保障。2009 年,中韩两国签署了《中韩经贸合作中长期发展规划》,确定了到 2015 年双边年贸易额达到 3000 亿美元的目标,还确定了重点合作领域,包括:创造良好的经济贸易环境,产业领域,技术、能源、环境和劳动领域,多边和区域经济合作以及其他领域等 5 个方面,涵盖 23 个具体合作领域,新增加了能源、气候变化、金融、造船、劳动就业以及区域和多边合作与协调等一些双方关注且合作意愿较强的新领域。中韩双方应当充分发挥《中韩经贸合作中长期发展规划报告》的指导作用,在巩固通讯、钢铁、造船等传统重点行业合作的同时,加强在低碳技术、循环经济、物流流通、高端制造、文化产业、金融产业、现代农业、海洋经济等领域的务实合作,挖掘中韩经贸合作新的亮点和增长点。

第三节 美韩经济关系与中韩经济关系

与中韩经济相比,美韩经济合作也是韩国对外经济关系的重要组成部分。美国对韩国的援助和扶持是韩国经济起飞的关键因素之一,从早期的美援依赖到贸易扶植,再到后来的技术支持,美国始终在韩国经济发展过程中扮演一个至关重要的角色。随着美韩 FTA 的正式生效,美韩经济关系进入新的发展阶段。同时,中韩 FTA 也开始进行谈判。一个是韩国最重要的政治、军事盟国和主要经济推手,一个是地理上最具实力的邻国和最大的贸易伙伴,中韩经济关系与美韩经济关系的协调发展对韩国来说至关重要。

(一)美韩经济关系的发展

美韩之间建立经济联系始于 1945 年,美军在朝鲜半岛南部成立军政厅,掌管所有政治、经济、军事及外交权力。当时韩国工农业生产的急剧下降,物质供应严重不足,通货膨胀十分严重。美国政府通过军事管制当局公布了《安定经济的十五项原则》,以"占领地区政府救济基金"的方式向朝鲜半岛南部提供 "美援"。1945-1948 年间,美国向韩国提供了总额达 4.34 亿美元的经济援助,[1] 其中大部分为美国市场的剩余农产品和消费品,生产设备并不多。1948 年,在美国军政厅的主持下,韩国经过选举成立了李承晚为总统的"大韩民国政府"。由美国扶植的李承晚政权面

---

1. 韩国银行 1970 年《经济统计年报》,见李柱锡编著:《韩国经济开发论》,
上海财经大学出版社 1996 年版,第 49 页。

临着国内一穷二白的经济局面和来自北方的统一压力,迫切需要美国的援助,采取了向美国一边倒的政策。从1948年8月至1950年1月,韩国与美国先后签订了《韩美暂行军事协定》、《韩美经济援助协定》和《韩美军事顾问协定》等,这些协定把韩国对美国的依附关系合法化。[1]

朝鲜战争爆发后,朝鲜半岛的对抗局面不可避免,对抗双方最终以三八线为界签署了停战协议。朝战结束后,朝鲜半岛冷战格局形成。1953年10月,美国和韩国签订了《美韩共同防御条约》,条约规定,为了对付共同危险和发生共同防御,美国有在韩国部署海、陆、空军的权利,以及帮助韩国发展军事力量的责任。1953年12月,韩国与美国签订了《关于重建经济和稳定财政计划的经济合作委员会协定》,根据协议成立的"美韩经济合作委员会"对韩国经济行使监督、管理的职权。1954年美韩签订了《关于对韩经济援助计划的协定》,1955年5月又签订了《美韩剩余农产品协定》,根据这一系列协定,美国对韩国经济进行了大量的援助。据统计,从1945—1960年,韩国从美国和联合国"韩国复兴委员会"共得到赠予及援助额高达29.4亿美元。这期间,韩国的预算的30%—40%,有时甚至一半以上是靠美国维持的。[2] 韩国政局也由此得以稳定,经济开始逐步恢复。

〈表2-14〉美国对韩国的经济、军事援助 1946-1976[3]　　(单位:百万美元)

	1946—1952	1953-1961	1962—1969	1970-1976	合计
经济援助	666.8	2579.2	1658.2	963.6	5867.8
军事援助	12.3	1560.7	2501.3	2797.4	6871.7

---

1. 路宝春:《论韩美关系的发展》,《东北亚论坛》1997年第2期,第23页。
2. 赵虎吉:《解开韩国神秘的面纱》,民族出版社2003年版,第131页。
3. 见李敦球:《韩美关系与韩国经济》,《当代韩国》第47页。

从 1945 年到 1961 年间,韩国对美贸易基本等于韩国所有的对外贸易,且都是美国对韩国的援助贸易。1945-1949 年之间进口与出口的比例为 7∶1,而以美国为主的援助进口数额就占了整个进口量的 95.1%。韩美之间的贸易关系明显表现为韩国对美国的单边贸易依附,进口远远大于出口,从 1953 年到 1961 年的 9 年内,每年平均进口额将近出口额的 14.5 倍。[1] 20 世纪 60 年代初期,韩国朴正熙政权制订了经济发展的新方针,把促进经济高速增长视为国家战略的重点,并提出了贸易立国的路线发展。从 60 年代开始,韩国经济进入高速增长时期,出口导向型的产业战略也促进了对外经济合作的大规模开展。

　　与朴正熙执掌政权的同时,美国肯尼迪政府开始对经济落后的盟国大规模地推行开发援助,以"帮助他们穿越容易受外部马克思主义影响的危险阶段"。针对韩国,美国确立了"政治社会稳定和经济进步"、"实现经济自立"的对韩政策目标。[2] 为达到这一目标,美国承诺"在保证 1961 年防御基金的情况下,再提供 2800 万美元无偿援助"、"将援助韩国扩充电力工业,并拨给专项基金"、"支持国家建筑服务机构的扩大与加强"、"将派技术专家协助韩国政府制定五年开发计划"、"提高驻韩援外使团的行政管理效率"。[3] 除了提供大量的经济援助,美国国际开发署对韩国五年计划的制定、出口导向型政策确立等具体的经济措施提供了至关重要的智力支持。

---

1. [韩]李相俊著,韩振乾译:《韩国对外贸易的成功与失误》,中国大百科全书出版社 1994 年版。转引自海超:《从单边依附到双边平等——试论朴正熙时期韩美贸易关系的转变》,《法制与经济》2009 年第 6 期,第 106 页。

2. United States Department of State. LaFantasie, Glenn W., Editor Foreign relations of the United States, 1958-1960. Japan; Korea Volume XVIII U.S. Government Printing Office, 1958-1960, pp424-426.

3. FRUS, 1961-1963, XXII, Korea,
http://www.state.gov/www/about_state/history/frusXXII/index.html2006-12.

总体来说,美国提供了相当数量的赠与援助,投入了大量资源来推动韩国经济的稳定发展。在韩国经济逐渐稳定的基础上,美国转而支持和协助韩国发展出口,发放了大量的政府优惠贷款并给予充分的技术支持和贸易援助(主要指市场准入)。1962—1992 年间,美国对韩国的投资累计 21.64 亿美元,占韩国所有外国投资的 27.58%。1962 年至 1986 年这 24 年中,韩国从日本引进了 2199 项技术,占韩国在这 24 年中引进技术总数的 54.2%,从美国引进了 981 项技术,占 24.2%。从美国和日本引进的技术项目总数占韩国引进技术项目的 78.4%。这种情况是韩国与美国、日本特殊的政治、经济关系乃至地理位置在技术贸易关系上的具体反映。[1] 在 1962 到 1993 年间,韩国通过许可证方式进口技术的金额为 79.064 亿美元,其中来自日本的进口达 25.299 亿美元,来自美国的进口达 37.844 亿美元,分别占许可证总进口金额的 32%和 47.87%,这意味着来自日本和美国的技术许可进口占到了近 80%的比例。[2] 因此,"可以说无论是在宏观政策层面,还是在资金、贸易和技术援助层面,美国均是韩国经济增长的最大外部动力"。[3]

随着韩国经济的起飞,韩国对美国的进出口额也开始不断上升,并逐渐改变了单纯依赖进口的局面。韩国从美国的进口额从 1962 年的 2.2 亿美元上升到 1990 年的 169.4 亿美元,对美国的出口额从 1962 年的 1200 万美元上升到 1990 年的 193.6 亿美元。[4] 美国在韩国进口中所占的

---

1. "韩国技术引进简况",
   http://bic.cass.cn/info/Arcitle_Show_Study_Show.asp?ID=1818&Title=%BA%AB%B9%FA%BC%BC%CA%F5%D2%FD%BD%F8%BC%F2%BF%F6&strNavigation=%CA%D7%D2%B3-%3E%BF%BC%B2%EC%D1%D0%BE%BF-%3E%BC%BC%CA%F5%B4%B4%D0%C2
2. 陈小文、翟冬平《韩国经济起飞中的技术引进和创新能力培养》,《国际经济合作》2010 年 12 期,第 78 页。
3. 梁志:《美国对外开发援助政策与韩国的经济起飞》,《当代韩国》2009 年春季号,第 37 页。
4. 数据来源:韩国进出口银行网站。

比重更加合理，从 1962 年的 52%下降到 1980 年的 22%，美国在韩国出口总额中所占的比重则呈抛物线趋势发展，先从 1962 年的 22%上升到 1971 年的 50%，到 1980 年则下降到 26%。[1] 从 80 年代开始，美国在韩国进出口份额中所占的比重大致稳定在 20%左右。韩国对美国出口商品的结构也发生了重要变化。60、70 年代韩国对美主要出口商品为纺织品、玩具、鞋、钟表等劳动密集型产品，从 80 年代开始技术密集型和资本密集型产品所占比重开始快速上升，电子产品、机械、钢铁等产品开始成为韩国出口商品的主力。所以，随着韩国经济的快速发展，美韩的双边贸易关系由单边的依附关系向更加平等的伙伴关系转变。

美韩经济关系悄然发生变化的同时，美韩同盟也经历了不断调整的过程。这种变化中最明显的三个特点就是由美国绝对主导向美韩平等互助转型、由单一军事同盟向全面同盟转型以及由地区性同盟向全球同盟转型。特别是冷战结束以后，美韩构筑全面战略同盟的进程明显加快。在经历了金大中、卢武铉执政以后，韩国李明博政府主动提出构建美韩"战略同盟关系"。2008 年 4 月李明博访美，韩美商定在"价值同盟、互信同盟和和平同盟"的原则基础上，把传统的军事同盟关系提升为全方位的"21 世纪战略同盟关系"。2009 年 2 月美国国务卿克林顿访韩，提出与韩国建立"更全面的战略同盟"。6 月李明博再度访美，双方签署《美韩同盟未来展望》的联合声明，决定将构筑双边、地区乃至全球范畴内的"全面战略同盟"。美韩全面战略同盟不仅包括了安全合作、经济合作以及共同应对全球性挑战。在经济方面，美韩重申将深化美韩经贸关系，以及在"自由民主和市场经济原则基础上"实现半岛和平统一，经济领域已经成为美韩同盟的重要内容。

在冷战结束以后，美韩双边经济合作继续保持了良好的发展势头。在进出口贸易方面，2011 年，双边贸易额突破 1024 亿美元，韩国对美贸易

---

[1]. 数据来源：韩国进出口银行网站。

顺差达到151亿美元。(见图2-5、图2-6)美国是韩国第二大出口市场和第三大进口来源地,韩国是美国第七大出口市场和第六大进口来源地。韩国向美国出口金额最多的商品为车辆(火车除外),电机、电气、音像设备及其零附件,核反应堆、锅炉、机械器具及零件,从美国进口金额最多的商品为电机、电气、音像设备及其零附件,核反应堆、锅炉、机械器具及零件,光学、照相、医疗等设备及零附件。韩国经济上对美国的依赖超过美国对韩国经济上的依赖。在技术进口方面,韩国对美国的依赖性更强。2010年韩国技术贸易收支出现68.8亿美元逆差。技术进口来源国中,美国占到57.4%。[1]

〈图2-5〉 2002-2012年美韩进出口贸易额

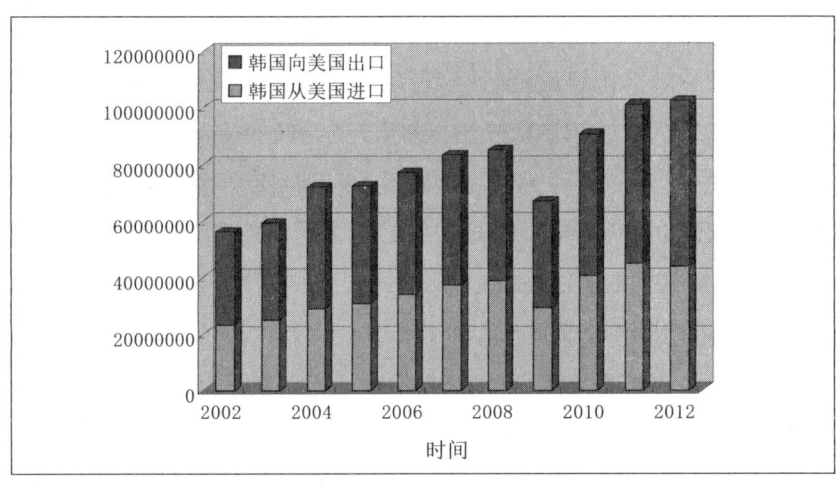

---

1. [韩]"韩国技术竞争力处OECD最下游",
   韩联社首尔9月10日。http://chinese.yonhapnews.co.kr/allheadlines/2012/09/10/0200000000ACK20120910001700881.HTML.

〈图 2-6〉韩美贸易顺差　(单位：千美元)

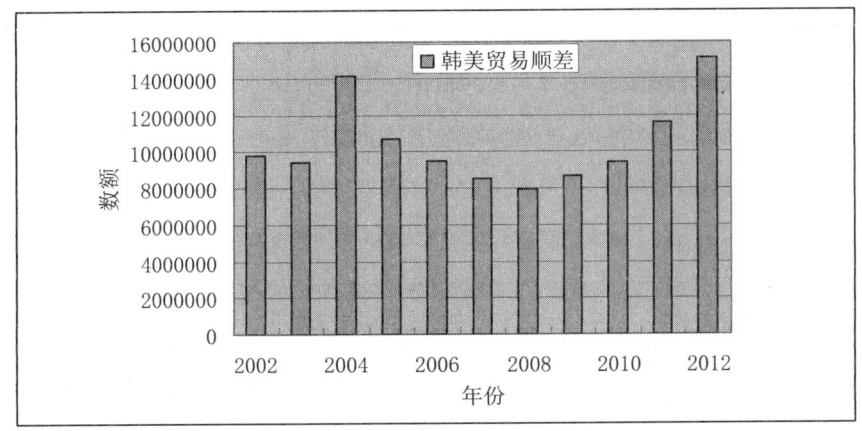

数据来源：韩国进出口银行网站。

在直接投资方面，美韩两国也互为重要的资金来源国。长期以来，美国一直是对韩国投资最多的国家，近年来虽然有所下降，但依然排在前列。2012 年美国对韩国的直接投资为 36.7 亿美元，占韩国吸收外国直接投资比重的 22.6%，[1] 是韩国的第二大资金来源国。韩国对美国的直接投资达到 69 亿美元，占韩国海外总投资的 10%，[2] 占美国吸收外国直接投资比重的 4.7%。

〈表 2-15〉美韩直接投资额度 2007-2010 年　(单位：百万美元)

美韩直接投资	2007	2008	2009	2010
韩国对美国	13533	13945	14822	16610
美国对韩国	23558	22426	26813	30165

数据来源：Bureau of Economic Analysis.[3]

---

1. "2012 年日对韩直接投资创历史新高"，
   http://fec.mofcom.gov.cn/article/xwdt/gw/201302/1730447_1.html.
2. "2012 年韩国对外直接投资下降"，
   http://afdc.mof.gov.cn/pdlb/wgcazx/201302/t20130227_734963.html.
3. FDI between South Korea and the United States, http://export.gov/southkorea/build/groups/public/@eg_kr/documents/webcontent/eg_kr_049011.pdf.

随着美韩经济合作的深入,两国间的贸易摩擦也必然会发生。近年来,韩国经济不仅在汽车、造船等传统工业领域与美国竞争激烈,而且在手机、电脑等通讯和IT领域也开始向美国"叫板"。以三星、LG为代表的韩国手机、平板电脑在美国市场上占据了大量的市场份额。而且美国作为倡导自由市场经济的国家,同时拥有世界一流的产业技术和产业规模,其关税和非关税壁垒的平均水平相对较低。而韩国对其国内弱势产业如大米、畜产品、渔产品等设立了严格的贸易壁垒,如韩国的农产品平均关税为52%,而美国为12%。同时韩美还存在不小的贸易顺差。所以,从20世纪90年代开始,美韩贸易摩擦就不可避免了。美国认为韩国的贸易和政策法规缺乏透明度,频频向韩国施加压力迫其降低壁垒、开放市场。而韩国民间则攻击美方"以大欺小、干涉内政",大米风波、牛肉风波数次上演,对韩美关系产生了不小的冲击。美国也经常使用各种措施限制韩国的电信设备、钢铁、半导体等优势产品对美国的出口,压制韩国在通信、电讯等产业的发展。和中韩经济关系一样,经济摩擦和贸易争端的增多是美韩经济合作进入更加紧密相互依存状态的表现,也是美韩签署FTA协议的重要动因。随着美韩经济关系进入FTA时代,两国间的经济关系进入更加深化发展的阶段。

(二) 中韩-美韩经济关系的比较

到2003年为止,美国一直是韩国最大的贸易对象国。但从2004年开始,美国这一地位被中国所取代。截止2012年底,中国是韩国第一大贸易伙伴,美国是韩国第三大贸易伙伴,且中韩贸易额超过了排位第二和第三的日韩、美韩贸易额的总和。中韩经济关系和美韩经济关系作为韩国最为重要的对外经济联系,随着美韩FTA的正式生效和中韩FTA谈判的开展,两组经济关系互生共存的联系将会更加密切。值得注意的是,虽然中韩贸易额超过了美韩贸易额,但并不意味着中韩经济关系的密切程度超过了美韩关系。中韩、美韩两组经济关系面临着政治规定性的差异,中国、美国和韩国还处于世界经济体系结构中的不同层次,这决定了两国在在韩国市场上商品结构的差异和部分产品竞争性的存在。

1. 政治规定性的不同

从中韩经济关系和美韩经济关系的发展历程可以清楚地看到,美韩政治军事同盟的建立推动了美国对韩国大规模地开发援助,是从高级政治向低级政治蔓延;而中韩经贸关系的快速发展推动了双边伙伴关系的升级,是从低级政治向高级政治外溢。美韩两国于1953年签署了《美韩共同防御条约》,建立了以遏制社会主义阵营为目的的同盟关系,为朝鲜战争后美韩两国的合作奠定了基本的框架。从20世纪60年代起,美国政府开始向落后盟国提供大规模开发援助,以"帮助他们穿越容易受外部马克思主义影响的危险阶段"。美国的开发援助对韩国经济起飞起到了至关重要的作用,也为此后美韩经济关系的发展奠定了基础。由于美国从一开始就通过盟友身份深刻介入到韩国经济发展中,并且其在世界经济体系中拥有结构性优势,所以在韩国经济崛起以后,在核心技术、关键部件以及出口市场等方面依然高度依赖美国。美韩政治、军事同盟关系的存在则为这种依赖关系提供了一个相对稳固的框架,成为双边经济关系发展的可靠保障。

相比之下,中韩两国先有经济往来,而后才正式建立政治关系。20世纪90年代初,中国进行改革开放,面临着资金短缺和技术落后的难题。韩国能够为此提供资金支持和技术转让,其出口导向型的发展战略也是中国借鉴的重要经验。而韩国经济经历了三十年的高速增长后,也亟需寻求新的市场、原料产地与经济合作伙伴,中国巨大的市场、丰富的资源、廉价的劳动力以及改革开放的政策扶持为韩国发展新的对外经济联系提供了机遇。从1992年到1998年,中韩贸易额从50.3亿美元飙升到212.6亿美元,到2003年则达到了632.2亿美元,[1] 经贸合作的巨大利益成为两国迅速建立伙伴关系并不断提升的关键因素。比较1998年、2003年和2008年的三份《中韩联合公报(声明)》可以发现,两国间共同关注与加强合作的领域是从经贸领域扩展到政治、安全领域。[2]

2010年"天安舰事件"发生后,中韩两国在安全利益上的分歧就超过了在经济利益上的契合,暴露出高级政治与低级政治的分野明显存在,特别是低级政治对高级政治的溢出效应是有限的。中韩20年的经贸合作推动了双边关系多领域的发展,但其对安全合作的推动则是缓慢的,经贸利益无法避免或掩盖双边政治分歧和安全矛盾的出现。

2."中心-边缘"的结构差异

自20世纪50年代阿根廷经济学家劳尔·普雷维什提出世界经济体系存在"中心"和"边缘"的结构差异后,"中心-边缘(外围)"理论逐步发展成为为分析世界经济运行模式的一种有效工具。"中心-边缘"理论认为世界经济体系由两部分构成,一部分是生产结构同质性和多样化的"中心"; 一个是生产结构异质性和专业化的"外围"。前者主要是由西方发达国家构成,后者则包括广大的发展中国家。这两部分作为相互联系、互为条件的两极存在的,构成了一个统一的、动态的世界经济体系。[3] 20世纪70年代,美国学者沃勒斯坦进一步认为,"中心区、半边缘区和边缘区三者共同构成世界经济'中心-边缘'结构,这一体系在不断扩展,同时内部关系

---

1. 数据来源:中国商务部网站。
2. 参见"中韩联合公报(1998年11月7日),
   http://news.xinhuanet.com/world/2006-12/19/content_5508256.htm."中韩发表联合声明 建立中韩全面合作伙伴关系",
   http://news.xinhuanet.com/newscenter/2003-07/08/content_961705.htm."中韩联合声明(全文)",
   http://news.xinhuanet.com/newscenter/2008-05/28/content_8271274.htm.
3. 董国辉:《经济全球化与"中心—外围"理论》,拉丁美洲研究2003年第02期

也在变化"。其中,"半边缘区"是介于中心地区和外围地区之间、兼具两者的某些性质和特征的地区,这一地区的技术水平和资本密集程度都处于中心和边缘之间,其从世界经济体系中获得的利润介于中心的高利润和边缘的低利润之间。半边缘区是中心区和边缘区的缓冲地带,也是后两者相互转化的过渡区。

在国际格局中,霸权国处于世界经济的"中心区",后发展国家处于半边缘区和边缘区。霸权国为了维持对自己有利的国际政治经济秩序,对于那些具有重要地缘意义的半边缘区国家格外青睐,因为它们既是世界经济中各类生产要素的中转站,又是中心区和边缘区的缓冲地带。霸权国往往会选择这些国家作为结盟的对象,使之成为向边缘地区投送力量、施加影响的"战略中转站"和"效力倍增器"。这些国家也能够因此获得更为优越的发展机遇,"它们往往能优先获得霸权国的资本与技术,实现超越常规的经济增长,最终实现经济起飞"。[1]

20世纪50年代,中国和韩国同属于世界经济体系中的边缘地带。朝鲜战争使得美国开始着手将韩国纳入其主导的世界资本主义政治经济体系,中国则进入社会主义阵营相对独立的另外一个政治经济体系。在美国的扶持下,韩国 60年代和70年代实现"向半发达国家的大跃进",70年代、80年代则是"从半发达向成熟阶段过渡"。[2] 而中国则在80年代开始融入世界资本主义经济体系,到90年代冷战结束后开始全面参与世界经济分工与合作,其所处位置则是边缘区。韩国则在90年代大规模地开发了中国和原独联体国家的市场,借助边缘区的助力成功进入半边缘区。在这一过程中,美国始终处于中心区国家的地位,"美-韩-中"经济关系呈现出"中心-半边缘-边缘"的结构特征。这种结构本身就是一种动态结构,

---

1.《东北亚论坛》2009年第2期,第20页。
2. [韩]宋丙洛著,张胜纪,吴壮译:《韩国经济的崛起》,商务印书馆1994年版,第239页。

从上世纪 90 年代到现在,中国经济的规模出现了突飞猛进的增长,质量也在不断提高。由于中国经济体系的庞大和城乡二元经济结构的存在,目前中国经济既有边缘区的特征,很多领域也具备了半边缘区的性质。随着中国经济的继续发展,在中-韩-美经济关系互动的过程中,"边缘-半边缘-中心"的结构特征也会不断发生变化。

3. 比较优势的不同

由于中国和美国在世界经济体系中的地位不同,两国对于韩国的比较优势也不相同,在韩国市场上的出口商品结构也存在着差异。前文已对中韩产业间竞争力进行过分析,中国向韩国出口具有明显比较优势的产品主要是以陶瓷、玻璃、家具、玩具、食品、饮料、活动物等 7 类劳动密集型产业或资源密集型产品为主。通过对 2010-2012 年美韩产业间竞争力指数进行分析,可以看到美国具有明显比较优势的出口产品有武器弹药、食品、农产品、药品、航空器等多达 25 类产品(表 2-16)。并且,按照竞争力指数的排序,[1] 这些优势产业的竞争力指数大都处于 0.6 到 1 之间,表示拥有极强竞争优势,且基本上都集中在军备、农林产品[2] 和航空器等技术、资本密集型产业。

---

1. TC(竞争力指数)取值为(-1, -0.6)时有极大的竞争劣势, (2)TC 取值为(-0.6, -0.3)时有较大竞争劣势, (3)TC 取值为(-0.3, 0)时有微弱竞争劣势, (4)TC 取值为(0, 0.3)时有微弱竞争优势, (5)TC 取值为(0.3, 0.6)时有较强竞争优势, (6)TC 取值为(0.6, 1)时有极强竞争优势。
2. 美国现代化的农业依靠高度集约化经营,属于技术密集型和资本密集型产业。

〈表 2-16〉 美韩产业间竞争力指数变化(2010-2012 年) — 美国优势产业

HS 编码章	商品种类	贸易竞争力指数		
		2010	2011	2012
93	武器、弹药及其零件、附件	0.65	0.44	0.08
15	动、植物油、脂、蜡；精制食用油脂	0.96	0.97	0.93
44	木及木制品；木炭	0.96	0.96	0.94
04	乳；蛋；蜂蜜；其他食用动物产品	0.93	0.95	0.95
34	洗涤剂、润滑剂、人造蜡、塑型膏等	0.71	0.71	0.72
70	玻璃及其制品	0.58	0.52	0.55
81	其他贱金属、金属陶瓷及其制品	0.73	0.71	0.64
20	蔬菜、水果等或植物其他部分的制品	0.83	0.88	0.89
23	食品工业的残渣及废料；配制的饲料	1.00	0.99	1.00
32	鞣料；著色料；涂料；油灰；墨水等	0.62	0.64	0.62
21	杂项食品	0.54	0.59	0.55
33	精油及香膏；芳香料制品及化妆盥洗品	0.71	0.68	0.67
47	木浆等纤维状纤维素浆；废纸及纸板	1.00	1.00	1.00
76	铝及其制品	0.66	0.59	0.52
41	生皮(毛皮除外)及皮革	0.97	0.97	0.97
26	矿砂、矿渣及矿灰	1.00	1.00	1.00
28	非针织或非钩编的服装及衣着附件	0.72	0.76	0.68
08	食用水果及坚果；甜瓜等水果的果皮	0.85	0.89	0.91
12	油籽；子仁；工业或药用植物；饲料	0.94	0.93	0.93
30	药品	0.89	0.90	0.92
02	肉及食用杂碎	1.00	1.00	1.00
38	杂项化学产品	0.70	0.66	0.67
88	航空器、航天器及其零件	0.50	0.57	0.57
10	谷物	1.00	1.00	1.00
90	光学、照相、医疗等设备及零附件	0.43	0.52	0.51

数据来源：根据国际贸易中心(ITC)数据库资料整理计算所得。

3. 市场竞争性的变化

中国美两国作为韩国两大贸易伙伴,出口产品在韩国市场上不可避免地具有一定的竞争性(表2-17)。通过计算出口产品相似度指数,可以直观地衡量中美两国在韩国市场出口产品的竞争性。其计算方法如下:

$Si(ab, c)=\Sigma Minimum[Xi(ac), Xi(bc)]\times 100$

式中:$Si(ab,c)$ 是 a 国和 b 国出口到 c 国 i 类商品的相似度;
$Xi(ac)$是 a 国向 c 国出口 i 类产品占其向 c 国总出口的份额;
$Xi(bc)$是 b 国向 c 国出口 i 类产品占其向 c 国总出口的份额。

出口产品相似度指数的取值范围为 0 到 100,如果 a 国和 b 国出口到 c 国市场的产品分布完全相同,该指数为 100;若完全不同,则为 0。如果这一指数随时间推移而上升,表明这两个国家在第三方市场上的竞争程度越来越激烈,指数下降则意味着两国商品的竞争度下降,贸易关系互补性增强。

〈表 2-17〉 2001-2012 年中美对韩出口额(单位:亿美元)

	2001	2002	2003	2004	2005	2006	2007	2008	2009	2010	2011	2012
中国	133.0	174.0	219.1	295.8	386.5	485.6	630.3	769.3	542.5	715.7	864.3	807.0
美国	224.3	231.1	249.3	289.2	307.9	338.0	373.9	385.6	291.6	405.9	448.1	436.4

数据来源:国际贸易中心数据库(International Trade Centre, ITC.)。

彼得森国际经济研究所曾经计算过中美两国出口产品在韩国市场上的相似度,结果显示:自 1995 年到 1997 年,中美两国出口产品在韩国市场上的相似度值分别是 0.36, 0.41 和 0.42, 竞争程度逐年上升[1](引用数据

---

[1]. Inbom Choi and Jeffrey J. Schott, "Free Trade between Korea and the United State?", Institute for International Economics, Washington, April 2001. p.65.

没有乘以100)。根据2001-2012年的出口资料数据,可以计算得出:2001年中美两国97类商品在韩国市场上的相似度指数已经达到58.79,2005年达到最高的65.20,其他年份大致都在60左右浮动(表2-18)。这说明目前中美两国的商品在韩国市场上的相似度稳定在中等水平。

〈表2-18〉 中美出口商品在韩国市场上的相似性指数(2001-2012)

2001	2002	2003	2004	2005	2006	2007	2008	2009	2010	2011	2012
58.79	57.11	60.79	63.92	65.20	64.14	60.15	57.74	61.48	58.21	58.98	59.09

数据来源:根据国际贸易中心(ITC)数据库资料整理计算所得。

〈表2-19〉 2007-2012年中美在韩国市场相似度较高的商品

HS编码章	商品类别	2007	2008	2009	2010	2011	2012
84	核反应堆、锅炉、机械器具及零件	10.77	9.85	12.63	12.15	11.15	11.69
85	电机、电气、音像设备及其零附件	19.23	16.76	16.65	14.13	14.54	15.42
90	光学、照相、医疗等设备及零附件	2.35	2.51	3.18	4.03	4.44	4.91
27	矿物燃料、矿物油及其产品;沥青等	2.56	3.32	3.14	2.66	2.43	1.72
10	谷物	1.48	0.18	0.32	0.21	0.29	0.11
29	有机化学品	2.32	2.38	2.88	2.77	3.24	3.04
39	塑料及其制品	1.55	1.39	1.73	1.88	1.92	2.12
72	钢铁	2.61	4.77	3.55	3.44	3.79	3.26
28	非针织或非钩编的服装及衣着附件	1.60	1.45	1.68	1.7	1.43	1.52
76	铝及其制品	1.77	1.83	0.62	0.62	0.94	0.70
73	钢铁制品	1.36	1.41	2.17	1.74	1.42	1.29

数据来源:根据国际贸易中心(ITC)数据库资料整理计算所得。

根据统计资料现实,近五年来中美两国在韩国市场上相似度较高的商品有11类,相似度最高的为电机、电气、音像设备及其零附件,其次为核反应堆、锅炉、机械器具及零件。此外,在肉类、乳制品、武器弹药、雨伞、丝绸、羊毛等产品方面,中美两国的产品几乎没有相似性,基本不存在竞争。这是因为中美两国在这些产品上各自具有明显的比较优势,如肉类、乳制品、武器弹药方面美国对韩国的出口额要远高于中国,而在雨伞、丝绸之类的产品上中国商品要占绝对优势。

目前,中美两国在韩国市场上的竞争性已经达到了中等水平。结合之前的产品比较优势分析可以看出,中国产品的竞争力要明显弱于美国产品。尽管在韩国市场上,中国出口额要高于美国,但产品多集中于劳动密集型和资源密集型产品,附加值较高的产品所占份额不大。随着美韩FTA的生效,美国和中国相似相较高的一些产品如电机、钢铁、肉类、谷物等的竞争力将进一步提高。中国不仅需要加快中韩FTA的谈判进程,更要注重提高产品的竞争力和产业结构的升级,以争取更加有力的竞争地位。

(三) 美韩FTA的战略意义

2007年4月2日,美国和韩国就两国间长达15年的自由贸易协定(以下简称 FTA)达成协议。跟据这一协议,根据规定,正式生效后,美国会随即免除韩国8628种(82.1%)产品的关税,韩国也会免除美国9061种(80.5%)产品的进口关税。美国允许韩国保留了对大米、肉类等敏感农产品的贸易壁垒,而韩国则向美国的汽车等制造业和服务业打开了大门。[1]但在此后长达5年的时间里,由于双方在牛肉和汽车进出口贸易条款上的分歧而一直处于搁置状态。由于当时在美国市场上销售的韩国汽车数

---

1. 王丽颖:《FTA生效,美韩进入新竞合时代重返亚太以经济推动》,《国际金融报》2012年3月16日。

量每年在 70 万辆左右,而在韩国市场上销售的美国汽车数量仅为 7000辆,美国要求韩国开放汽车市场。同样,韩国对农产品的保护由来已久,美国也要求韩国全面开放牛肉市场。经过三年的谈判,2010 年 12 月两国政府最终签署了这项协议。2011 年 10 月和 11 月,两国议会先后批准了这项协议。2012 年 3 月 15 日,美韩 FTA 正式生效,两国经贸关系进入 FTA 时代。

FTA 的主要内容包括降低或减免关税,实现商品和服务在国家间自由流动,协调和改善贸易管制规范,优化直接投资,产品认证标准化等。一般来说,实施 FTA 的动机有经济利益考虑(如,减少贸易障碍,促进直接投资,扩大市场规模,进行技术转移等)、政治及外交利益考虑(如,加强外交联系,确保地区安全)、战略利益考虑(如,发挥杠杆功能)及其它考虑(如,改善国内相关制度等)。[1] 在实施效果上,双边 FTA 是一种经济上的结盟,毫无疑问将增强双方经济上的共同利益,同时也能推动两国在多个领域加强合作,有助于巩固和促进双边政治及其他领域的合作关系。在经济影响上,FTA 降低贸易壁垒,促进商品和生产要素的自由流动,能够提高资源分配的效率,产生贸易创造现象,提高 FTA 成员国的福利。贸易的增加还可以带动投资的增加,进一步促进经济和产业结构的调整。同时 FTA 还会产生贸易转移现象,即由于自贸区内外不同的关税水平和贸易政策,导致导致从外部进口减少,使贸易方向发生转变,从而影响到第三方的利益。在非经济影响上,FTA 对成员国间长期的政治交往、外交协调、安全合作、甚至文化交流等都会产生深刻而长远的影响。如欧洲煤钢联营最终形成了欧洲联盟,彻底改变了西欧几百年来地缘政治争斗的局面。同时,FTA 巩固成员国关系的作用也不可避免地对非成员国产生影响,甚至有时 FTA 的建立就是针对第三方的,如 1985 年美国与以色

---

1. 金英姬:《中韩经贸关系:互补、竞争与合作》,《韩国研究论丛》(第十七辑) 2007 年 04 期, 第 132 页

列建立的FTA。

从美韩FTA的内容上看,美韩FTA共分24章,除了关税减免涵盖范围大且生效时程快外;其他不在WTO范围的议题,例如劳工、环境及竞争议题等,均纳入了美韩FTA的架构。在工业品关税方面,美韩两国将立即取消双边贸易中近10%的工业品关税,剩余关税将在之后的3年到15年内逐步取消。美国约有有4,760项产品在生效后立即降为零,占全部产品的44.71%。加上原本就有37.48%的产品原本即为零关税,所以美韩FTA在生效时美国约有超过八成的产品为零关税,生效3年后零关税比例将增加至85%,5年后则将增加至93%,10年后几乎全面完成降税。[1] 美韩两国的农产品降税时程较工业产品为慢,农产品中约有33.48%属于立即降税,远低于工业产品之47.69%。如猪肉、鸡肉的取消年限为10年,牛肉将在15年内取消40%。在汽车问题上,美国接受韩国的要求,立即取消排量3000毫升以下轿车的关税,3000毫升以上轿车的关税在3年后分阶段地加以取消。韩国也接受美国的部分要求,排量2000毫升以上的轿车将现行特别消费税(10%)在3年内降低到5%,现行5个级别的汽车持有税,将缩小为大型、中型、小型3个级别。在韩方的坚持下,稻米被排除在自由贸易协定之外。韩美双方还决定,暂时保留教育、医疗、社会服务等公共强领域的市场开放问题。[2]

对美国来说,美韩FTA是1994年生效的NAFTA(北美自贸协定)之后签署的规模最大的自贸协定,将使95%的美国销韩工业品与消费品获得关税减免。美国汽车、牛肉、猪肉、家禽、化工及塑胶业,对韩国的出

---

1. "美韩FTA对我总体经济与进出口影响及部分输美产品竞争力之威胁",
  http://cdnet.stpi.narl.org.tw/techroom/policy/2011/policy_11_047.htm.
2. 参见:蔡宏明:《韩美FTA的内容与影响》,
  http://www.cnfi.org.tw/kmportal/front/bin/ptdetail.phtml?Part=magazine9606-447-3. "美国与南韩自由贸易协议内容概要",
  http://monitor.textiles.org.tw/htm/12.%E7%BE%8E%E9%9F%93FTA%E6%A6%82E8%A6%81.pdf.

口均可望增加,美国农场主和制造业厂商在韩国市场的竞争力将大幅提高。根据美韩自贸协定,韩国将开放服务业市场,允许美国企业在韩国市场提供金融、电信和物流服务。美国作为全球领先的服务出口商,在金融服务、跨境物流、法律咨询和会计服务、医疗保健和教育、电信和电子商务等行业具有很强的竞争力,美国服务业将更容易进入韩国市场并且拥有广阔的发展空间。因此,美国总统奥巴马就表示,"该协定有望将美国对韩国的年出口扩大至110亿美元,并将为美国创造7万个就业岗位。"[1]

美韩FAT还是美国战略重心东移、重返亚太的重要布局。随着美国在东亚地区军力的重新部署,驻韩美军数量呈缩小趋势,再加上韩国民间的反美情绪,美韩之间的距离感在金大中、卢武铉政府时期明显拉大。美韩FTA的签订包含了缩短这种距离的意向,实际上体现了美国加深对韩美同盟介入的意志。[2]"推动全球范围内的"自由贸易",并以贸易工具实现政治控制一向是美国善用的外交策略"。[3] 美国不仅想借此协定缩小与韩国的距离感,还希望借此对未来推行"跨太平洋战略经济伙伴关系协定"(TPP)打下基础。在美韩FTA生效前夕,来自美国、澳大利亚、新加坡、越南、马来西亚、文莱、新西兰、智利、秘鲁九个成员国的500多为代表在澳大利亚墨尔本举行"跨太平洋战略经济伙伴关系协定"(TPP)第十一轮谈判。会后各国代表均拒绝透露谈判具体内容,但表示谈判取得了"重要进展"。[4] 日本已决定参与美国主导的TPP谈判,美韩FTA的建立

---

1. "奥巴马:美韩FTA可创造7万就业岗位 扩大出口110亿美元",http://cn.ibtimes.com/art/3363/20101204/obama-to-push-for-south-korea-trade.htm.
2. William H.Cooper(Coordinator), Matk E.Manyin, and Vivian C.Jones, Foreign Affairs, Defense, and Trade Division, Stephen Cooney and Remy Jurenas, Resources, Science, and Industry Division, The Proposed U.S.-South Korea Free Trade Agreement(KORUS FTA):Provisions and Implications in CRS Report for Congress, Order Code RI34330, January 22, 2008, p.46. 转引自金光旭:《论韩美FTA的非经济因素》,《韩国研究论丛》2009年第2期,第153页。
3.《重返亚太以经济推动》,《国际金融报》2012年3月16日。
4. 傅云威:《闭门的"TPP"谈判暗藏玄机》,《经济参考报》2012年3月15日。

将会促使韩国的竞争对手日本加快向美国靠拢。更加紧密的美韩、美日经贸关系将使美国在东亚进行军事前沿部署的基础上,实现经济的"前沿部署"。美国将深入参与东亚经济一体化进程,甚至是将东亚经济一体化纳入其所主导的亚太经济一体化进程。

在韩国方面,美国降低了韩国电子产品、钢铁、纺织品等货物的关税,其对美出口额将会显著上升。三星电子、现代汽车等大企业,汽车零配件、机械、食品加工、纺织等韩国经济支柱产业的中小企业对美出口都将会显著增加。根据韩国开发研究院等多家研究机构分析,与美国的自贸协定生效后,韩国 GDP 有望增加 5.56%,增加 35 万个就业机会。未来十五年期间,韩国对美国出口将增加 13 亿美元,贸易收支将增加 1.4 亿美元。[1] 韩国对外经济政策研究院预测,韩美 FTA 生效后,外国人在韩国直接投资的年均增长额将达 23 亿至 32 亿美元。[2]

对于韩国来说,美国不仅是其重要的贸易伙伴,同时也是其国家安全的重要保护伞。缔结美韩 FTA 一方面加强经济上的相互依存关系,另一方面可以强化美韩政治军事同盟。韩国的经济结构决定了其要保持持久繁荣,必须坚持贸易立国路线,既需要有实力的贸易伙伴,也需要安全的贸易航线,美国在这两方面都是其不可获取的伙伴。近年来,由于中国成为韩国的第一大贸易伙伴,中韩关系变得更加密切,特别是在金大中、卢武铉执政时期,韩国政府一定程度上采取了向中国倾斜的政策。美韩 FTA 的签署可以说是对这种倾斜的一种再平衡,使韩国继续在中美之间保持适当的距离。中韩 FTA 在中韩 FTA 缔结之前成功实施,强化了美韩经济关系,将使韩国过度依赖中国市场的局面有所改观。正如李明博所说"在巩固韩美两国关系方面,韩美 FTA 的效果可能强于韩美

---

[1]. "韩美 FTA 生效,韩国企业欲大举进军美国市场",
    http://world.people.com.cn/GB/17400958.html.
[2]. [韩]朴淳灿:《韩美 FTA 生效 韩企插翅欲再飞跃》,《朝鲜日报》
    2012 年 3 月 15 日。

军事同盟"。[1]

对东北亚区域和域内的中国、日本等国而言,美韩FTA的正式生效具有正负两方面的效应。一方面,美韩FTA的签署促使中日韩三国加快了东北亚区域经济合作进程。韩国副总理权五奎就表示"我们与全球最大的市场美国签订FTA后,与中国签署自贸协定成了重要课题。可以说,韩美自贸协定是韩中自贸协定的事前准备工作。"[2] 2012年5月3日,中韩两国宣布启动自贸协定谈判,设定在两年内完成谈判。2012年11月20日,在柬埔寨金边召开的东亚领导人系列会议期间,中日韩三国经贸部长举行会晤,宣布启动中日韩自贸区谈判。2013年3月26日,在美韩FTA正式生效的11天后,中日韩自贸区第一轮谈判在韩国首尔正式启动,三国代表对自贸区谈判的机制安排、谈判领域和谈判方式等问题进行了讨论。

另一方面,美韩FTA不可避免地对中、日等国产生贸易转移效应。对于中国而言,中韩两国在美国市场上具有竞争性的产品,如汽车零件、电子、机械、纺织品等,中方要受到明显的冲击。根据韩国贸易投资振兴公社对182家美国采购商的调查显示,有69%的美国采购商将在美韩FTA生效后扩大从韩国的进口,原本与中国大陆有贸易关系的采购商中,也有36%表示其采购方向将由中国大陆转向韩国或扩大从韩国的进口。[3]有中国学者运用GTAP(全球贸易分析系统)模拟了韩美FTA对中国福利与中国进出口、贸易平衡、贸易条件等多个指标的影响,结果显示中国的福利净损失将达到 2.7 亿美元,GDP 也将略微下降。中国全部进口

---

1. [韩]"李明博:韩美FTA有望近期里获美国国会批准",
   http://chinese.yonhapnews.co.kr/allheadlines/2011/09/23/0200000000ACK20110923001900881.HTML#.
2. 宋志勇:《美韩FTA影响中国》,《世界知识》2007年第9期,第39页。
3. 蔡宏明:《从亚太贸情势看台北市发展 挑战与契机》,
   《台北产经》2011年第8期,第25-26页。

下降了 0.02%,虽然出口略有上升,然而其贸易条件的恶化最终将导致 1.3 亿美元的贸易逆差。美国和韩国是最大的受益者,两国的福利和 GDP 均有较大的增加。从总福利角度来看,美国是最大的受益者,净福利将增加 28.2 亿美元。从 GDP 角度来分析,韩国是最大的获益者,韩国的 GDP 预计将增加 29.3 亿美元。总体而言,美韩 FTA 对韩美经济带来各种好处的同时,将对中国的经济和对外贸易等各项指标产生不同程度的负面冲击。[1] 美韩 FTA 也将对日本造成负面影响,日本经济产业省在估算"跨太平洋伙伴协定"(TPP)时表示,倘若日本不加入 TPP,也不与欧盟、中国签署 FTA,而韩国和美国、欧盟、中国都签署 FTA 的话,可能让日本陷入经济恶梦,即 GDP 减少 105000 亿日元、81.2 万民众失业。[2]

综合看来,美韩 FTA 的签署不仅使美韩经济关系更加密切,更能从战略意义上强化美韩同盟关系,助于美韩同盟在地区和国际事务中发挥更加重要的作用,增加美国在东北亚地区的政治、经济及军事影响力。除了对中日等周边国家和地区经济合作态势的影响外,在美韩 FTA 协议中,美国同意韩国在朝鲜开城工业园区制造的产品可以标注为"韩国制造"出口美国。韩国方面也始终维持了开城工业园区的正常运转,即便是在"天安舰事件"朝鲜第三次核试验等极端紧张的情况下也没有关闭。因此,美韩 FTA 的建立从一开始就牵涉到东北亚地区政治、安全等战略性问题。如果在半岛局势有所缓解的情况下,美韩 FTA 甚至可以起到通往朝鲜自由贸易桥梁的作用。

---

1. 赵金龙:《韩美 FTA 对中国对外贸易的影响分析》,《国际商务》2009 年第 5 期,第 22-23 页
2. 蔡宏明:《从亚太贸情势看台北市发展 挑战与契机》,《台北产经》2011 年第 8 期,第 25 页。

第三章 中韩朝三角关系与美国的朝鲜半岛政策

朝鲜半岛北部的朝鲜与中国山水相连、唇齿相依,南部的韩国与中国一衣带水、隔海相望,无论是中朝传统友好伙伴关系还是中韩战略合作伙伴关系都在中国周边外交中占有重要地位。冷战结束后,随着中韩正式建立外交关系,中国就开始面临着同时与朝鲜半岛南北双方交往的问题。与此同时,朝鲜半岛另一个重要的利益攸关方美国却在不断强化美韩关系的同时,与朝鲜继续保持敌对态势。中美两国的朝鲜半岛政策在很大程度上决定了朝鲜半岛局势的走向,它们之间的竞争与合作对朝鲜半岛局势的发展具有重要意义。

第一节 冷战后中朝关系的演变与中韩朝三角关系

中朝关系在中国对外关系中具有特殊意义,两国曾在战争中结成了特殊的血盟关系。从 20 世纪 70 年代起,中国逐步进行改革开放,打破了冷战两大阵营对抗的桎梏,陆续与美国为首的资本主义国家建立正常的国家间关系。到冷战结束以后,中国早已融入国际政治经济体系,并迅速与朝鲜半岛南部的韩国建立外交关系。朝鲜则由于各种原因,在冷战结束后依然处于一种"与世隔绝"的状态,中国则是其为数不多的有着密切关系的国家,而核问题、导弹问题以及非法越境、海上交火等突发性事件这一系列朝鲜半岛问题又使得中朝传统友好关系面临着新的课题。与此同时,在南北并重的外交理念指导下,中国与韩国的关系得以快速发展,由此形成了中韩朝特殊的三角关系。

(一) 冷战后中朝关系的演变

随着冷战后国际局势的变化,朝鲜半岛对于中国的战略价值已经发生了微妙的变化,但中国作为重要利益攸关方的身份并没有发生根本性变化。中朝关系在经历了20世纪90年代的冷淡期后,两国确立了"继承传统、面向未来、睦邻友好、加强合作"的方针,开始向新型国家间关系转变。许多学者就冷战后中朝关系的变化和发展趋势进行了广泛的探讨。大部分学者认为中朝冷战时期的同盟关系已经发生了明显的变化,有学者认为中朝关系正在出从传统的"血盟关系"走向一般国家关系或正常国家关系[1]。也有国外学者认为中朝之间相互需要,所以将继续合作,但并不能排除一方为了获得更大的国家利益而抛弃另一方的可能性。还有学者指出,中朝关系从20世纪90年代后期起,不再以共享理念和战略目标为基础,而是基于现实利益或战术目标。[2]

回顾冷战后的中朝关系可以发现,两国之间友好程度的明显下降起于中韩建交。1992年8月中韩正式建立外交关系,这一事件导致了中朝关系迅速冷淡。尽管中韩建交之前两国间蓬勃发展的经贸联系已经使朝鲜意识到中韩建交已是大势所趋,但两国建交还是给朝鲜以不小的冲击。中韩建交前夕,中国专门派特使钱其琛前往朝鲜向金日成解释说明,但金日成与钱其琛的会见却是中朝历次会谈"时间最短、氛围最平淡"的一次。[3] 此后,中朝最高领导人长达8年没有互访。在当时,朝鲜与美国、日本的关系不仅没有因冷战结束而得到改善,反而因核问题的出现而恶化,与韩国的关系也没有取得较大进展。中韩建交,"更强化了朝鲜

---

1. 姜龙范:《中朝关系的历史、现状与发展—关于朝鲜半岛问题上的中国战略》,《韩国研究论丛》,第461-470页。
   黄河、吴雪:《新形势下中国对朝外交政策的调整》,《东北亚论坛》2011年第5期,第54-63页。
2. [韩]李南周:《朝鲜的变化与中朝关系—从"传统友好合作关系"到"实利关系"》,《现代国际关系》2005年第9期,第53-58页。
3. 延静:《出使韩国》,山东大学出版社2004年版,第8页。

的外交孤立感,同时加剧了因苏联及东欧社会主义体制瓦解给朝带来的经济困难","不仅实质性地打击了中朝关系,还大大伤害了两国间情绪上的连带感"。1 但是,中朝之间的互动交往并没有停滞,部级及以下官员的互动、经贸来往、中国对朝援助等并没有终止,这也使得中朝关系在经过一段时间后逐渐开始恢复。

在整个90年代,由于朝鲜对中韩建交的不满,中朝高层之间的互访基本停止,贸易额缩水,人员交流也大幅减少。而中国认识到中朝关系需要重新定位,要向正常的国家间关系转变,传统友谊仍然是中朝关系进一步发展的基础,中方对此进行了不懈努力。1994年,时任国家主席江泽民接见朝鲜代表团时指出,"加强和发展中朝友谊,是我们党和政府坚定不移的方针,也是我们全党和全国人民的愿望,我们将为此作出自己的努力。"2 中方也多次表示,"将坚持不懈地为维护和发展中朝友好合作关系而竭尽一切努力"。3 从1992年到1999年,中朝双方依然保持了频繁的副部长以上级别代表团互访,签署或重签了包括水力发电、航空运输、经济技术合作、政府间贸易在内的数十项双边议定书。在朝鲜1996年-1999年三年自然灾害期间,中国先后向朝鲜无偿提供了数千万元人民币的紧急救灾物资、57.7万吨粮食援助、8万吨原油、2万吨化肥和40万吨焦炭。4 从20世纪90年代后起开始,中朝关系在稳定中开始缓慢回升。1999年,朝鲜最高人民会议常务委员会委员长金永南率国家代表团对中国进行正式友好访问,两国之间的高层互访开始恢复。5

---

1. [韩]李南周:《朝鲜的变化与中朝关系—从"传统友好合作关系"到"实利关系"》,《现代国际关系》2005年第9期,第54页。

2. 刘金质、杨淮生主编:《中国对朝鲜和韩国政策文件汇编(1949-1994)》,中国社会科学出版社1994年版,第2648页。

3. 《光辉的历程》,《人民日报》1995年10月10日。

4. 中朝经贸合作网:"合作情况简介",http://www.idprkorea.com/qzchz/hzjj.asp

5. 此间,中朝之间较高级别的访问为1993年7月中共中央政治局常委、书记处书记胡锦涛率党政代表团访朝;1994年1月,朝鲜劳动党中央书记黄长烨访华;

在20世纪90年代,中朝关系所受到的负面影响主要来自政治层面。除了中韩建交的影响以外,1997年发生的黄长烨事件也产生了一定的负面影响。1997年2月,朝鲜劳动党中央委员会书记黄长烨在出访归国途经北京时,突然进入韩国驻华大使馆要求政治庇护。1997年3月,中国政府按国际惯例,要求韩国政府将黄长烨转移到第三国。黄长烨被送往菲律宾后随即前往韩国,被称为"反朝英雄"。黄长烨是迄今为止朝鲜叛逃的最高级别的官员,他也是朝鲜社会主义思想理论体系——金日成主体思想理论的主要整理者,曾任朝鲜金日成综合大学校长,和金正日有师生之谊。[1] 黄长烨在韩国、美国等地做了大量的演讲、采访,并出版了许多出版物披露朝鲜政治内幕,反对金正日政权,他的叛逃对朝鲜产生了巨大的负面影响。而中国在此事的处理上虽然遵循了国际惯例,却引起了朝鲜的不满。在这一时期,朝核问题虽然已经凸显,但相关议题的互动主要集中的美国和朝鲜方面,中国并没有太深入地介入。中国对朝鲜半岛问题奉行的是不直接介入政策,对朝核问题则采取了"观望态度,没有直接参与,只是希望美朝通过双边谈判和平解决核问题,并表明不愿干涉朝鲜的内政"。[2] 因此,核问题并没有在中朝之间造成太大的龃龉。

进入21世纪以后,朝鲜度过了经济最困难的时期,金正日政权业已稳固,中朝关系也走出了冷淡期。2000年到2001年,以金正日两次访华、志愿军入朝参战50周年纪念活动以及江泽民主席的回访为代表性事件,推动了中朝关系自中韩建交以后的明显改善。中朝双方都同意本着"继承传统,面向未来,睦邻友好,加强合作"的精神,共同努力把中朝友

1994年9月,朝鲜国家副主席李钟玉访华。

1. 罗洁:《黄长烨之死:一段历史的消失?》,《世界知识》2010年第21期,第30页。
2. [韩]姜宅九:《中国参与六方会谈:斡旋角色与前景》,《当代亚太》2007年第2期,第31页。并参见崔立如:《朝鲜半岛安全问题:中国的作用》,《现代国际关系》2006年第9期第42-47页。林利民:《朝核危机管理与中国的外交抉择》,《现代国际关系》2006年第8期,第32-38页。

好合作关系推向更高的发展水平。2000年至2011年的12年里，中朝两国进行了9次首脑会谈，其中，朝鲜劳动党总书记、国防委员会委员长金正日访华7次。中朝两国领导人表示，"加强中朝合作，有利于更好推进各自国家的社会主义建设，更好维护和发展两国共同利益，更好维护和促进本地区和平、稳定、繁荣"。[1] 中朝双方这种改善双边关系的意愿推动了双边关系的发展，每年中朝两国都有高级外交官、政府代表团、政党代表团进行定期互访，这种频繁的政治互动成为维系中朝关系处于一个较好水平的直接原因。

自2001年到2006年，中朝关系呈现出平稳发展的态势。金正日三次访问中国，中国两任国家主席江泽民、胡锦涛也对朝鲜进行了正式访问。两国政府及政党之间交流沟通十分频繁，外交、国防、商务、文化等部门的互访也定期举行，先后签署了《国境河流航运合作议定书》（2001年5月）、《边境口岸及其管理制度的协定》（2001年11月）、《海运协定》、（2002年6月）《民事和刑事司法协助的条约》（2003年11月）、《促进和保护投资协定和环境合作协定》（2005年3月）、《海上共同开发石油的协定》（2005年12月）等六个政府间协定及条约。中朝贸易额也开始快速增长，中国支持朝鲜设立新义州特区，鼓励两国边境贸易的广泛开展。同时，中国开始积极介入朝核问题，北京六方会谈取得显著成果，有关各方的沟通协商逐渐展开。

这一时期中朝关系稳步上升的原因很大程度上是由于美国全球战略的调整带来的国际环境变化。一方面，小布什政府大力推行单边主义，在对外政策上咄咄逼人，中国和朝鲜都感受到了来自美国的压力。1999年发生的美国轰炸中国驻南斯拉夫使馆事件和2001年的南海撞机事件使得中美关系一度紧张，美国对华遏制态势日趋明朗，中国的身份也从"战

---

1. "朝鲜劳动党总书记金正日对我国进行非正式访问"，http://news.xinhuanet.com/ world/2010-05 /07/c_1278775.htm

略伙伴"转向"战略竞争对手"。而美国对朝政策也从克林顿政府第二任期的"对话与协商"转向强硬的"相互主义"。国务卿鲍威尔称金正日是"独裁者",国防部长拉姆斯菲尔德称朝鲜为"没有正当性和没有道德的国家",布什总统则直接将朝鲜正式定义为"邪恶轴心",是反恐战争的打击对象,美朝关系骤然紧张。在这种背景下,中朝两国间的合作是面对美国战略压力的共同选择。另一方面,美国在9·11之后开展了大规模的反恐战争,美军在中亚、中东先后展开军事行动,美国在东亚的战略力量受到极大牵制,其全球反恐联盟的运作也离不开中国这样一个大国的支持。因此,美国全球战略的调整反而给东北亚地区对话、合作创造了条件,使得朝核问题被纳入了多边合作的六方会谈框架,这一时期的中朝关系、美朝关系、韩朝关系都在向好的方向发展。此外,朝鲜在经历了"苦难行军"年代之后,也更加重视经济问题在国家建设中的重要性,开始强调要加强"国家经济实力"。而朝鲜本身经济实力有限,借助外部力量只能通过北部的中国和南部的韩国,其经济特区也都分布在中朝边境和朝韩边境,改善和加强与中国的关系也是振兴经济的重要途径。

2006年以后,影响中朝关系的不稳定因素明显增加,中朝关系出现了明显的波动。朝鲜核问题没有在六方会谈框架内得到有效解决,朝鲜对自身安全的关切迟迟无法满足,国际社会其加强经济合作、逐步对外开放的预期自然无法实现。美国战略重心东移、韩国保守政党执政等因素也使朝鲜半岛局势的缓和更加困难。2006年朝鲜进行了首次核试验,中国做出了强烈的反应,发表声明称"朝鲜民主主义人民共和国无视国际社会的普遍反对,悍然实施核试验,中国政府对此表示坚决反对。中方强烈要求朝方信守无核化承诺,停止一切可能导致局势进一步恶化的行动,重新回到六方会谈的轨道上来。"[1] 中国支持联合国通过了谴责朝鲜的1718

---

1. "外交部声明:中方强烈要求朝方信守无核化承诺",
   http://news.xinhuanet.com/politics/2006-10/09/content_5180218.htm

号决议,朝鲜则对此决议表示"强烈谴责和坚决拒绝接受"。[1] 2009年朝鲜进行第二次核试验后,中方再次表示"坚决坚决反对",并支持联合国安理会通过第1874号决议,对朝鲜5月25日进行核试验表示"最严厉的谴责"。[2] 此后,在朝鲜发射卫星事件上,中国也明确表示反对。

中朝关系在2006年以后出现波动的主要原因在于两国在核问题上的不同立场,相比较朝鲜进行核试验前中国支持朝鲜半岛无核化的立场,2006年以后中国明确表达了对朝鲜发展核武器及运载工具的反对。不过,在核问题上的分歧并没有造成中朝关系的严重恶化,两国间正常的官方及民间往来并没有因此而中断,双边贸易额也继续保持了上升态势,中朝两国继续在国际上对彼此关心的问题表达了支持。[3] 2009年10月,朝鲜地二次核试验后,中国总理温家宝访朝,"双方就中朝关系和推进朝鲜半岛无核化达成重要共识,还签署了关于经贸、教育、旅游等方面的一些合作文件。"此后,金正日在一年多的时间内4次访华,这表明核问题对中朝关系的影响是短期的,并不足以逆转双边关系的发展。但是,核问题本身不是中朝两国之间的问题,其主要受到美朝关系的影响。2006年朝鲜进行核试验的直接原因在于美朝双方就落实"9·19共同声明"产生分歧,美国财政部又以朝鲜伪造美元为由冻结了朝鲜在澳门汇业银行2500万美元的账户。根本原因在于朝鲜对美国无意落实承诺失去了耐心和"挤压政策"的不满。这就使得中朝关系受到外部冲击的影响已经大于两

---

1. 高浩荣:"朝鲜就安理会决议发表声明",
   http://news.xinhuanet.com/world/2006-10/17/content_5215188.htm
2. "2009年5月26日外交部发言人马朝旭举行例行记者会",
   http://www.fmprc.gov.cn/mfa_chn/wjdt_611265/fyrbt_611275/t564576.shtml
3. 2007年11月20日,中国代表团张丹参赞在第62届联大三委"朝鲜人权状况"决议草案(L.37)表决后的解释性发言中表示,中方反对针对任何发展中国家的国别人权决议。2008年3月20日,朝鲜外务省发言人表示,朝鲜政府强烈谴责"藏独"势力,并支持中国政府所采取的措施。2008年4月12日,朝鲜奥委会发言人表示,积极支持北京奥运火炬境外传递,并严厉谴责邪恶势力干扰破坏奥运火炬接力。

国自身的因素,增加了两国关系发展的不确定性。

实际上,朝鲜自冷战结束后一直保持了较强的自主性和独立性,先后确立了鲜明的主体思想、唯一体制、先军思想的等理念和制度,"并未因中朝力量对比悬殊和中国对朝安全保障具有决定性作用而选择对中国'搭便车'战略"。[1] 特别是在涉及国家安全的问题上,朝鲜保持了完全的自主性,同时中国又坚持不干涉内政的外交原则,这导致了朝鲜导弹试验与核试验对中朝关系冲击的突然性。中朝两国之间密切的政治交往,即所谓的"发展势头良好"已经不能有效预防突发性事件对两国关系造成的负面影响。2011年底,朝鲜领导人金正日突然去世,朝鲜进入了金正恩时代。随着2012年底美韩大选相继结束,美朝关系、韩朝关系都面临着新的动向。从长远看,朝鲜国内的经济社会形势即便是不受到外部安全环境的影响,也蕴含着多种不确定因素。因为在朝鲜这样的国家即便开始改革,也面临着经济的集中与分散、社会的统一与自由、政治的集权与分权这样一个复杂的系统过程,存在着诸多风险。因此,今后影响中朝关系的不稳定因素不仅包括核问题、美朝关系、南北关系、突发性事件等,朝鲜自身的政权稳定问题、经济社会问题也可能对两国关系产生影响。

(二) 韩国对中朝关系的认知与疑虑

在中韩建交之前,朝鲜半岛南三角和北三角的对峙使得中朝两国同属韩国的敌对势力,中韩两国处于近半世纪的敌对关系。而中韩建交之后,两国关系发展迅速,在政治、经济、文化以及安全等各领域都取得了显著成果。与此同时,韩国也基本放弃了吸收统一的企图,和平共存乃至共同繁荣成为统一政策的主基调,希望结束敌对状态,实现南北共同发展,最终在民族共荣的前提下和平统一。从金泳三政府的"和解合作——

---

[1] [韩]李南周:《朝鲜的变化与中朝关系——从"传统友好合作关系"到"实利关系"》,《现代国际关系》2005年第9期,第53页。

南北联合——统一国家"三阶段统一方案,到金大中政府的"阳光政策"以及卢武铉政府的"和平繁荣政策",都秉承了这一理念。在这种情况下,韩国既希望中国凭借与朝鲜的特殊关系,积极支持朝鲜半岛的和平统一与共同繁荣,又想要中国在发挥影响力的同时,能够彻底改变冷战时一边倒的政策,在半岛南北双方之间坚持不偏不倚、公正平等的立场。

对于韩国来说,随着中韩经贸关系的快速发展,中国作为韩国经济及外交上的重要对象,逐渐拥有了仅次于美国的重要地位,是韩国外交"最为关键的主轴之一"。在朝鲜半岛问题上,韩国希望与中国保持密切的合作与沟通。虽然产生了这种认识上的变化,韩国也对中国经济和军事的发展感到威胁。特别是大多数韩国人对中国的军事发展显示出忧虑的态度,"比起中国的积极作用,更希望通过美国的积极作用能够保持韩半岛的和平与安全"。[1] 韩国《中央日报》中国研究所和中国《环球时报》于2009年7月以韩中两国网民为对象,实施了一项问卷调查,结果显示,71%的韩国网民和83%的中国网民回答说,两国今后将成为竞争对手,相对于合作,更多情况下会处于对立纷争关系。[2] 中国将高句丽史编入中国历史的曾使韩国反华情绪达到高潮,而韩国将江陵端午祭注册为世界非物质文化遗产,也使中国的反韩情绪迅速升温。特别是中国成为仅次于美国的世界第二大经济大国后,韩国人对中国的不安感正在迅速上升。随着中国经济迅速增长,所谓"中国威胁论"让韩国人对中国的担忧表现为反华情绪。韩国对中国的依赖日益提高,但中国对韩国的关心度则逐渐下降,这也让人对两国关系的未来产生忧虑。因此,中韩两国在贸易额、投资比率等经济合作方面,已经行成不可分割的共生关系,但是如果想成为深层次的稳固的密切关系,仍然需要更多的努力。

---

1. [韩]李正男:《韩国人对中国的认识及其对韩中关系的含义》,《韩国研究论丛》第十七辑,第166页。
2. [韩]《韩国应如何对待日益强大的中国》,《中央日报》8月26日。

韩国对于朝鲜的态度,一方面在政府层面基本放弃了冷战时期反共、敌视的观念,对朝鲜政权也表示了一定程度的接纳;另一方面对朝鲜研制核武器表达了坚决反对的立场,努力通过各种方式迫使朝鲜放弃核计划。从冷战后韩朝关系发展的轨迹看,朝鲜核问题是两国对话、缓和的最大障碍。而朝鲜在危机爆发后,往往会采取"通美封南"的策略,将韩国置于非常尴尬的地位。在第一次朝核危机爆发后,韩国极力劝阻美国不采取极端手段,但在随后的核框架协议谈判中却被置之门外。在朝美达成协议之后,韩国却需要为此付出巨大代价。正如金大中总统所说,韩国"先是袖手旁观,但稍后却发现自己须要付出数十亿美元的金钱。"[1]因此,韩国在第一次朝核危机后开始努力要求作为利益攸关方而成为谈判的主要参与方,甚至主张朝核问题是朝鲜半岛的重要问题,在解决这一问题上,韩国应发挥主导作用。

韩国一方面认识到,解决朝鲜核问题,中国的作用至关重要。中国自介入朝核问题以来,四方会谈、六方会谈的举行为核问题的解决起到了重要作用,取得了重要的阶段性成果。中国对朝鲜半岛无核化持坚定立场,反对朝鲜拥有核武器,这与韩国的主张是一致的。同时,中国又一贯主张以对话解决问题,反对对朝鲜进行军事打击,反对通过严厉制裁迫使朝鲜屈服,这种立场也是与韩国相接近的。而中国与朝鲜的特殊盟友关系和长期的经济援助,也使得韩国认为中国对朝鲜有着"特殊的"影响力。另一方面,韩国出于对中国的戒心和两国间的摩擦,又担心中国对朝鲜的影响力使得朝鲜成为中国的"势力范围",从而造成韩国在半岛事务上影响力的削弱。中朝贸易额从1999年的3.7亿美元增加到2003年的10亿美元,然后呈现逐年递增的势头。2009年至2011年的贸易总额分别为26.7亿、34.7亿、56.2亿美元,2012年又达到了59.32亿美元。[2] 韩国统

---

[1].《金大中:解决朝核问题韩须发挥主导作用》,《联合早报》2002年10月27日.
[2]. 数据来源:中国海关网站。http://www.customs.gov.cn/tabid/44604/

计厅公布的"朝鲜主要经济指标"报告称,2011年朝鲜对华贸易依存度超过了70%。[1] 而2011年韩朝贸易额只有11.74亿美元,[2] 约为中朝贸易额的五分之一。特别是在"天安"舰事件后,朝韩对话与合作几乎全面中断,而中朝经济合作却持续发展。韩国不得不担心在朝鲜对外经济合作中尽失先机。也正因为如此,即便在面临朝鲜核试验、发射卫星等严重挑衅行为时,韩国也没有将撤出开城工业园区作为制裁朝鲜的手段。

近年来,中国的崛起使得国际力量格局和中韩实力对比发生了显著变化,再加上朝鲜半岛的持续紧张局势,韩国对于中国的防范心理也进一步增加。2008年世界经济危机爆发后,中国经济总量保持了继续增长,国际地位显著上升。以中韩对比为例,1992年建交时中国GDP仅为4227亿美元,是韩国3299亿美元的1.28倍。到了2011年,中国GDP达到73185亿美元,是1992年的14倍,是同期韩国11162亿美元的6倍多。[3] 中韩两国军费对比也从1992年的1.51:1(229.19亿美元:151.54亿美元)变为4.57:1(1292.72亿美元:282.8亿美元),[4] 中韩两国在经济规模和军事力量上差距逐渐拉开。而且1992-2010年中国经济平均增长率为10.54%,韩国为4.96%,这意味着按照目前的发展势头,中韩两国经济规模的差距将会越来越大。"中国成为超强大国会在贸易和投资等经济方面带给韩国无限机会",但中国大陆经济的崛起也会抢走韩国的海外市场,不断上升的经济依赖度也令韩国产生担忧。另一方面,中国崛起"也会在地缘政治方面使韩国产生担忧和警戒心理",包括中朝关系对韩国统一的

Default.aspx

1. 朝鲜对中国的贸易依存度提高至70%
   http://chinese.yonhapnews.co.kr/allheadlines/2012/12/27/0200000000ACK20121227000700881.HTML
2. 数据来源:韩国统一部网站。http://eng.unikorea.go.kr/CmsWeb/viewPage.req?idx=PG0000000541
3. 数据来源:世界银行数据库。http://data.worldbank.org/
4. 数据来源:The SIPRI Military Expenditure Database. http://milexdata.sipri.org

影响,中美竞争对韩国损害等。[1]

"天安"舰事件发生后,韩国对于中朝关系的疑虑进一步增加。韩国认为中国政府并没有承认韩国政府对"天安"舰事件的调查结果,中国不仅没有规劝朝鲜中断边缘战术,而且主张举行六方会谈,反映出中国领导层在外交上备受垢病的优柔寡断和过分的不干涉主义。[2] 中国的立场引起韩国的不满,认为中国在朝鲜半岛事务上的立场是不公正的,"辜负"了韩国。而美韩在黄海海域持续举行大规模军事演习以"向朝鲜发出强硬信号,勿再发动挑衅行为",但演习靠近中国近海,严重威胁到中国的国家安全,中方表达了强烈的抗议,并也举行了相应的军事演习。这一事件明确地显示了中国无法容忍韩国积极参与美国牵制中国的行为。美韩同盟是韩国国家安全和对外战略的基石,中国与美国则在政治、安全和经济领域都存在战略性矛盾,中韩关系难以突破美韩同盟的结构性限制。

韩国应当认识到,中国在朝鲜问题上的关切是非常现实的。一旦朝鲜出现动荡,涌向中国东北地区的难民潮将会产生非常严重的负面影响。因此,朝鲜与韩国、美国发生直接对抗,朝鲜半岛出现一个对华不怎么友好的联合政府,驻韩美军将防区扩展到三八线以北等都不符合中国的战略利益。而朝核危机的久拖不决对中国来说无论如何都是一种负效应,它不仅会给日本发展军备提供借口,也会增加美国采取极端政策的几率,这将使中朝关系陷入困境,同时也不符合韩国的利益。因此,韩国有必要继续对中国作为斡旋者或当事者发挥间建设性作用表示支持,加强对朝政策的合作性。一方面,韩国应对中韩关系充满信心,目前中韩合作的广度和深度都远远超过中朝之间的水平,双边和多边的 FTA 谈判都在

---

1. [韩]韩升洲:《韩国应以何种姿态面对中国崛起》,《朝鲜日报》2011 年 7 月 5 日。
2. 朴广熙.China who Emersed as"G2"to juggling with the Koran Peninsula.[韩]新亚细亚,2011(夏季号), 18(2):88 转引自詹德斌:《"天安舰"事件后韩国对中韩关系的反思》,《世界经济与政治论坛》第 6 期,第 119 页。

进行中,区域一体化进程快速发展。中朝经贸关系的发展也有利于推动朝鲜的改革与开放,中朝韩三边关系的协调发展对半岛稳定具有非常重要的作用。另一方面,韩国也应当正视中韩之间存在的冲突性利益:中国一向认为制裁和武力威胁不利于朝鲜问题的解决,更对美国力量在周边的活动保持警惕;韩国近年来对朝政策日趋保守和强硬,在外交与安全方面更倚重于美韩同盟。韩国应该把制造"中国威胁论"以偏向韩美同盟的派别模型变为"哪里有付出,哪里就有收获"的业绩模型,[1] 更新对中国崛起的认识,在"联美通中"的框架内保持更大的灵活性。

(三) 中韩朝三角关系的变化与走势

冷战结束后,朝鲜和韩国由两大阵营的对抗前哨逐渐向正常国家身份转变。随着1992年中国与韩国正式建立外交关系,中国与朝鲜半岛国家进入到共同发展友好关系的新阶段。中朝之间沿承了传统的"友好合作关系",中韩则确立了"战略合作伙伴关系"。中国以"和平共处"原则为基础,积极开展独立自主的外交活动,目的是为国家经济发展赢得必要的和平环境,特别是与周边国家的友好关系。建立和长期保持睦邻友好的中朝、中韩关系具有十分重要的战略价值。一方面,可以使中国摆脱"冷战孤岛"的束缚,成为为数不多的与朝鲜半岛北南双方都保持友好关系的大国,为在东北亚地区开展外交活动营建宽松的战略回旋空间;另一方面,既维持了中朝传统友好合作关系,又发展了中韩战略合作伙伴关系,使中国在处理国际与地区事务方面得到必要的支持和配合。此外,中国的和平发展战略也要求中国与朝鲜、韩国建立起正常的国家间关系。而目前的情况是,朝鲜与多个国家都未建立正常国家关系,韩国与美国尚属于军事同盟关系。中国维持与韩国、朝鲜之间的三角关系,必须充分考虑到这些因素对于未来朝鲜半岛格局的作用力和反作用力。

---

1. [韩]李熙玉:《从根本上重新构架对华外交的框架》,《中央日报》2010年10月18日。

冷战结束后,中国的朝鲜半岛政策致力于维护朝鲜半岛的和平、发展与繁荣,支持南北双方改善关系、自主解决自身问题。中国曾多次表示,中方处理朝鲜半岛事务的根本出发点是维护朝鲜半岛的和平与稳定。这是中国和平发展总体战略的需要,也是中国长期坚持的基本原则。为此,中国主张朝鲜半岛无核化,坚持以和平方式解决朝核危机。中国利用自身的有利条件和地缘优势,主持召开朝核问题六方会谈,积极推动朝鲜半岛南北对话以及解决朝核危机多边会晤机制的形成。中国由于自身统一的问题,对朝鲜半岛南北双方国民渴望统一的心情表示"同情和理解",并"支持朝鲜南北双方早日实现朝鲜半岛的自主、和平、统一"。[1]

1992年中国与韩国正式建交后,中国与朝鲜半岛国家关系进入了一个新的阶段。中韩关系由对立隔绝发展成为战略合作伙伴关系,同时中国继续与朝鲜保持传统的友好关系。进入21世纪以来,中国在朝鲜半岛继续推行"等距离"的外交政策,尊重朝鲜半岛人民自主选择发展道路的权利,同时维持和发展与南北双方的友好关系,致力于维护朝鲜半岛的和平与稳定。中韩关系稳步向前发展,中朝之间睦邻友好的总体方向保持不变,中国与韩国、朝鲜之间的关系进入新的发展阶段。但是,中国推行的"等距离"外交也带来了中韩关系与中朝关系之间的实质性差距。

1992年中韩建交后,两国在政治、经济、社会、文化等方面都取得了飞速发展。1998年,中韩就建立合作伙伴关系达成协议,两国以经济关系为中心,积极探索两国关系在贸易与投资等领域的发展。2003年,中韩关系发展成为全面合作伙伴关系,两国不仅在经济领域,而且在社会、文化等多个领域不断扩大交流与合作。2008年,两国关系提升为战略合作伙伴关系,中韩加强了包括政治、经济、社会、文化乃至安全等广阔领域内的合作。这种政治关系的"三步跳",加之经济合作的突飞猛进,中韩

---

[1] 刘金质、杨淮生主编:《中国对朝鲜和韩国政策文件汇编(1949-1994)》,北京:中国社会科学出版社1994年版,第2618页。

关系堪称为现代外交史的一大奇迹。然而,由于朝韩间的特殊关系,这不可避免地使中朝关系受到了某种冲击。

经过一段过渡期之后,中朝关系走出了中韩建交所带来的振荡,双方友好关系取得进一步发展。但由于朝鲜自身体制的原因,中朝之间除了政治关系密切外,在其他领域的交流合作成果都不如中韩之间取得的成果显著。经贸关系上,近些年来中朝贸易额尽管大幅度增长,但到2012年总量仅有59.32亿美元,[1] 而同期中韩贸易额已经达到了2151亿美元。[2] 中韩之间的FTA谈判业已开始进行,双边经贸合作进入了一个较高的层次,而中朝经贸合作还停留在边境贸易、合资生产等较低层次。韩国的文化产品、工业产品也大量进入到中国市场,中国的年轻一代了解韩国远多于朝鲜。在当前的国际环境中,中国从自身国家利益和全球战略出发,对朝鲜的一些政策举动,只能采取有限度的支持,或者说持有某种保留意见,甚至有不同的主张和看法。尽管中国的朝鲜半岛政策是秉承"北南并重"的"等距离"外交,但由于朝鲜与韩国的具体国情不同,导致了中朝在经济、社会、文化等领域的合作程度远远低于中韩合作。在安全领域,虽然由于韩美同盟的存在,中韩安全合作没有取得较深入发展。但中朝之间除了军事代表团的互访之外,[3] 也没有实质性的军事合作。朝鲜的核政策也与中国的无核化立场相悖,其军事冒险行为也给中国周边安全带来了风险。

朝鲜是中国的传统友好邻邦,韩国是中国的战略合作伙伴,朝鲜与韩国又是同种同族的两个国家。中朝韩三国在维护朝鲜半岛的和平与稳定、和平解决朝核危机、南北双方自主解决自身问题等原则性问题上持

---

1. 数据来源:中国海关网站。http://www.customs.gov.cn/tabid/44604/Default.aspx
2. 数据来源:中国商务部网站,http://ccn.mofcom.gov.cn/spbg/show.php?id=13836
3. 中韩之间也建立了国防部长互访机制和军事热线。

相同或相似的立场,具有合作的深厚潜力。从 2000 年 6 月《北南共同宣言》的发表到 2007 年《争取北南关系发展与和平繁荣的宣言》的签署,这段时间是韩朝双方消除彼此间政治和军事上的不信任、实现和解与合作的一段重要历程,也是中韩朝三角关系积极发展并发挥正效应的时期。这一时期,中韩关系平稳快速发展,中朝高层互访恢复、双边贸易额逐渐上升,朝鲜开始在靠近中朝边境地区设立经济特区。朝韩两国实现首脑会谈,经贸关系也发展迅速,韩国的现代、三星和 LG 三大集团相继出台了针对朝鲜的巨额投资计划,现代集团还获得了朝韩边境的开城和金刚山两个特区 50 年以上期限内的单独开发权,并开发了一批示范性工程。

朝鲜自 2006 年进行首次核试验以后,中韩朝三角关系开始发生显著变化。特别是在 2009 年第二次核试验以后,韩朝关系全面恶化,地区局势持续紧张,随后发生的"天安"舰事件、延坪岛事件对中韩关系也产生了重要影响。朝鲜核试验在一定程度上削弱了中朝关系,推近了中韩之间的共同立场。朝鲜首次核试验之后,中国对此表示了强烈反对,并支持联合国通过相关制裁的决议,中国、韩国与俄罗斯对制裁进行了有选择地执行。此后,朝鲜于 2009 年和 2013 年进行的两次核试验都遭到了中国的强烈反对,中韩两国在这一问题上保持了一致的态度。朝鲜核试验使得中朝关系、韩朝关系都受到了负面影响,推动了中韩两国之间的合作。但 2010 年的"天安"舰事件却使中韩关系也受到了冲击,使得中韩朝三角关系全面受损。

"天安"舰事件后,韩国"确信"朝鲜击沉"天安"舰,与美国一起对朝鲜进行严厉的经济制裁和军事威慑。中国对韩美的立场持不同态度,主张"有关各方继续保持冷静克制……尽快翻过'天安号'事件这一页"。[1] 韩国方面出现了对中国的立场表示无法理解和不满的声音。此后,朝鲜半岛局势

---

1. "外交部发言人秦刚就联合国安理会就'天安号'事件发表主席声明发表谈话", http://www.fmprc.gov.cn/chn/gxh/tyb/fyrbt/t715381.htm

持续紧张,韩国继续对朝保持强硬,中国则不希望"过度刺激"朝鲜,两国政策出现分歧。"天安"舰事件后,朝鲜领导人金正日访华,胡锦涛主席同金正日谈话中就促进两国关系而提出的五点建议中即包括,"加强战略沟通。双方随时和定期就两国内政外交重大问题、国际和地区形势、治党治国经验等共同关心的问题深入沟通"。[1] 表面上看,"天安"舰事件没有对中朝关系产生什么负面影响。但是,这一事件对中韩关系产生了明显冲击,美韩联合军演进一步迫近中国近海,增加了地区不稳定因素,这些都不是中国愿意看到的。朝鲜半岛局势牵一发而动全身,朝鲜在处理问题时又执着于超强硬的态度,这使得中国处于一种进退维谷的境地。

2013年2月,朝鲜在韩国新领导人朴槿惠就职前进行了第三次核试验,再次遭到包括中国在内的国际社会的强烈谴责。朝鲜核问题是影响今后中朝韩三角关系发展的最重要因素,这一问题的持续发酵对中朝关系是一种极大的考验,同时其衍生问题也使中韩关系面临着一些不确定的风险(如类似于"天安"舰沉没之类的突发性事件)。如果说朝核问题的根源在于美朝关系,美国对朝鲜的敌视与封锁对问题的解决无济于事,朝鲜用发展核武器来迫使美国让步也是种错误的选择。从当前的现实来看,中国在经济上是朝鲜的生命线,与韩国也有着广泛的经济依存关系。中韩两国在政治上的交往也日益密切,朴槿惠当选总统后将首个特使团派往中国,并向中国领导人递交了亲笔信,表达了对中韩关系的高度重视,李明博政府时期"重美轻中"的外交路线将会得到适度调整。在这种情况下,无论中国是否调整对朝政策,中韩之间发展实质上更加密切的关系将是一种现实和趋势,而中朝韩三角关系能否的均衡、协调发展将取决于朝核问题的进展。这其中,朝鲜自身的态度起着非常重要的作用。

---

1. "鲜劳动党总书记金正日对我国进行非正式访问",
 http://www.fmprc.gov.cn/mfa_chn/gjhdq_603914/gj_603916/yz_603918/1206_604114/xgxw_604120/t692866.shtml

第二节　冷战后美国的朝鲜半岛政策

十九世纪末,美国开始在东亚进行大规模的商品输出和资本输出,于1882年和朝鲜签订《朝美修好通商条约》,逐渐介入朝鲜半岛事务。在第二次世界大战后期,罗斯福政府开始考虑战后如何处理朝鲜问题。美国担心某一大国单独控制朝鲜将会削弱美国在东亚和西太平洋的地位,认为有必要剥夺日本对朝鲜的统治,然后有效地加以控制,以维护美国的安全和海上交通。[1] 二战结束以后,美国与苏联对朝鲜半岛划三八线而治,导致半岛分裂为两个长期对抗的国家。冷战结束后,朝鲜半岛重要的地理位置和因此而产生的特殊地缘政治结构决定了其依然是美国全球战略中的重要一环,美国也据此制订了相应的朝鲜半岛政策。

(一) 朝鲜半岛对于美国的地缘政治意义

地缘政治学(Geopolitics[2])起源于政治地理学(Political Geography),可以追溯到亚里士多德的《政治学》和孟德斯鸠的《论法的精神》,早期内容主要指地理环境和气候因素对政治制度和人的政治行为的影响。19世纪以后,地缘政治学的内涵得到了进一步扩展,成为一项关于国际政治中地理位置对各国相互关系如何影响的分析研究,侧重从地理条件、地理形势的角度来分析国际政治。[3] 它的背后是近代以来资本主义发展的严酷竞争,以及各国对这种竞争的不同反应,它反映了现实世界由于国家利益之争而导致冲突的图景。地缘政治的特殊之处在于,它指出了某些

---

1. 牛军:《战后美国对朝鲜政策的起源》,载《美国研究》,1991年第2期,第50-51页。
2. 英文"geopolitics"来自德文的"geopolitik"。"geopolitik"一般用来专指纳粹德国时期的地缘政治学。在当前国内有关地缘政治研究的学术资料中,已经普遍都把geopolitics译为地缘政治学。
3. 《简明大不列颠百科全书》第2卷,中国大百科全书出版社1988年版,第596页。

地理因素在决定国家政策方面的重要性,诸如占据战略要地、控制海上交通线、拥有海外军事基地等。从地缘政治的视角出发,一国的地理位置以及这种位置和其他权力中心的关系决定了这个国家的重要问题。

按照不同的地理要素对国际政治的影响效应,地缘政治理论大体可分为海权论、陆权论、空权论和边缘地带论。随着科技的发展和人类对空间认识的进一步提高,地缘政治理论还出现了高边疆、制天权、制电磁权、制深海权等新的内容,但传统的海洋、陆地以及交通要道等因素依然是分析地缘政治的主要变量。"海权论"认为海上力量对一个国家的发展、繁荣和安全至关重要,控制海洋交通要道就能控制世界的贸易,进而获得对全世界的支配地位。而陆权论则强调,随着陆上交通技术的发展,如现代铁路网和公路网的建成,加强了大陆国家的地理优势。大陆腹地既不像滨海地区那样易受海洋国家的攻击,又具备充足的资源。控制了大陆腹地(心脏地带)就能够主宰整个大陆(世界岛),进而可以利用充足的资源建立对海洋国家的优势,实现控制世界。[1] 而边缘地带学说则认为,大陆腹地与海洋之间的边缘地带在经济力量、人口数量方面都超过心脏地带,是最具权力潜质的场所。并且边缘地带总是历史上海权与陆权冲突的发源地,处于世界权力斗争的核心地位。因此,"谁支配着边缘地区,谁就控制着欧亚大陆;谁支配着欧亚大陆,谁就掌握着世界的命运。[2]

按照斯皮克曼的理论,边缘地带蕴涵统治世界的最大潜力,控制这一地理区域的国家即拥有建立全球霸权的力量。欧亚大陆边缘地带处在心脏地带和滨外岛屿之间,在海权国家和陆权国家的冲突中起着缓冲地带的作用。它面对两个方向,"必须起海陆两面的作用,并且从海陆两面保卫自己。……它不得不对抗大陆心脏地带的陆上势力和大不列颠与日本

---

1. [英]哈·麦金德著,林尔蔚、陈江译:《历史的地理枢纽》,商务印书馆1985年版,第13页。
2. [美]尼古拉斯·斯皮克曼著,刘愈之译:《和平地理学》,商务印书馆1965年版,第78页。

这些滨外岛屿的海上势力"。[1] 从历史经验来看,欧亚大陆的边缘地带确实是海权国家与陆权国家寻求控制的对象。朝鲜半岛正处在亚欧大陆边缘地带的东端,无论对于海权国家、陆权国家还是海陆复合国家都具有重要的战略意义。朝鲜半岛是亚洲大陆与太平洋岛国的连接纽带,在历史上承受了海陆两极对抗的压力,并多次充当了缓冲地带的作用。东亚的陆权国家中国与海权国家日本的几次冲突几乎都会体现在朝鲜半岛上,而几次对弈的结果确实证明——成功控制朝鲜半岛的一方获得了胜利,这也在一定程度上证实了"边缘地带论"。

从地理的角度来看,朝鲜半岛是位于亚洲大陆东端的一个大陆延伸区,处于东北亚的中间部位。它的北部与中国和俄罗斯接壤,东部同日本毗邻,其西海岸距中国山东半岛的最短距离约190公里,南部距日本本州岛约180公里。朝鲜半岛北与中国东北接壤,西隔黄海与华北相望,紧扼渤海;它还连接了日本海和东海、亚洲和太平洋,以及东亚边缘外的连串岛屿;半岛东南部的对马海峡从东北向西南延伸,形势险要,是俄罗斯远东地区、日本西海岸地区进入太平洋的主要航道。因此,朝鲜半岛作为东北亚海上交通的要冲,被称为"东北亚门户",具有重要的战略价值。

重要的地理位置只是朝鲜半岛地缘政治结构的基础,它与其他力量中心的关系使得这种地理禀赋成为一种政治资源。近代之前,日本曾两次入侵朝鲜半岛,试图挑战以中国为核心的东亚朝贡体系,均已失败告终。元朝时期,忽必烈也曾经以朝鲜半岛为基地,对日本发动进攻,舰队遭遇台风以失败收场。近代之后,中日、日俄先后围绕朝鲜半岛进行了两场战争,日本获胜后取得了朝鲜半岛的控制权,并随即发动了对东亚大陆的侵略。二战以后,美苏两个超级大国对朝鲜半岛分区占领,使半岛处于分裂状态。韩国、朝鲜两个主权国家的相继建立,从而形成了当前朝

---

1. [美]尼古拉斯·斯皮克曼著,刘愈之译:《和平地理学》,商务印书馆1965年版,第76页。

鲜半岛地理版图的基本态势。在冷战的两极格局下,朝鲜半岛保持了相对稳定的均势状态,以中、苏、朝为"北三角",美、日、韩为"南三角"形成了对峙格局。

在冷战期间,美苏对抗迅速从欧洲扩展到亚洲,特别是东北亚地区。美国为了遏制苏联、中国等社会主义国家,以核武器为后盾,以前沿部署为支点,在欧洲、中东和东北亚建立了广泛的军事同盟。在朝鲜战争以后,美国一方面避免了社会主义朝鲜击败资本主义韩国,阻止了共产主义在朝鲜半岛的扩展,另一方面也为此付出了巨大的经济代价和人员伤亡。而朝鲜半岛则被打上了鲜明的冷战印记,具有了更大的地缘政治意义:"第一,美国遏制共产主义的桥头堡和战略前沿。第二,维护与加强美日韩战略同盟的战略支点,保护美日安保体系的盾牌。第三,包围和进取的战略据点和前进基地"。[1]

冷战结束后,维持半岛均势的"北三角"不复存在,"南三角"却持续巩固和强化,冷战时期的对抗得到了某种程度的保留。"北三角"不复存在的主要原因在于苏联的解体,其后继者俄罗斯无力继续支持前盟友朝鲜。[2] 而改革开放的中国正在积极融入国际体系,以发展经济为中心的国家战略促使它与韩国改善关系,而且中美关系、中日关系也早已实现了正常化。但是,美国出于地缘政治的考虑,反而继续强化"南三角"。一些美国战略家认为,民族国家依然是世界体系的基本单位,地理位置则仍是民族国家对外政策优先目标的出发点。[3] 朝鲜半岛作为海陆两大力量边缘地带的地理位置没有发生变化,依然是欧亚大陆东端重要的战略缓冲区。

---

1. 刘金质:《朝鲜半岛在美国安全战略中的地位及美国的对策》,《韩国学论文集》2007年第十六辑,第119页。
2. 苏联解体初期,俄罗斯向西方一边倒的外交战略表明它也没有继续支持朝鲜的意愿。
3. [美]兹比格纽·布热津斯基著,中国国际问题研究所译:《大棋局——美国的首要地位及其地缘战略》,上海人民出版社2007版,第32页。

"从理论上讲,朝鲜半岛既是大陆国家东向防御的最后一张盾牌,同时又是海洋国家西向进攻大陆的第一块陆基"。[1] 美国作为欧亚大陆外部的海权国家和全球霸权国家,确保控制海洋要冲是保证海洋运输安全和兵力全球投送的需要,而控制边缘地带则是限制陆权国家力量扩张,防止陆权力量威胁海洋力量的重要手段。

美国前国家安全事务助理布热津斯基明确指出,法国、德国、俄罗斯和中国是将来可能会挑战美国全球霸权的"地缘战略棋手国家",而韩国、乌克兰、土耳其等国家则是起着十分重要作用的"地缘政治支轴国家"。"地缘政治支轴国家"的重要性"不是来自他们的力量和动机,而是来自他们所处的敏感地理位置以及他们潜在的脆弱状态对地缘政治棋手行为造成的影响。"[2] 对美国来说,欧亚大陆上的中国和俄罗斯两大陆权国家是其全球霸权的主要挑战者。控制朝鲜半岛,同时借助日本和西欧的力量,可以从亚欧大陆的东西两侧同时挤压中俄两国的战略空间,巩固美国的优势地位。因此,韩国不仅是日本和美国东亚军事基地的防卫屏障,更能够成为美国对邻近的中国和俄罗斯两个潜在挑战国施加影响和进行威慑的"支轴"。

目前,朝鲜半岛在地理空间上依然保持了南北分裂的格局,南北双方都具有强烈的统一意愿,存在着将来实现领土、主权的重要变化的可能,从而改变半岛内部的地缘政治格局。半岛南部的韩国经济、军事实力的发展都取得了巨大成就,已经成为东亚地区比以往任何时候都更加重要的"空间"。核问题、导弹问题则使半岛北部的朝鲜也对其对邻近地区具有特殊影响。更为重要的是,中国、美国、俄罗斯、日本——世界五大力量中心[3]中的四个都是朝鲜半岛事务的重要利益攸关方,这使得该地区

---

1. 陈峰君 王传剑:《亚太大国与朝鲜半岛》,北京大学出版社 2004 年版,第 17 页。
2. [美]兹比格纽·布热津斯基著,中国国际问题研究所译:《大棋局——美国的首要地位及其地缘战略》,上海人民出版社 2007 版,第 35 页。
3. 1971 年 7 月,尼克松首次提出"世界五大力量中心"(美、苏、中、西欧、日本)的概

地理因素对政治的影响成倍地扩大。同时,朝鲜半岛又多次出现紧张局势,包括朝核问题、三八线交火、延坪岛炮击、"天安"舰沉没等一系列危机或突发性事件,不断地诱发多方力量的分化组合、交叉博弈。总而言之,朝鲜半岛的地理位置、半岛内部的分裂对抗和大国力量的纵横捭阖三者的共同作用,将继续使朝鲜半岛在地缘政治意义上对美国长期具备着重要的"支轴"作用。

(二)冷战结束后美国的朝鲜半岛政策调整

冷战后美国成为全球唯一的超级大国,拥有了"一超独霸"的战略地位,保持了国际格局中的结构性优势。英国学者苏珊·斯特兰奇早在冷战结束前就运用"结构性权力"理论分析认为,美国霸权的衰落只是一个神话,认为"美国在安全结构上的权力没有变化,在金融结构上的权力更大了,而在知识结构和生产结构上其权力或者没变或者更为强大"。[1] 按照苏珊·斯特兰奇的界定,权力分为联系性权力和结构性权力。联系性权力就是甲使得乙去做他本来不愿意做的事,结构性权力则是"形成与决定全球各种政治经济结构的权力",而其他行为体不得不在其中活动,其存在于"安全结构、生产结构、金融结构和知识结构"四大领域中,它决定了"办事的方法"。[2] 冷战结束后,美国首先具备了头号政治大国、经济大国、军事强国的地位,这使得其拥有了十分强大的联系性权力;更为重要的是"美国的结构性权力为整个世界安上了一个权力的框,各国的活动不自觉地在这个框架内行动"。[3]

念。时至今日,这五大力量中心依然是国际体系中最为重要的五个角色(苏联被俄罗斯所取代,西欧被欧盟所替代)。其他新兴国家如印度、巴西等国无论是经济、军事实力还是国际影响力都与这五个角色存在较大差距。

1. Susan Strange:"The Persistent Myth of Lost Hegemony: Reply to Milner and Snyder", International Organization, Autumn 1988, p.751.
2. 参见[英]苏珊·斯特兰奇著:《国际政治经济学导论——国家与市场》,经济科学出版社1990年版,第29页。
3. 戴平辉:《结构性权力下的美国霸权》,《太平洋学报》2004年第1期,第41页。

在安全结构上,美国军费开支长期保持世界第一,且远超其他国家,如1999年军费开支占世界军费开支的36%,[1] 2009年则达到了43%。[2] 美国通过同盟体系和前沿部署保持了全球范围内对安全问题的领导和协调能力,即便是在联合国安理会,美国冷战后发起的一系列战争也没有受到任何实质性阻力。在生产结构上,"美国独家控制着国际经济旧结构,""新旧经济互动机制又领先于其他工业国家至少大半个层次"。[3] 在金融结构上,美国是国际货币基金组织和世界银行最大的资金提供国,是世界银行行长人选的默认候选国,在这两个机构里占拥有主导性的发言权。美元依然是最主要的国际货币(2010年第一季度美元储备占全球已配置储备的比例降至10年来最低水平,但也保持了61.54%的比重,[4] 到2012年底,这一份额稳定在61.8%。[5],美国有权力控制用美元支付的银行贷款的提供和获得,这样美国对于世界货币体系中贷款的产生就发挥着或好或坏的主导影响。[6] 在知识结构上[7],美国在科研开发方面的投入占全球的40%,70%的诺贝尔奖获得者在美国受到聘用,全世界排名前40的大学有3/4在美国,[8] 美国在科技领域保持着全球领先地位。而美国在文化传播

---

1. "SIPRI Year Book 2000: World Armaments and Disarmament", SIPRI 2000, p.236;
2. "SIPRI Year Book 2010: Armaments, Disarmament and International Security", SIPRI 2010, Summary p.11.
3. 王家福、徐萍:《战争背面的战争——世界多极化的前瞻、案例与对策》,吉林大学出版社2002年版,第82页。
4. 曹金玲:《IMF:全球新增外储美元比重骤降》,《第一财经日报》2010年7月2日。
5. "IMF:去年3季度全球外汇储备中的美元份额持稳", http://finance.21cn.com/newsdoc/zx/2013/01/02/14241389.shtml
6. Susan Strange: "The Persistent Myth of Lost Hegemony", International Organization, Autumn 1987, p.558.
7. 按照苏珊·斯特兰奇的界定,包括科学技术和信仰系统。
8. "兰德公司报告:无人能撼动美国科技全球领先地位", http://news.xinhuanet.com/world/2008-06/13/content_8360030.htm

上的优势更为明显,美国电影生产总量仅占全球电影产量的6%-7%,但却占据了全球各影院总放映时间的50%以上,电影票房占全球总票房的近2/3,[1]美国文化的通俗性、开放性以及美国民主与人权的价值观的政治感召力,也使得"全世界千百万人都希望在美国生活,而且的确有人为了去美国而甘愿冒生命危险"。[2]

作为拥有超强实力的霸权国家,实现对世界的控制,建立世界霸权是美国垄断资本赖以生存与发展的必要条件。对于美国这样以商业立国的国家而言,"外交就是管理国际商务",[3]美国经济利益全球化的过程也是美国扩大全球战略影响力的过程。经过冷战的漫长岁月,美国以实力为根基,利用苏联内部的裂缝,催动苏联的解体过程,扫除了美国独霸世界的最大障碍,进而"以确保实力与地缘战略优势的国策安排使美国从冷战后不确定的单极时刻进入到'单极时代'"。[4]冷战结束后,美国在以其拥有的的结构性优势,精心谋划了一种既能够让世界接受又保持美国霸权地位的均势格局,即以军事力量为后盾,以全球性的联盟体系为依托,利用均势外交,在大国抗衡之间因势利导地推行"分而治之"策略,从而获得强权政治的支配地位。

美国的朝鲜半岛政策服务于美国的全球战略,即维护美国在全球范围内的霸权地位。因为维护美国的霸权地位,某种程度上是美国遍布全球的垄断资本赖以生存与发展的必要条件,也是美国自诩对世界承担领导责任的充分表现。[5]这使得美国在朝鲜半岛地区的存在不仅要遏制朝

---

1. 谢黎、尚栩、毛晓晓、潘妮妮:"大片:乱花渐欲迷人眼",
 http://news.xinhuanet.com/globe/2010-05/ 11/content_13478113.htm
2. [美]约瑟夫·奈:《美国定能领导世界吗?》,军事译文出版社1992年版,第161页
3. [美]孔华润主编:《剑桥美国对外关系史(上)》,新华出版社2004年版,
 第416页。
4. 郑淑云:《单极霸权——20世纪美国国策强度的三次提升》,
 吉林大学2004年博士论文,第68页。
5. 考察美国对外关系的历史,可以深刻体察到,美国已经习惯了以"上帝选民"自居,

鲜对韩国的军事进攻、[1] 防范大规模杀伤性武器扩散,更要确保美国对该地区的影响力和控制力,达到"双重规制"的目的。美国一方面设法"规制"所谓的"无赖国家"和地区性"不规则现象";另一方面则也在试图"规制"有可能成为其潜在竞争对手的大国,以确保这些国家在可以预见的将来不会对其全球主导地位提出挑战。[2] 这是美国的全球战略和朝鲜半岛地缘政治现实相结合的必然反应,也成为美国处理朝鲜半岛问题时考虑的主要因素。

对美国来说,"一方面,朝鲜是本地区最大的不稳定因素;另一方面,朝鲜又是美国在本地区安全部署的最有力依据。"[3] 因此,美国对朝鲜的政策难以突破战略意图的逻辑矛盾,往往是临时出台危机管理式的政策。同时,美国则借机强化美韩同盟与美日同盟。其中,美韩同盟作为美国东亚联盟体系的重要一环,加强美韩同盟不仅是应对朝鲜威胁的手段,也参与东亚事务、防范地区大国的重要手段。美国既鼓励韩国在美韩同盟体系内承担更大责任,又积极推动联盟转型,将美韩同盟打造成处理全球事务和具有更多功能新型联盟。总体看来,冷战后美国历届政府制定的朝鲜半岛政策都各有侧重,但总体上都没有超出"双重规制"的战略框架。在这种框架内,其对朝政策主要表现为遏制,对韩政策则表现为协调。

在20世纪90年代,美国对朝鲜的政策并非单纯的遏制,而是一种接触性遏制。冷战结束后,鉴于东欧剧变和苏联解体的经验,美国认为朝鲜内部也可能会发生巨大变化。再加上半岛南北缓和的气氛,使得美国认为有必要在朝鲜半岛进行"战略收缩",其具体目标是"缓和朝鲜半岛紧张

历届领导人都以相似的语言强调,美国作为世界上最优越的民主国家,要承担领导并保卫自由世界的责任,要在全世界推进和增强民主价值观。

1. 美韩同盟也同时具有约束韩国冒然使用武力的功能。
2. 王传剑:《从历史角度看美国对朝鲜半岛政策的实质》,《文史哲》2004年第2期,第84页。
3. 虞少华:《危机下的朝核问题走向》,《国际问题研究》2009年第5期,第34页。

局势;促进南北对话及建立信任机制;将美国的角色由领导者转为支持者。"[1] 美国制订了分阶段削减驻韩美军的计划,并决定在1994年底以前将韩美联合司令部所拥有的作战指挥权中的平时作战指挥权移交给韩军。同时,美国对朝政策也出现缓和的迹象,如向朝鲜出口15万吨粮食,举行首次副部级会谈等。[2] 但是,朝鲜并没有向美国希望的那样迅速崩溃,并且始终将美国视为对话的主要对象,美国的收缩战略没有取得预期效果。同时,1992-1994年间爆发的第一次朝核危机迫使美国重新调整自己的朝鲜半岛政策。

在第一次朝核危机中,克林顿政府制订了"5027作战计划",考虑对朝鲜核设施发动先发制人的打击。但考虑到战争造成的严重后果,克林顿政府最终改变了"武力打击"的硬着陆政策,转而对朝实施以《美朝核框架协议》和"四方会谈"为基础、以防核扩散和保持半岛稳定为主要目标、以对话为主要形式的"软着陆"政策,图谋通过扩大对朝的接触,促使朝鲜内部逐渐发生非激进的变革,最终将朝鲜纳入美国的战略轨道之中。[3] 美国采取了向朝鲜提供重油和粮食援助,敦促日本和韩国落实对朝鲜的资金承诺;推进四方会谈,支持朝鲜加入亚洲开发银行等措施来落实接触政策。但是,美国并没有放弃遏制的一面,始终没有完全解除对朝鲜的经济制裁,并在朝鲜半岛周边保持了强大的军事部署。

同时,美国还加强了与韩国之间的协调。美韩同盟是冷战的产物,是基于所谓"共产主义的威胁"而产生的。但它也是美国推行全球战略的重要工具,特别是在冷战后,美韩同盟针对"大国挑战"与"朝鲜威胁",实现了

---

1. Tae Hwan Kwak, "US Military-Security Policy toward the Korean Peninsula in the 1990s", The Korean Journal of Defense Analysis, Winter 1994, p240.
2. 高连福主编,《东北亚国家对外战略》,社会科学文献出版社2002年版,第464页。
3. 李成亚:《冷战后美国对朝鲜半岛安全政策》,《世界经济与政治论坛》2003年第5期,第65页。

角色和功能的发展与超越。1995年2月，美国在《东亚与太平洋地区安全战略报告》指出："美国与韩国的关系不仅是对条文的一种承诺，这也是我们国家支持和促进民主的一个重要组成部分，即使在朝鲜的威胁解除以后，美为地区安全起见，仍同韩国保持强有力的防务联盟。"1 美国认为："美在韩的军队将继续发挥遏制朝鲜半岛侵略并起到促进东北亚乃至整个亚太地区稳定的作用"，美与大韩民国之间的安全联盟是"美在朝鲜半岛一切外交、防务和经济活动的基础。"2 1997年韩国金融危机爆发后，金大中政府被迫放弃排他性的"自主国防"观念，美韩军事合作体制得到了进一步加强，国防部门高层互访不断，军工领域的合作广泛开展，联合军事演习也日益频繁。

在克林顿政府时期，美国的朝鲜半岛政策取得了明显成效，美朝关系得到了缓和，美韩关系也进一步加强，核问题被纳入谈判框架内解决，朝鲜半岛局势动荡的风险减少。小布什政府上台后，则以"鹰派式接触"或称为"对抗性遏制"的方式代替了此前的"接触性遏制"。2001年1月，布什就任总统不久即开始渲染"朝鲜威胁"，宣布中断与朝鲜的对话与接触，使一度升温的美朝关系骤然变冷。2001年5月1日，美国宣布朝鲜为七个支持恐怖主义国家的其中之一。2001年6月6日，布什宣布，他的外交政策班子已经完成了美国政府对朝鲜政策的审议工作，他将下令重开中断了3个月的对话，与朝方就众多议题进行"认真"的讨论。3 这表明，美国并没有放弃对朝鲜的接触政策。但是"9.11"事件后，美国将打击恐怖主义和防止大规模杀伤性武器的扩散作为其全球战略的重要目标，朝鲜成为其主要关注的对象之一。布什在2002年的《国情咨文》中将朝鲜与伊拉

---

1. 转引自王纯银：《朝鲜半岛安全形势展望》，《现代国际关系》1996年第6期，第10页。

2. 王传剑：《从双重"遏制"到双重"规制"——战后美韩军事同盟的历史考察》，《美国研究》2002年第2期，第40页。

3. 张哲：《布什要与朝鲜重开对话》，《解放军报》2001年6月1日。

克、伊朗及恐怖主义分子并称为"邪恶轴心",指称朝鲜"努力用导弹和大规模杀伤性武器来武装自己,同时却让它的国民被饿死","可能向恐怖主义分子提供这些武器"。[1]"邪恶轴心"论的出台奠定了布什政府对朝政策的基调,即以强硬施压为主,接触对话为辅。

布什政府在向朝鲜强硬施压的同时,进一步加强了与韩国的对朝政策协调机制。但是,美国政府的强硬政策与韩国这一时期推行的阳光政策存在明显分歧。2003年第二次朝核危机爆发后,美朝开始全面对抗,使主张对朝缓和的韩国陷入了非常尴尬的境地,韩美关系的不稳定因素也逐渐增加。2003年6月,朝核问题北京六方会谈的召开为协调各方立场提供了一个新的平台。这次会谈后,朝美在核问题上基本持克制态度,为今后的谈判预留了空间。此后的几轮六方会谈也确实取得了重要成果,9·19共同声明、2·13共同文件的发表为核问题的和平解决指明了方向。

但是,布什政府没有放弃对朝"更迭政权"的企图,而是将其隐藏在接触政策的表面之下,本质乃是遏制。相比较克林顿政府时期,美国停止与平壤的单独接触而鼓励美国的地区友邦和盟国同它接触,以此证明接触的无效性;同时强化施加给朝鲜的经济制裁和政治压力,以此配合实现朝鲜要么改弦易辙要么从此灭亡的目标。[2] 布什政府"拒绝提出一个全面的解决方案,其战略不是谈判,而是等待:让金正日的挑衅达到一定程度,各国政府都不再同情朝鲜,转而与美国一起孤立它"。[3] 布什在2003年5月底提出了"防扩散安全倡议",宣布将采取一切手段阻止大规模杀伤性武器在全球扩散,并准备建立防扩散安全倡议的同盟。目的在于寻求国家间的同盟合作,广泛地利用各国的法规制度、外交、经济、军事等各种工具,

---

1. "布什《国情咨文》全文", http://www.cctv.com/special/414/0/35855.html
2. Michael R.Gordon., "Threats and Responses :U.S. Readies Plan to Raise Pressure on North Koreans", New York Times, December 29, 2002, p. 1.
3. Larry Niksch, "Bush Ponders A Milutary Option", Far Eastern Economic Review, July17, 2003.

阻止大规模毁灭武器与相关设备与技术的海陆空运输与扩散。[1] 防扩散安全倡议的出台,不仅意在防止朝鲜扩散大规模杀伤性武器,更可以使美国在不进行直接封锁和制裁的情况下,阻断朝鲜从外部获得发展核计划与导弹计划所需要的原料、设备和技术,切断朝鲜出售导弹及其技术的外汇收入,实现从外部压垮的企图。此外,美国还停止了向朝鲜提供重油和援建反应堆,大幅减少粮食援助,推动联合国对朝鲜的制裁,使朝鲜的经济形势更加严峻。布什政府还制订了新的"5030"对朝作战计划,在东北亚地区建立战区导弹防御系统,在军事上始终保持对朝鲜的严密警戒。

(三) 奥巴马政府的朝鲜半岛政策

奥巴马作为民主党候选人入主白宫,适逢全球金融危机的蔓延和美国全球反恐战争进入新的阶段。因此,奥巴马首先要应对的是国内经济问题和反恐战争问题。在对外政策方面,其继承了民主党重视合作与协调的对外政策理念,同时开始修正前总统小布什的"单边主义"路线。奥巴马政府意识到,美国无法以单纯的强硬手段迫使朝鲜就范,只有将军事威慑与接触对话结合起来的综合性策略才能行之有效,这种策略"能够通过灵巧地运用各种力量,在一个稳定的盟友、机构和框架中促进美国的利益。"[2] 民主党人士、著名国际关系学者约瑟夫·奈指出,实力"有三个基本的实现手段:强制、酬劳和吸引力。硬实力是使用强制和酬劳的手段。软实力是通过吸引力获得期望结果的能力。"为此,他谏言奥巴马政府,美国"需要把硬实力和软实力手段结合起来的高明策略",[3] 即以"巧实力"为指导,践行"一个综合的大战略,结合所谓的军事硬力量与软'吸引力

---

1. "Proliferation Security Initiative", http://www.state.gov/t/isn/c10390.htm
2. Suzanne Nossel, "Smart Power", Foreign Affairs, Mar-Apr.2004, p.131-142.
3. [美]约瑟夫·奈:《美国成为"高明大国"途径:巧实力》,《参考消息》2009年7月5日。

量'"。[1] 国务卿希拉里在参议院外交关系委员会就其国务卿提名举行的听证会上全面阐释了"巧实力"外交理念,标志着"巧实力"理念正式被奥巴马政府采纳。她指出,现有的安全威胁要求美国政府"团结一切可以团结的力量,巩固原有联盟,形成新的联盟",以打开外交新局面。希拉里称,"我们必须使用被称为巧实力的政策,即面对每种情况,在外交、经济、军事、政治、法律和文化等所有政策工具中,选择正确的工具或组合","同朋友和敌人都进行接触","在敌意和复杂性中间寻找承诺和可能性。"[2]

在对朝鲜的政策上,奥巴马政府同样希望以多种"政策工具的组合"来解决以核问题为中心的一系列问题。奥巴马宣布有意延续小布什政府第二任期的方针,在六方会谈框架内与朝鲜对话,但却并不急于同朝鲜在"行动对行动"原则下达成新的协议。奥巴马上任时曾经强调,防止核扩散是美国对外政策最重要的目标。奥巴马政府难以容忍朝鲜拥有核武器,[3] 更加担心朝鲜的核扩散以及由此导致的全球核不扩散机制瘫痪。奥巴马政府对朝政策的战略意图是,尽力阻止朝鲜扩散大规模杀伤性武器,以适当的军事威慑阻遏朝鲜可能的军事冒险行动,同时集中精力应对金融危机与反恐战争,寻求热点问题冷却化,将朝核问题限制在可控范围内。

2009年伊始,朝鲜一度对奥巴马政府改善朝美关系抱有很大期望。朝鲜外务省发言人曾就朝美关系和六方会谈发表谈话时称,在朝美关系上,朝鲜向美国发出了"先改善关系,后解决弃核问题"的信息,强调"行动

---

[1]. Richard L.Armitage and Joseph S.Nye,"Implementing Smart Power∶Setting an Agenda for National Security Reform", Ceter for Strategic & International Studies, p.4.

[2]. "NOMINATION OF HILLARY R. CLINTON TO BE SECRETARY OF STATE", JANUARY 13, 2009, p.4, p.6 , p.9.
http://www.gpo.gov/fdsys/pkg/CHRG-111shrg54615/pdf/CHRG-111shrg54615.pdf

[3]. 信莲:"奥巴马政府宣布对朝外交方针:必须弃核",
http://www.chinadaily.com.cn /hqgj/2009-01/23/content_7422876.htm

对行动"原则。[1] 但奥巴马政府以"善意忽视"回应,朝鲜则对此进行了"恶意报复",[2] 致使朝鲜半岛局势持续紧张。对朝鲜的"恶意报复",奥巴马政府表现比较克制,没有采取非常强硬的举动,而是更加注重综合使用硬实力和软实力,试图通过多边外交、多重运作,敦促朝鲜重返六方会谈。奥巴马政府十分重视国际合作,依托联合国和国际原子能机构展开了一系列活动,并加强了与盟友及相关大国的合作,多次强调六方会谈的重要作用。朝鲜进行第二次核试验后,美国方面通过外交努力,促使联合国安理会通过了1874号决议,对朝鲜表示"最严厉的谴责"。另外,美国以书面形式明言向韩国提供"核保护伞",还表态支持日本"先发制人"打击朝鲜核设施,并决定将定期召开对日本的"核保护伞"会议。中美双方则重申将通过六方会谈,努力实现朝鲜半岛无核化,并保持朝鲜半岛的和平与稳定,同时强调两国会执行联合国安理会决议,努力通过和平手段解决朝核问题。

以外交手段促进国际合作的同时,美国也适度增强了对朝鲜的威慑力量。2009年5月28日,"里根"号航母战斗群起航开赴东亚。5月30日,美国空军第3次在冲绳"临时部署"F-22隐形战斗机。6月18日,国防部长盖茨下令向夏威夷增派一套战区高空区域防御系统(THAAD)和一套海基X波段雷达系统(SBX)。6月24日,奥巴马决定将对朝鲜的经济制裁延长1年。6月30日,美国封锁了朝鲜船只的武器运输。9月,美国在管辖范围内冻结了朝鲜原子能总局和朝鲜檀君贸易公司的资产,并禁止任何美国人同这两个朝鲜机构有生意往来。11月4日,美韩军队在韩国浦项附近海面举行了为期4天的大规模联合登陆演习。

奥巴马政府在面对朝核问题时,与韩国协调程度和一致性方面要明显高于前两届政府。2009年2月,美国国务卿希拉里在访问韩国时强调

---

1. 张滨阳、高浩荣:"朝鲜外交'新春攻势'瞄准奥巴马",
   http://news.xinhuanet.com/world/200 9-01/22/content_10702334.htm
2. 虞少华:《危机下的朝核问题走向》,《国际问题研究》2009年第5期,第34页。

美韩同盟是"超越地缘政治范畴的战略同盟",赞同韩国"美韩同盟是朝鲜半岛和东北亚地区和平与稳定的基石"的定位。[1] 同年6月,奥巴马与韩国总统李明博会见时发表了《美韩同盟联合展望》宣言,决定在朝鲜半岛、亚太地区和全球三个层面构筑"全面战略同盟",扩展了更加全面的战略合作关系。会谈中奥巴马明确指出,美国的安全保护伞包括美国的核威慑力量会保护韩国的安全。2009年底,美韩共同将"概念计划5029"升为作战计划,以应对朝鲜可能出现的5-6种巨变。[2] 这一名为"Operational Plan(OPLAN)5029"的计划,以条约形式规范了美韩在半岛问题发生包括朝鲜现政权垮台、区域战争、突发性难民潮或者核扩散等情况出现时两国的军事和政治责任及分工。[3]

2010年"天安"舰沉没和延坪岛炮击事件发生后,美国与韩国之间的合作又得到进一步提升。"天安"舰事件后,美国迅速表达了对韩国的"绝对支持",众议院通过决议强烈谴责朝鲜,敦促国际社会向韩国提供"一切必要的支持"。奥巴马命令驻韩美军"做好准备,制止朝鲜的可能入侵",五角大楼宣布与韩国举行联合反潜军事演习,美韩两国在对朝政策上达成了高度的一致。延坪岛事件后,美国更是与韩国高密度、高层次地举行了各种类型的军事演习,甚至在中国近海动用了核动力航母进行海空军演练。美国很好地利用和把握了这两个事件,达到了"一石多鸟"的目的。首先,利用朝鲜威胁加强了美韩同盟,拉住了具有离心倾向的日本民主党政府;其次,继续以拖待变,使朝鲜陷入被动,使朝核问题的主动权向美国一方倾斜;再次,借机加快战略重心东移,在军事上加强了对中国的威

---

1. Lindsey Ellerson, "South Korea Loves Hillary Clinton Too", http://abcnews.go.com/blogs/politics/2009/02/south-korea-lov/
2. [韩]"韩美军方完成应对朝鲜巨变的作战计划", http://chinese.yonhapnews.co.kr/allheadlines/2009/11/01/0200000000ACK20091101000100881.HTML
3. 《美韩制订计划 应对朝鲜变故》,《联合早报》2009年11月2日。

慑，巩固地区事务的主导权。

奥巴马政府上台后就自称是"美国首位太平洋总统"，[1] 多次强调"世界的引力中心正在向亚洲转移"，[2] 主张更多地参与亚洲事务，加速重返东亚与东南亚，以确保美国在亚洲的影响力。美国以朝核危机为由，进一步强化了东北亚地区联盟体系，巩固了其在东北亚的战略地位。在这个意义上，奥巴马政府的朝鲜半岛政策取得了一定的成功。但是，就朝鲜半岛问题本身而言，所积累的矛盾又进一步发展，朝鲜数次试射卫星，于2009年和2013年又进行了两次核试验，朝鲜在核武器实战化上的积极突破标志着奥巴马政府在防止朝鲜核武器纵向扩散上基本失败。

2013年，奥巴马进入其第二个任期。回顾其朝鲜半岛政策历程，可以发现美国政府是在谨慎地控制美朝关系的缓和进程，同时积极地推动美韩关系的巩固。在核问题上，美国并不急于彻底解决，而是严密监控朝鲜的横向核扩散。面对朝鲜的逼迫态势，美国在协调盟友应对的同时，十分看重多边交涉和对话，意在使中国、俄罗斯感受到来自朝鲜的核威胁，从而迫使这两个国家付出更多的努力。经历过近二十年的反复博弈，美国已经认识到，在朝核问题上持强硬态度无损其实力优势和霸权威望，反而有助于其站在无核化的道德制高点巩固其在联盟体系的领袖地位。美国以民主世界领导者的身份攻击朝鲜的意识形态、政治制度，摆出捍卫西方价值观念的姿态，也是其提升欧美世界凝聚力、维护西方主导的国际体系的一种策略。

随着朝鲜半岛问题的不断积累，虽然对美国主导的不扩散体系是一种威胁，但美国有效利用朝核问题加强了对中俄的威慑，强化了东北亚联盟体系；同时使与朝鲜有特殊关系的中国、俄罗斯(主要是中国)陷入了

---

1. "奥巴马为美亚关系定调 强调中国发展不是威胁"，
   http://www.chinanews.com.cn/gj/gj-gjzj/news/2009/11-14/1964717.shtml
2. 冯迪凡：《中国学者：如何同奥巴马打交道》，《第一财经日报》2008年11月7日。

非常被动的地步，中国审慎而克制的态度遭到了西方世界的普遍质疑。事实也证明，美国历任政府的压力政策对朝核问题本身的结局基本都没有起到作用。随着朝鲜核技术的不断进展，如何调整朝核问题与美国其他外交目标之间的关系，是对奥巴马政府朝鲜半岛政策的重大考验。

此外，奥巴马政府的朝鲜半岛政策十分倚重美韩同盟，韩国在同盟内部的自主性和独立性显著提高。在"天安"舰和延坪岛事件后，韩国决定全面修改联合国军司令部在1953年制定的交战守则，突破"在遭到攻击时要以对等的武器体系进行2倍的应对"的限制，韩方在受袭击后可以立刻出动战斗机并动用舰载炮反击敌人。[1] 韩国国防部长官金宽镇下达了允许各级指挥官"先打后报"的指导方针：如果遭到敌人的攻击，各级部队指挥官可以行使自卫权，根据"先采取措施后报告"的原则，对敌人的攻击源进行精确打击，以最大程度对挑衅进行遏制。美国参谋长联席会议主席迈克尔·马伦对此表示，韩国有权决定通过何种方式保卫自己的领土和国民的安全，美国对此将全力支持。[2] 到2015年，美军将向韩国移交战时指挥权，美韩联合军司令部也将被韩国联合部队司令部所取代，韩国军队的行动将不再受到美军的限制。这意味着，驻韩美军约束韩国在朝鲜半岛行动的功能大大削弱，朝鲜半岛局势的不确定性风险又增加了新的影响变量。

---

1. "韩国全面修改交战守则 灵活应对朝鲜"，
   http://news.xinhuanet.com/mil/2010-11/26/c_12818017.htm
2. "美国支持韩国行使自卫权应对挑衅"，
   http://news.xinhuanet.com/world/2010-12/08/c_13641013.htm

第三节　中美在朝鲜半岛的竞争与合作

中国和美国同样是朝鲜半岛事务的重要利益攸关方，围绕相关问题的互动由来已久。从20世纪50年代的兵戎相见，到90年代末的四方会谈再到新世纪的六方会谈。"中美两国在朝鲜半岛问题上已经逐步超越了长期以来的彼此对抗状态"，但是"在对话与合作逐步增多的同时，彼此之间的矛盾与分歧却依然存在。"[1] 这是因为，一方面"朝鲜半岛是中美两国在观点和利益上都相当接近的地区"；[2] 另一方面中美又存在着巨大的利益分歧。[3] 中美两国对朝鲜半岛的利益认知，对彼此的战略定位都影响着两国在朝鲜半岛上的竞争与合作。

（一）中美关系史中的朝鲜半岛问题

1950年6月朝鲜战争正式爆发，在此后的几个月内，美国和中国先后介入战争。这场突然爆发的战争对两国造成了巨大影响，成为双边关系全面恶化的开始，中美之间迅速发展成公开敌视、互相对抗的关系。朝鲜战争对中美关系的影响是显而易见的，但对于朝鲜战争是否是中美关系的分水岭这一问题，几十年来学界的研究成果颇丰却存在明显争议。一部分学者认为"朝鲜战争爆发，美国对中国产生深刻的恐惧和敌视，导致而且走向对抗，美国对新中国政策因而发生急剧变化"。[4] 朝鲜战争是

---

1. 王传剑：《朝鲜半岛问题与中美关系》，《国际政治研究》2005年第3期，第46页。
2. 罗伯特:A 斯卡拉宾诺.美国与亚洲(斯卡拉宾诺北京大学演讲集)[M].北京:北京大学出版社2002年版，第137页。
3. 参见 Niklas Swanström and Mikael Weissmann, "Chinese Influence on the DPRK Negotiations", Peace Review , 16:2 June (2004), pp219-224.刘阿明、姚晓玫：《朝鲜核问题与中美利益博弈》，《国际观察》，2007年第2期，第73-79页。
4. Tang Tsou, "America's Failure in China, 1941-1950, Vol.1", The University of Chicago Press, Chicago and London, 1963, pp.590-591.

中美关系的历史"分水岭","使中美两国由疏远走上政治和军事的全面对抗"。[1] 这些学者倾向于认为,中国加入朝鲜战争之前,美国对华政策存在着灵活性。美国采取了减少援蒋、宣布不插手台湾问题、允许与新中国进行贸易、在联合国代表权问题上松动等措施,试图与新中国进行接触。而中国被卷入朝鲜战争后,美国对华政策迅速走向全面遏制的道路。[2]

还有一派学者则认为,在朝鲜战争爆发前中美对抗的格局已经形成,中美双方不存在和解的基础;朝鲜战争期间中美军队交手只是对抗自然发展的产物,朝鲜战争不是造成中美关系逆转的突然事变。[3] 这些学者倾向于认为,在朝鲜战争爆发前,美国政府出于现实利益的权衡和意识形态的驱使,对新中国实行的就是全方位的敌视政策。"不是朝鲜战争导致了美国对华政策的突然逆转,而是美国敌视新中国的既定政策在它的政治战失败之后逐渐显露出本相"。[4] 而且,美国在国共内战中扶蒋反共的政策也使得中国共产党对美国难有好感,亲苏反美成为共产党领导下的新中国在冷战时代对外政策方向上顺理成章的选择。[5]

无论是强调历史的必然性,还是强调朝鲜战争的决定性作用,抑或两者共同作用。朝鲜战争对中美两国及双方关系产生了极为深远且广泛的影响,成为中美关系史上一个重要的转折点。一方面,中美双方都意识到两国在朝鲜半岛较量的代价是高昂的,两国的决策者在此后数十年间都

---

1. 袁明、哈里·哈丁主编:《中美关系史上沉重的一页》,北京大学出版社1989年版,第28页。
2. 参见林利民:《遏制中国——朝鲜战争与中美关系》,时事出版社2000年版,第9页。
3. 中美关系史丛书编辑委员会主编:《新的视野:中美关系史论文集》,第3辑,南京大学出版社1991年版,第237页。
4. 王建伟:《新中国成立前后美国对华政策剖析》,《世界历史》1986年第11期,第44页。
5. 时殷弘著:《敌对与冲突的由来——美国对新中国的政策与中美关系(1949-1950)》,南京大学出版社1995年版,第53-60页。

尽力避免直接的军事冲突,防止朝鲜式战争的重演。因此,尽管此后中美关系面临了多次紧张时刻,但两国都采取了相对谨慎、较为克制的态度,避免了再度兵戎相见。另一方面,朝鲜战争后中美关系缓和的余地荡然无存,开始了 20 多年的敌视与对抗。两国在朝鲜半岛南三角—北三角对抗格局中分属不同阵营,形成了朝鲜半岛历时 40 余年的冷战格局。

通过朝鲜战争,中国关于朝鲜半岛是国家安全屏障的意识被进一步强化,认为朝鲜半岛关系到"东北地区的安全得失……对华北地区的稳定和首都北京的安全,以及整个北部沿海地区的防卫都具有十分重要的作用。"[1] 中国与朝鲜"鲜血凝成的友谊"在战后发展成为一种"兄弟加同志"的同盟关系,中韩战场上的兵戎相见在战后自然延续成隔绝对峙的敌视关系。朝鲜战争也深刻改变了美国对朝鲜半岛及中国的认识。在朝鲜战争之前,"美国主要从反苏全球战争的观点审视朝鲜的战略重要性。……几乎不与对华战略发生瓜葛",朝鲜半岛对于美国的重要性被置于台湾和印支半岛(中南半岛)之后。朝鲜战争之后,美国国内反华、反共氛围急剧强化,麦卡锡主义盛行。中国迅速取代苏联,被美国列为其在远东地区的主要假想敌和最现实、最紧迫的威胁。朝鲜半岛作为遏制中国的前沿,其战略重要性也大大提高。[2] 美国向半岛南部的韩国提供全面政治、经济和军事支持,使之成为美国在远东全面遏制中国的前沿阵地与核心堡垒。

20 世纪 70 年代,中美关系开始逐渐改善。美国推行尼克松主义,鼓励亚洲盟友自己承担国内安全和军事防务的责任,朝鲜半岛局势也得到了某种缓和。1975 年,美国国务卿基辛格在访问中国时提出了朝鲜半岛"四方会谈"和"交叉承认"的设想。虽然这一设想在当时没有得到朝韩两国任何一方的积极支持,但朝鲜半岛的冷战氛围却得到了一定的缓和。在

---

1. 总参谋部军训部编:《中国军事地理》,解放军出版社 1989 年版,第 193 页。
2. 林利民:《遏制中国——朝鲜战争与中美关系》,时事出版社 2000 年版,第 374 页

整个七十和八十年代,朝鲜半岛局势都没有出现重大突破。中美关系却在这期间取得了重大进展,说明朝鲜半岛问题已经不再是两国关系的重大障碍。随着冷战的结束,意识形态的禁锢彻底被打破,中美关系进入到新的发展阶段,朝鲜半岛局势也出现了新的变化。推动中美关系发展的重要外部动力——苏联因素已不复存在,中美之间就台湾问题、最惠国待遇问题、人权问题等存在诸多分歧,而在经贸合作、地区安全、全球治理等诸多领域又存在着广泛利益,两国之间对立、竞争与合作都同时存在,朝鲜半岛与中美关系的互动也进入了新的阶段。

(二) 中美朝鲜半岛政策竞争与合作的态势

冷战结束后,维持东北亚地区均势的冷战格局并没有完全消融,"北三角"不复存在,而"南三角"却持续巩固和强化。再加上大国力量纵横交错、历史现实问题众多,东北亚地区的局势甚至比冷战时期更加复杂。中美两国作为最具挑战的崛起国和最具实力的霸权国,两者竞争理所当然,但并不意味两国之间无法合作。相反,两国应当通过合作来将竞争纳入可控的、和平的轨道。

冷战结束后,经济全球化的发展使得大国之间的相互依赖更加明显,彼此之间的利益关系也更加复杂,与冷战时期非敌即友的关系截然不同。在这种国际环境下,中美两国的领导人对双边关系有了新的认识。中国认为美国是中国经济发展的重要合作伙伴,同时又认为"霸权主义和强权政治依然存在",对美国保持了一定的防范和戒备。美国则一方面承认中国是其在经济、全球治理、反恐以及朝核问题这样地区热点问题上不可或缺的合作伙伴,但同时认为在苏联不复存在情况下,中国的快速发展将是美国主要的潜在威胁。

冷战后,朝鲜半岛局势也发生了新的变化。朝鲜核问题逐渐浮出水面,成为朝鲜半岛的核心问题,也成为中美关系中的重要议题。在第一次朝核危机中,中国的斡旋为缓解半岛紧张局势发挥了积极作用,中美两国在朝核问题上找到了"战略利益的交汇点"。在此后的四方会谈和六方会谈中,中美两国都进行了有成效的互动。在中韩建交以后,中国迅速提升与韩国的伙伴关系,在政治、经济方面进一步增强了对朝鲜半岛的影响力。美国也进一步加强了与韩国的政治和军事同盟关系。但是不可回避的是,中美两国在朝鲜半岛的利益各有所求,也都希望朝鲜半岛局势向着有利于己方的方向发展。这就导致冷战后中美两国围绕朝鲜半岛问题的互动是一种合作与竞争并存的态势。

第一次朝核危机的爆发使中美两国有了明确的共同利益,两国在朝鲜半岛无核化方面持有共同立场,阻止朝鲜研发核武器是中美共同的目标。在中国看来,美国与朝鲜是核危机的当事方,美朝关系直接决定半岛局势的走向。美国则认为,中朝传统关系和朝鲜对中国能源、粮食等援助的依赖使中国对朝鲜有特殊影响力,所以中国应当利用这些影响力"作出负责任的行为"。[1] 在此次危机的处理过程中,中国在美朝谈判陷入僵局时尽自己所能主动地探索了现实的协调方案,使朝鲜与有关国家沟通思想的渠道变宽。[2] 1997年10月,江泽民主席在访美期间与克林顿总统共同发表了《中美联合声明》,其中指出"维护朝鲜半岛的和平与稳定具有重要意义,双方通过四方会谈推动建立半岛的持久和平,并继续就此进行磋商。"[3] 中美两国第一次以首脑《联合声明》的形式,表达了对建立朝鲜半岛和平机制的共同愿望。但是,在这次核危机中,中美之间直接的接触并不多,中国与朝鲜和韩国的沟通、互动反而更加明显。

---

1. International Crisis Group. China and North Korea: Comrades Forever? Asia Report N0.1121, Feb 2006, p.4.
   http://merln.ndu.edu/archive/icg/northkoreachina.pdf
2. 詹德斌:《后冷战时代美国对朝政策的演变》,复旦大学2005年博士论文,第94页。
3. "中美联合声明(1997年10月29日)",
   http://news.xinhuanet.com/ziliao/2002-01/28/content_257084.htm

到第二次朝核危机时,中国的斡旋更加积极,中美之间的沟通、互动也比第一次朝核危机时频繁的多,层次也明显提高。在中美两国的直接政治接触中,包括在重大双边、多边政治互动场合,两国领导人都要就朝核问题交换意见,包括2002年江泽民主席访美期间、2003年、2004年APEC会议期间、2005年布什总统访华和联合国成立60周年首脑会议期间等。此外,中美外交、防务部门负责人也在多种场合就朝核问题进行磋商。六方会谈的顺利召开则是中美在朝核问题上合作的具体体现。2003年2月,美国国务卿鲍威尔访华时要求中国主持召开包括中、美、日、朝、韩在内的多边会谈。两个月后,由中国主持召开的中、美、朝三边会谈在北京召开。六个月后,六方会谈顺利召开。而中国和美国在六方会谈框架下的合作也使得会谈取得了一些重要的阶段性成果。

中美两国在两次朝核危机中合作的主要原因在于无核化的朝鲜半岛符合中美两国的国家利益。但是,两国在朝核问题上的分歧也是显而易见的。中国反对对朝鲜实施军事打击和进行严厉的经济制裁,但美国从未放弃过对朝鲜的经济制裁,并制定过详细的军事打击计划。这是因为,"在谋求半岛无核化目标的过程中,确保朝鲜半岛的和平与稳定同样重要,无核化与稳定是中国在朝核问题上的两大目标。"[1] 而美国最主要的关切是朝鲜的核计划,实现无核化是首要目标。为了迫朝弃核,不能只依靠外交手段,也应该施加足够的压力。况且,美国对朝鲜政权存在着根深蒂固的敌视。这些实际反映了在朝鲜核问题及其他衍生问题上,中美两国存在着明显的竞争性。

在朝核问题上,中国积极参与本身就是一种与美国进行竞争的趋向,是为了防止美国完全主导朝鲜事务和朝鲜事务朝着美国希望的方向发展。[2] 从第一次朝核危机的谨慎参与到第二次朝核危机的积极斡旋,中国

---

1. 崔立如:《朝鲜半岛安全问题:中国的作用》,《现代国际关系》,2006年第9期,第46页。
2. 陈宗权:《中美在朝鲜半岛问题上的互动之研究(1950年至今)》,复旦大学

愈发地认识到,自己不可能在这个问题上置身事外,如果朝鲜坚持与美国保持强硬的对抗态势,必然引发朝美这两个完全不具备对比性力量之间的冲突。在没有外界干预的情况下,冲突的结果将是朝鲜政权的崩溃和在美韩主导下的朝鲜半岛统一。那么,中国通过抗美援朝战争所形成的东北地区战略缓冲地带将不复存在。而且,朝鲜半岛发生冲突不论后果如何,冲突本身造成的不稳定对中国营造和平稳定周边环境的战略目标都是一种巨大的冲击。因此,中国从第二次核危机开始,积极主动地介入半岛问题,以防止美国占据支配性地位。而在解决朝核问题的手段上,中美两国也都希望通过自己所主张的方式进行。中国不断"呼吁有关各方保持冷静和克制、避免采取可能导致局势升级的行动","坚持通过协商和对话和平解决问题。"[1] 美国却坚持认为,"任何朝鲜放弃其核计划的希望都取决于中国是否愿意采取强有力的立场。为了无核化进程,中国必须认识到朝鲜核威胁的长期性对中国和地区而言,比不稳定这一短期风险更加危险"。[2] 中美之间的竞争性显而易见,而且比两国间的合作更具深层次性和长远性。

除了在朝鲜问题(核问题与其他问题)上,中韩关系与中美关系也出现了明显的竞争性。1992年建交之后,中韩关系发展迅速。2004年,中国大陆就取代美国成为韩国最大的贸易伙伴。截止2012年,中韩年度进出口总额达到了2151.09亿美元,是同期美韩贸易额1018.61亿美元的两倍

2008年博士论文,第229页。

1. "常驻联合国代表张业遂大使在安理会朝鲜核试验问题决议通过后的解释性发言", http://www.fmprc.gov.cn/chn/gxh/tyb/zwbd/wshd/t567542.htm2009/06/132009/05/25;"中华人民共和国外交部发表声明",
http://www.fmprc.gov.cn/chn/pds/gjhdq/gj/yz/1206_7/1207/t564332.htm
2. Charles L. Pritchard and John H. Tilelli Jr.Scott A. Snyder, "Independent Task Force Report No.64: U.S. Policy Toward the Korean Peninsula", Council on Foreign Relations, 2010, p.43.

还多。[1] 除了经济上的因素,中国发展与韩国的关系也有着战略上的考虑。中国外交以"周边为首要",朝鲜半岛作为邻近的战略要地,中国在此长期存在着重要利益。而发挥对朝鲜半岛的影响力,仅仅保持中朝传统友好关系是不够的。冷战后,中国在朝鲜半岛奉行了等距离外交,强调要同时与朝鲜和韩国发展友好关系。同时发展同朝鲜半岛南北双方的关系,会使中国拥有对朝鲜半岛事务更大的发言权。韩国方面也出于地缘上的毗邻、历史上的渊源、文化上的联系,以及中国崛起的现实这些因素,格外重视与中国的关系。

中韩建交20年来,三次提升了伙伴关系,这种迅速上升的势头无疑与美韩关系形成了一种相互竞争的关系。美国并不愿意看到中国对韩国的影响力超过自己,面对中国在政治、经济方面与韩国互动的日益频繁,美国则重点采取措施加强美韩之间的军事同盟关系。1995年2月,美国国防部发布的《美国东亚-太平洋地区安全战略报告》宣称要"更新和加强我们的同盟与友谊","同韩国保持强有力的防务同盟"。1998年发布的同类报告进一步强调"美国与大韩民国之间的安全联盟"是"美国在朝鲜半岛的一切外交、防务和经济活动的基础"。[2] 2003年,《美韩首脑联合声明》中又提出要把美韩关系提升到"全面、发展的新阶段"。小布什政府在已有美韩安全协商会议和美韩军事委员会会议的基础上又先后建立了"未来美韩同盟政策构想"和"美韩安全政策构想"两个互动机制。同时,美国还着手提高驻韩美军快速反应和作战能力,提高美韩联合军事演习的级别和规模,以增强美韩军事力量的威慑力。[3] 2008年,美韩商定在"价值同盟、互信同盟和和平同盟"的原则基础上,把传统的军事同盟关系提升

---

1. 数据来源:中国商务部网站。http://ccn.mofcom.gov.cn/spbg/show.php?id=13836
2. 王传剑:《双重规制——冷战后美国的朝鲜半岛政策》,世界知识出版社,2003年版,第251页。
3. 参见陈宗权:《布什政府对韩安全政策调整中的中国因素》,载《当代亚太》2006年第9期,第39-41页。

为全方位的"战略同盟关系",决定将构筑双边、地区乃至全球范畴内的"全面战略同盟"。美国还以书面形式向韩国提供了包括核保护伞在内的"延伸威慑"。

奥巴马政府上台后,提出了"重返亚洲"战略,有意加强在东亚地区的军事存在,以巩固地区事务的主导权。2010年"天安"舰事件的发生,则在客观上推动了美韩同盟的进一步强化,美军把战时作战指挥权移交给韩国军队的时间由原定的2012年4月17日推迟至2015年12月1日。2010年7月,美韩两国在首尔举行了首次外长、防长"2+2"会谈,商定将为应对包括来自朝鲜在内的任何威胁,保持迅速的联合防御能力,并继续在双边、地区乃至全球范围内深化同盟合作。[1] 除了加强同韩国的军事同盟关系之外,美国还加强了同韩国的经济关系,2012年3月,美韩FTA正式生效,这一协议的最初动机之一就是"加大在亚太地区的影响力,以平衡中国增长的影响力。"[2] 同时,美国开始大力推行"跨太平洋战略经济伙伴关系协定"(TPP),拉拢包括韩国在内的诸多亚太盟国加入,以增强自己在亚太经济合作中的作用。

冷战后美国加强与韩国的同盟关系是其亚太战略的重要组成部分。其亚太战略的核心目标在于"保持和增强对亚太事务的主导权,确保美国主导下的大国均衡。"美国担心"如果美国不为亚太地区提供可见的核心稳定力量,另一个国家就可能取而代之。"[3] 随着经济总量和军费总额都达到了世界第二,中国崛起不可避免地改变了东北亚地区原有的力量对比状态。中国与韩国之间规模庞大的经济联系、"鸡犬相闻"的地理位置和千丝万缕的文化纽带,再加上中朝特殊关系和由此带来的中国对朝鲜

---

1. "韩美举行外长和防长"2+2"会谈",
   http://news.xinhuanet.com/mil/2010-07/21/content_13893767.htm
2. 亦斐:《美韩自由贸易协定的亚洲意义》,《中国新闻周刊》2007年第13期,第55页。
3. 转引自吴心伯:《太平洋上不太平—后冷战时代的美国亚太安全战略》,复旦大学出版社2006年版,第198页。

半岛事务的特殊影响,都使得中国对韩国拥有重要的影响力。美国有意加强与韩国的同盟关系,无疑就是防止韩国向中国靠拢。韩国也需要美国的军事支持来应对朝鲜的威胁,统一问题也离不开美国的参与。而且,美韩之间的经贸联系也十分密切,韩国在经济、科技上对美国有着结构性的依赖,美国对韩国的巨大影响力将会是深层的和长期的。因此,中美在韩国以及整个朝鲜半岛上的竞争态势将会是一个持续性的过程。

(三) 中美在朝鲜半岛竞争的根源与合作的可能

中美两国在朝鲜半岛竞争的根源在于崛起国与霸权国之间的结构性矛盾。冷战结束以来,中国坚持以经济建设为中心,努力构建和平稳定的周边环境。但中国按照政治大国——经济大国——军事大国的走势稳步向前推进,不可避免地改变了东北亚地区原有的力量对比状态。而美国为维护其霸权地位,保持在东北亚地区的影响力与控制力,以军事力量为后盾,以同盟体系为依托,利用均势外交推行"分而治之"策略,努力维持着东北亚原有的"权力均衡"。对中国来说,巩固与朝鲜的传统友谊,加强与韩国的伙伴关系,强调和平解决相关问题,不仅是在维持国家安全的战略缓冲区、构建和平稳定的周边环境,也是推动边疆经济开发、实施"走出去"战略的现实需要。对美国来说,朝鲜半岛则是其亚太战略的重要支点和遏制欧亚大陆力量的"岛屿锁链"中的重要环节,朝鲜问题是美国在东北亚加强军力部署的重要借口,美韩同盟则是其战略实施的重要平台。

2012年,美国出台了最新的国防战略报告,明确指出未来防务投入重点将是从西太平洋到印度洋一线,亚太地区战略地位上升到和中东地区并重,甚至更高。报告明确指出"中国作为地区大国的崛起将从多方面对美国经济和安全产生潜在影响"。[1] 一方面美国指出中美两国"在维持亚太

---

1. "Sustaining U.S. Global Leadership:Priorities for 21st Century Defense", January, 2012, p.2.http://www.defense.gov/news/Defense_Strategic_Guidance.pdf

和平与稳定方面具有重大利害,在建立合作关系上拥有共同利益",另一方面又强调,"美国将继续采取必要措施确保地区介入权以及根据条约义务和国际法规范下的行动自由权"。[1] 这是继2001年美国提出亚洲地区"有可能出现一个有巨大潜力的军事竞争者,东亚沿海是特别具有挑战性的地区"[2]之后,进一步明确了在东亚的竞争对手。中国还首次同伊朗一起被列为"追求不对称手段,以反制美国的武力投射能力"[3] 的国家,美国对此将采取反制措施,以确保行动自由。

中美关系虽然存在着不可避免的竞争性,但在朝鲜半岛事务中,无核化和防扩散的共同利益又使得中美之间的合作成为可能。经历两次朝核危机后,事实证明中美合作能够有效缓解危机,同时也表明中美两国的竞争性是客观存在的,两国很难在朝核问题上进行积极的、完全信任的合作,也就难以在短期内一劳永逸地解决朝核问题。那么,中美两国合作的方向应当不仅仅在于两国共同关心的事务,也应该在着手就两国的冲突性利益进行消极合作。所谓消极合作主要是指通过预防潜在的冲突或对抗的发生,或者限制这些冲突和对抗所产生的破坏效应,以减少相互不利利益给彼此造成的损失。[4]中美两国在朝鲜半岛上的合作应当通过会谈、磋商等方式澄清彼此的目标,"促成双方更好的相互理解,减少战略不信任产生的基础"。[5] 在此基础上降低彼此希望对方让步或改变立场的预期,

---

1. "Sustaining U.S. Global Leadership: Priorities for 21st Century Defense", January, 2012, p.2. http://www.defense.gov/news/Defense_Strategic_Guidance.pdf
2. U.S. Department of Defense," Quadrennial Defense Review Report", September 30, 2001, p.4.
3. "Sustaining U.S. Global Leadership: Priorities for 21st Century Defense", January, 2012, p.4. http://www.defense.gov/news/Defense_Strategic_Guidance.pdf
4. 阎学通:《对中美关系不稳定性的分析》,《世界经济与政治》2010年第12期,第16页。
5. 王辑思、李侃如:《中美战略互疑:解析与应对》,北京大学国际战略研究中心2012年3月印发,第50页。

增加两国政策的务实性。当前朝鲜核问题依然面临严峻挑战,朝鲜"将开发核武器选为金正日留下的最伟大的遗产之一",[1] 朝鲜新领导人为巩固权力将会继续金正日时期的主要政策。如果中美两国在对朝鲜政权的态度、解决朝鲜问题的方式上坦言分歧,就能够降低获得对方支持的心理预期,从而不至于因对方不符合自己的预期政策而太过失望,就能防止双方采取过度竞争战略导致的地区局势与双边关系的波动。

中美两国在朝鲜半岛的竞争中,最危险的方面就是军事冲突的发生。冷战结束至今,朝鲜半岛突发性事件时有发生,[2] "天安"舰事件和延坪岛事件使半岛南北双方走到了战争边缘,并使中美军事关系一度陷入紧张。中美两国都不希望朝鲜半岛事务诱发两国的军事对峙,"中国要保证一个持久的和有利于经济建设的和平环境,就会必然寻求避免与美国发生战争,而美国同样也绝不想与一个核大国开战。"[3] 在这种情况下,中美两国应该通过合作加强对区域安全的管控能力。由于中美建立全面军事互信机制面临着诸多困难[4],因此两国可就朝鲜半岛事务探讨建立一个处理突发性事件的危机管理机制。这一机制应当能对可能的突发性事件发出预警,在事件发生后使中美双方能够及时沟通信息、有效协调政策,防止危机升级乃至爆发冲突。

---

1. [韩]"朝鲜:金正日最伟大遗产为研发核武器",
 http://chinese.yonhapnews.co.kr/allheadlines/2011/12/28/0200000000ACK20111228002200881.HTML
2. 1997-2010 年,韩朝双方仅在西海海域发生的海上军事冲突就达 10 多次,死伤近 200 人,陆上交火、游客被杀、非法入境等事件也时有发生。
3. 阎学通:《对中美关系不稳定性的分析》,《世界经济与政治》2010 年第 12 期,第 29 页。
4. 中方将美国阻滞两国军事关系发展的问题归结为三个主要的方面:美对台出售武器;美舰机对中国近海实施大范围、高强度侦察;美国内的歧视性法 律,如一些法律限制对华高技术出口、限制两军交往领域等。也被称为"三大障碍"。

在对韩政策上,中美两国也需要处理好这个特殊的三角关系。中国需要对美韩同盟和中韩关系有一个客观认识。中国需要接受美韩同盟将会长期存在这样一个客观事实,要认识到"与经济力量相比,军事力量处于支配地位",[1]中韩紧密的经贸合作无法超越或替代美韩同盟对于韩国安全与外交的基石作用。目前,"韩美之间的各种条约、协定数量已经有260多个,韩中之间只有70个左右"。[2] 中韩关系在制度化方面明显落后与美韩关系,依然存在很大的发展空间。而且,中国的崛起也使的韩国在重视中韩关系时也十分依赖美国来平衡中国的影响力。特别是"天安"舰事件以后,中韩关系经历了严峻考验,美韩关系却得以进一步强化。

中韩战略合作伙伴关系与美韩同盟关系具有内在矛盾性,如何在中美之间寻找合适的平衡点不仅关系到韩国自己的利益,也事关朝鲜半岛局势和中美关系,"中美韩'三国演义'演不好,半岛南北就永无宁日"。[3] 中美关系的和解与发展,曾使韩国在政治、安全、经济等各个方面获益匪浅,但中美之间的分歧和矛盾也常常会影响韩国。反之,韩国出现的某些问题,有时也会影响和拖累中美关系的发展,甚至使中美关系陷入困境。[4]当前的中美关系本身就具有不稳定性,如果"其他国家利用中美关系的不稳定性加剧矛盾,把中美拖入双方本来没有意想到的或者不愿意的冲突当中去",[5] 后果将是极其严重的。"天安"舰事件之后,韩国在引入美国航母进入黄海演习、强化美韩军事合作等问题上,较少考虑中国的安全关

---

1. [美]罗伯特·基欧汉、约瑟夫·奈著,门洪华译:《权力与相互依赖》,北京大学出版社2002年版,第18页。
2. 董向荣、李永春、王晓玲:《韩国专家看中国——以中韩关系为中心》,《现代国际关系》,2011年第5期,第61页。
3. "张敬伟:韩国须在中美之间找准外交平衡点", http://opinion.nfdaily.cn/content/2011-06/10/content_25274041.htm
4. 石源华、[韩]文恩熙:《试论中韩战略合作伙伴关系中的美国因素》,《东北亚论坛》2012年第5期,第16页。
5. 曹怡婷:《他国或利用中美关系不稳定渔利》,《东方早报》2012年5月3日。

切和感受,不仅影响了中韩关系,也对中美关系产生了冲击。对此,中美两国应该考虑到地缘政治"支轴"国家对于"棋手"国家的调度,采取主动行动防止由此导致的战略互疑乃至对抗。

第四章 虚幻的同盟：美日韩安全三角

二战结束后，美国与日本、韩国分别缔结了军事同盟条约。日本与韩国在美国撮合下，经过一系列曲折过程，建立了某种性质的准联盟关系，美日韩三国由此结成一种特殊的三角安全协作关系。在整个冷战期间，日韩之间的合作尽管存在美国作为盟主的诱压，或外部威胁的逼迫，然而其实质终究是一种战术性的合作，两国从根本上缺乏深层次战略性合作的基础，缺乏实质性同盟关系所必须的战略和解和威胁认知。美国事实上只能以一种基于双边同盟的方式来管理其在亚洲的这两个主要盟国，只是在冷战后，针对朝鲜的核威胁美国才得以勉强撮合成某种形式的三边主义管理模式，即美日韩三边共助体制(TCOG)，然而这一机制的运作却时断时续，效果不佳。自韩国总统李明博执政以来，美国一直伺机酝酿恢复和加强这一三边磋商机制，然而其政治前景迄今依然不被看好。

第一节 冷战以来的美日韩三角关系

一、冷战时期的美日韩安全关系

战后初期的 20 年(1945-1965)，韩日两国间始终充满着激烈的敌对与仇恨。两国相互间的轻蔑程度是如此之甚，以至于前韩国总统李承晚在朝鲜战争尚在进行之时就表示，"他宁可向共产主义的北朝鲜承认失败，也不要日本的战争支援"。而当时的日本首相吉田茂也对汉城方面对日本殖民暴行的抨击全盘否认，并不顾美国的劝告，拒绝与韩国领导人见面。

作为美国在东亚地区反共前沿的两个重要盟国,日韩之间激烈的情感碰撞与利益争斗自然是美国所不乐见的。然而,在1963年前,除了少数东亚事务专家外,美国对促进日韩两国和解的政策是不明朗的。美方认为,也许美国发挥的领导作用可能会对日韩双边谈判有所促进,但这一政策可能会导致更大的政治风险:将使东京和汉城都可能因为屈从于美国的压力而遭到各自国内反对派的攻击,而且将会破坏两国最终达成的协议的合法性。[1]

然而,到1964年,亚洲冷战气氛的加剧却使美国的态度发生了急剧的变化。首先美国认为中国的威胁越来越大,在中苏分裂后,中国与朝鲜签署了相互防御条约,中国对东南亚革命运动的明确支持,表明一个"亚洲共产主义前线"已经得到巩固。中国核试验的成功及随后在台湾问题上的激烈言辞,更加剧了美国对中国威胁的认知。二是"东京湾决议"在1964年得到美国国会的通过,约翰逊政府对越南的军事干涉已如箭在弦上。在这一情况下,从其大战略出发,美国决定立即着手干预日韩关系正常化的谈判。美国认为日韩关系正常化后,日本对韩国的援助和贸易将推动韩国经济恢复,并在对抗朝鲜的过程中保持国内的政治稳定,从而减少美国在卷入印支后的负担。

此外,美国认为日韩关系的正常化将会对日朝之间的潜在关系发展预先起到抑制作用。从长远看,美国认为日韩关系的正常化将有利于实现在朝鲜半岛稳定后美国从半岛最终撤军的目标。为此美国采取了三方面的措施来促进日韩之间的谈判:一是在1964年和1965年,约翰逊政府的所有官员在与日韩进行的双边会谈中都将日韩关系的正常化作为首要的重点;二是美国在日韩两国谈判的所有关键时刻都直接出面劝告两国领导人克服国内的反对力量,这一点在韩国尤为突出;三是美国尽其

---

1. Edwin Reischauer to McGeorge Bundy, 21 August 1964, "Korea, Vol. I", Korea Country File, National Security File, Box 254, Lyndon Baines Johnson Library.

所能满足两国不同的竞争性的要求。从美国国务卿迪安·腊斯克1964年对两国的访问到约翰逊写给李承晚的亲笔信，再到派遣特使约翰·爱默生到韩国，美国可谓竭尽全力。难怪后来美国驻日大使赖肖尔(Edwin O. Reischauer)认为"日韩关系正常化条约是其个人最重要、最持久的成就之一"。[1]

美日韩三国基本协调的关系随着1969年"尼克松主义"的出台很快呈现出新的局面。美国的联盟政策发生了三方面的变化：一是美国表示将继续遵守现存的条约承诺；二是美国将继续对所有受到核威胁的国家提供核保护伞；三是在常规的军事冲突中，美国将根据条约提供一些安全和经济援助，但它希望盟国能够承担主要的防卫负担。尽管尼克松主义适用于所有盟国，但它主要是针对亚洲盟国的。1970年3月的"第48号国家安全决定备忘录"，要求从韩国撤走一个步兵师。尽管美国此次撤军主要是因为尼克松针对越南问题而进行的，然而事实上，美国早在1963-1964年就已在考虑从韩国撤出部分军队，因为美国认为韩国60万军队和两个美国整编师对于防御朝鲜的进攻显得过于昂贵、过于保险了。[2] 但1964年有关撤军7000人的动议后来因为韩国同意向越南派兵而被暂时搁置。美国从朝鲜半岛缩减驻军的战略引起了韩国方面的高度警惕，尤其是美国在1968年1969年对朝鲜三次挑衅性举动[3]做出的被动和软弱反应，严重削弱了韩国对美国防务承诺的信心。从韩方来看，美国的不作为其意义非常明显，"如果世界上最强大的国家不采取任何措施打捞它的船只或拯救服务于其国家的人民，那么，它又能替韩国做些什么呢？"[4]

---

1. Edwin O. Reischauer, "The Sinic World in Perspective", Foreign Affairs, Vol. 52, No.2, January 1974, p.46.
2. Memo, Komer - the President, 22 January 1964 (declassified, 14 July 1993), in "Korea, Vol. I", KCF, NSF, Box 254, LBJ Library.
3. 指1968年朝鲜特种部队轰炸青瓦台、击沉美国海军情报船"普韦布洛号"及1969年4月击落美国高空侦察机 EC - 121。
4. New York Times, 10 - 18 February 1969

1970年的撤军行动更进一步证实了汉城最大的疑虑,韩国在气愤与失望之余,产生了强烈的被抛弃感。

在这方面,日本的情况也好不了多少。尽管美国的政策对日本的影响并不像对韩国那么直接,但朝鲜的挑衅性行为也对日本产生了强烈心理冲击。在EC-121侦察机被击落后,日本政府不顾国内反对,继续支持美国在日本外海的侦察行动。对中国不确定性的担忧更加剧了日本的威胁认知,认为文革中的中国充满了反资本主义的言论,拥有核武器又卷入与苏联公开的军事冲突。由于"尼克松-佐藤协议"中同时包含了"涉台条款",即日本允许美国使用其驻日基地防御台湾,因此日本遭到中国的强烈谴责。1970年4月周恩来总理对朝鲜的访问更被日本认为是亚洲共产主义得到进一步巩固的表现。在此背景下,日本对美国撤出亚洲的担忧非常明显。1970年初,日本外务省的防卫厅官员开始每月召开政策计划会议,其讨论的重点就是美国可能撤离亚洲的问题。日本还对尼克松的"五大中心说"深表担忧,因为日本认为,根据美方的言论,这五大中心不是产生于冷战中的"钢铁联盟",而是大国力量平衡的结果。同样让日本感到忧虑的是尼克松主义中所包含的明显的"欧洲中心主义"。在其1970年所作的外交政策报告中,尼克松明确表示"从欧洲撤军如同从阿拉斯加撤出一样是不可能的"。[1]

在此背景下,日韩之间迅速强化其安全合作,主要体现于三个方面:收回冲绳、"涉韩条款"及在军事问题上日韩两国政府间的互动。韩方认为日本收回冲绳基地的事情不仅仅是美日之间的问题,并始终对美日有关冲绳收回的谈判高度关注。佐藤政府就此问题与韩方进行了磋商,并"对冲绳之于韩国和日本防务的重要战略价值予以确认"。韩方认为日本的态度是一种"积极的迹象",并不再采取"胁迫和边缘政策"对日方进一步

---

[1] Robert E. Osgood, the Weary and the Wary: US and Japanese Security Policies in Transition, Johns Hopkins, 1972, p.45.

施加压力。而冲绳收回协议的顺利达成,也保证了"涉韩条款"得以实施和具体化。这两个协议成为日韩合作关系的一个分水岭:"涉韩条款"事实上成为了日韩两国直接安全关系的象征,使日韩关系具有了准军事联盟性质。虽然这一条款是在美日两国首脑宣言中表达的,但其用意却是为了进一步巩固美日韩三角中的"短腿"。日本对"涉韩条款"的正式承认事实上也使朝鲜半岛被纳入日本的防御圈内,而且日本在提到"涉韩条款"时使用了"大韩民国"(Republic of Korea)而不是"朝鲜半岛"(Korean Peninsula),表明日本承认其安全利益取决于韩国的防卫,而不是由朝鲜半岛南北平衡来实现的。"涉韩条款"还提到"韩国的防卫对于日本来说是必要的,而台湾的防卫对于日本来说只是重要的"。另外,日本佐藤政府还克服强大的国内政治压力,答应为韩国的第三个五年发展计划提供10亿美元的巨额经济贷款,并认为"这是为了日本防卫而进行的一项明智的投资"。[1]

　　1971年和1972年的中美高层接触,标志着两国的和解和亚洲大缓和时代的到来。然而,这种大缓和的突然降临却在美国多边和双边的同盟体系中引起了不同的抛弃与牵连忧虑。相对于60年代末,日本这次对于美日关系没有产生太大的被抛弃担忧,而韩国对于被抛弃的忧虑却丝毫未减。这种不均衡的忧虑预示了日韩对美国的缓和政策的不同理解,也同时影响了日韩之间的双边关系。尼克松的中国之行起初使日本感到了"越顶外交"的巨大压力,但它很快适应了亚洲冷战缓和的局面。并决定抓住这一历史性的机会与中苏建立一种新型的关系。日本田中政府表示将取消所有的"台湾条款",认为这是影响中日良好关系的最大障碍,中国方面也做出积极反应,放弃了1953年所确定的与日方对话的五个前提条件,并在1972年9月,由周恩来宣布中国不再反对美日安全条约。[2] 另外,北

---

1. Japan Times, 25 July 1970.
2. Chae-J in Lee, Hiden Sato, eds., US Policy toward Japan and Korea: A Changing Influence Relationship, New York: Praeger, 1982, pp.61-62.

京方面还中止了所有的反日宣传。中日两国关系高潮便是 1972 年田中与周恩来的会谈，这次会谈促成了中日两国关系的正常化，并改变了日本对中国威胁的认知。日苏之间也进行了外长级的会谈和最高级会谈，虽然未能取得重大进展，但减轻了日本对苏联威胁的巨大担忧。

反观韩国，与日本不同，韩国政府对亚洲冷战的缓和采取了一种模糊不清的态度。它认为美日与苏中之间发表的所有公报或宣言都只不过是"政治戏剧"，中苏两国并没有做出任何实质性的、建立信心的让步，这表明中苏两国的意图仍然是侵略性的。因此，在美日都认为紧张已经缓和的情况下，韩国却只看到威胁。朴正熙认为："只有我们韩国人，具有个人的体验，能确知亚洲共产主义的威胁有多么可怕。"[1] 对于尼克松与周恩来的会谈及尼克松对长城的参观，朴警告尼克松要"保持正确的方向感"，并诬蔑那些欢呼缓和的人是"爱幻想的浪漫主义者"。总之，70 年代初，韩国越来越成为亚洲地区"被孤立的、惟一的冷战斗士"。[2]

韩国政府认为：超级大国之间的缓和反映了美国战略的根本改变，美国的政策将只注重在国际体系的核心保持稳定，而不再注重在边缘地带保持威慑；在东亚，美国将降低其传统盟国的作用，提升中国的作用，并将中国作为这一地区的主要伙伴；美国之所以采取这一政策，不是因为其冷战政策的成功，而是由于冷战政策的失败。朴正熙还认为缓和赋予朝鲜更大的对付韩国的战略优势。韩国对美国的抛弃忧虑是如此之甚，以至于韩国政府在 1972 年提出了秘密发展核武器计划。1975 年朴正熙接受美国新闻记者的采访时表示："如果美国的核保护伞被撤销的话，我们必须发展我们的核能力以拯救我们自己。"美方参与阻止韩方发展

---

1. Lee Chong-sik, "The Impact of Sino-American Detente", in Gene T. Hsiao, ed., Sino-American Détente and Its Policy Implications, New York：Praeger, 1974, p. 198.
2. Victor D. Cha, Alignment despite Antagonism：The United States-Korea-Japan Security Triangle, p. 109.

核计划的谈判代表事后也承认,"尽管朴发展核武器的计划接受了错误的建议,是情绪性的和随意的,尤其是他认为这一计划不会受到美国的监视,但鉴于美方的态度,必须承认韩方有理由担心其未来的安全"。[1]

韩国对亚洲缓和的基本认知与日本的政策也产生了一系列的磨擦。在尼克松宣布访华之后,日本首相佐藤立即表示日本将对其朝鲜半岛安全政策进行重新思考,并表示,为防卫韩国而使用日本基地将不再被认为是"自动的"。在1972年佐藤与尼克松的联合公报中,已沿用三年的"涉韩条款"被省略。日本方面担心被牵连的动机直接导致了日方的对韩政策行为。因为日方认为,缓和已大大降低了苏中两国的威胁,而且美方的保证也缓和了日方被抛弃的担心,因此日方认为不再需要"涉韩条款",而且认为这一条款对于日本的国家安全来说是有害的,它与缓和的潮流是相背的,且它只会刺激朝鲜、中国和苏联。于是日方寻求重新解释1969年的"涉韩条款",这次所提的不再是韩国的安全,而是"整个朝鲜半岛的安全对日本安全来说是必要的"。[2] 日本的态度令韩国的被抛弃感进一步加深。因为美苏、美中的缓和及尼克松主义脱离亚洲的政策,使得日本遵守涉韩条款成为韩国威慑战略可信性的惟一关键因素。然而,佐藤政府最终没有满足朴正熙的愿望,韩国由此批评日方在修改"涉韩条款"时没有与韩方进行事前磋商,并尖锐地批评日本对华政策是"急切和不负责任的""使韩国处于一种最不利的地位"。[3] 日韩之间的磨擦还体现于其他一些问题,如日本对朝鲜政策、日本政治团体对朝鲜的访问、日本媒体对韩国国内政治的批评等,尤其是日方对金大中绑架问题的处理方式使日

---

1. Richard Sneider, The Political and Social Capabilities of North and South Korea for the Long-Term Military Competition, Santa Monica, Calif.: Rand Corporation, 1985, p. 73.
2. Victor D. Cha, Alignment despite Antagonism: The United States-Korea-Japan Security Triangle, p.117.
3. See interview of Kim Jong-pil, New York Times, 11 August 1972.

韩关系跌到了历史的最低点。

　　70年代中后期,冷战气氛的重新上升进一步加剧了韩日两国的不安全感,而一个士气严重受挫并被国内问题撕裂的美国对于在亚洲地区过分的卷入根本缺乏激情。卡特时期的亚太联盟政策在这一时期的一个重要表现,就是寻求从韩国全部撤军。很奇特的是,与60年代末的情况相似,日韩面对共同被美国抛弃的忧虑及对新威胁上升的恐惧,促使两国再度确认关系并重新加强双边合作。70年代下半叶,美苏关系由于苏联的非洲和中东政策,尤其是对阿富汗的入侵而急剧恶化。福特总统1975年对北京的访问也没有产生任何实质性的进展,甚至未能发表一个联合公报。与缓和终结相伴而生的是美国对亚洲的明显脱离。在1977年1月26日的总统评估备忘录(NSC13)中,卡特命令相关部门和机构领导制定美军撤出朝鲜半岛的初步计划。1977年5月的NSC12制订了撤军的时间表,要求在1978年前撤出一个作战团,到1980年6月再撤出第二个团和所有的非战斗支援人员,而撤出所有人员、美军总部和核武器的工作也将于1982年全部完成。[1] 美国的撤军计划主要基于以下几方面的考虑:去除支持盟国所导致的经济负担,相信韩国的国防能力已能够使美军撤出代价高昂的地面部队;二是他相信美军在朝鲜半岛的存在,尽管在短期看是一种稳定的力量,但从长期看,对于南北朝鲜的和解与和平是有害的;三是根据卡特政府道义性的外交政策,这届美国政府从根本上怀疑美国海外驻军的合法性。

　　此外,卡特政府还将撤军决定与朴正熙政府对人权的破坏相联系。当然,更重要的是,美国在越南战争以后,对于深陷于亚洲非常头疼,一种新的孤立主义情绪在美国非常盛行。然而,由于国会压力及盟国反对,卡特被迫将撤军计划推迟到1979年。卡特的撤军计划引起了韩国方面强

---

1. Victor D. Cha, Alignment despite Antagonism: The United States-Korea-Japan Security Triangle, pp. 114-115.

烈的安全焦虑,因为一旦美军撤走,撤去其在半岛的"绊网"(tripwire)功能,那么美国将来就不会马上卷入朝鲜半岛的任何紧急情况。而且美国做出这一单方面的决定时,事先并没有要求苏联和中国约束平壤不采取任何冒险行动。在1979年美韩两国首脑会议上,朴正熙愤怒地指责卡特的撤军计划,使卡特非常恼怒,以至于卡特说:"如果他再这样的话,我将从这个国家撤出所有的军队。"[1]

如果说日本在越战以后对被美国抛弃的恐惧就已经产生,那么,美国这次从韩国全面撤军的计划则使日本的焦虑进一步上升,并导致其整个安全思维的变化。这种焦虑主要集中于四点:一是日本确信美国将会有更大的从亚洲撤出的计划;二是面对苏联在远东军力的增长,在美国缩减驻军的时候,日本感到非常脆弱;三是美国在做出这么重大的决定时不与盟国商量,表明美国不是一个值得依赖的盟友,并反映出美国仍然主要专注于欧洲而继续忽视亚洲;四是这一撤军计划对日本的安全政策可能带来一系列严重后果,意味着日本已不能再将防务责任推到美国身上而将被迫承担更大的安全负担。美国的撤军计划势必使朝鲜半岛的安全更难保证,并驱使日本被迫考虑常规军备和核武器问题。日本首相福田明确表示,美国从韩国撤军是"极其不明智的",将"对本地区的力量平衡产生潜在的灾难性的后果"。[2] 美国从韩国撤军的计划还引发了日本国内就一向视为禁忌的安全问题展开全国性大争论,并认为卡特"切断了日本的生命线"。

在这种情况下,日本和韩国再次加强了合作,主要表现为:一是重新制订了新的"涉韩条款",二是两国间的政治和解,三是两国经济关系重新恢复,四是对朝鲜采取一致态度。1975年8月日韩两国首脑会晤时,双方

---

1. Victor D. Cha, Alignment despite Antagonism：The United States-Korea-Japan Security Triangle, p.150.
2. Newsweek, 10 January 1977.

明确表示:"韩国的安全对于维护朝鲜半岛的和平是必要的,而朝鲜半岛的和平对于东亚的和平与安全包括日本的安全也是必要的。"与此同时,日本外相也一再向外界表示,韩国的安全是日本的"巨大关切",日本将加强和深化与邻关系。1975年5月两国恢复了自1973年中断的联合部长会议,6月两国成立了日韩两国议员联盟,以加强两国立法机构之间的联系并协调对朝政策。

到了里根时期,美日韩三角安全关系又发生新的变化。80年代,里根政府的主要目标就是要重建美国的全球力量和地位,在亚洲,这一"以实力求和平"的政策便转化为美国对其亚洲盟友安全承诺的重新确认。1981年里根邀请全斗焕访问美国时向后者表示:"美军将无限期地驻扎在韩国"。与此同时,美国也加强了与日本的盟友关系。里根本人还与日本首相中曾根康弘建立了良好的个人关系。美国的这些行动重建了其在这一地区的同盟可信度,有效地排除了卡特时期日韩两国对被美国抛弃的担忧。

在这一时期,虽然日韩两国对美国的安全承诺具有更大的信心,但两国关系并未表现出对利益的争夺和合作性行为的减少。相反,日韩进一步加强了各领域合作,两国关系得到进一步发展。1983年,两国举行了自双边关系正常化以来的首次高峰会谈。1984年,日本天皇对过去日本侵略韩国的历史进行了公开的道歉。日韩两国的经济相互依赖也进一步加深,两国还达成了史无前例的40亿美元贷款协议。美国对日韩两国的敦促和美国对日本更大的安全角色的期待,也驱使日方放弃与韩国的情感争斗,采取了一些与韩国合作的具体行动。但美国坚定的联盟承诺也限制了日韩取得更大的合作成果。在两国的贷款谈判中,全斗焕政府在1981年提出动议时一再强调是韩国"需要"(demand)这些资金,而不是"请求"(request)日本给予这些贷款。韩方还表示日本所给予的这些贷款只是日本为其殖民统治向韩国所支付的第二轮赔偿,,而且由于韩国为本地区承担了大部分的防务责任,因此日本必须为其搭便车支付"安全租金"。韩方的这一立场显然在根本上起源于其对美国重新加强联盟关系的信心,既然美方要求美日韩三国结成对付苏联威胁的统一阵线并要求日本承担更大的防卫责任,那么韩国便有理由要求日本提供经济援助,以加强韩国在朝鲜半岛的军事威慑力。日方对韩方的上述说辞自然非常恼怒,认为这是一种讹诈,强烈反对将对韩方的贷款当作是其应缴的安全租金。两国间爆发的激烈争吵一度使双边会谈不欢而散。此外,两国关系还因为1982年的日本教科书事件和1985年中曾根参拜靖国神社问题而一度陷入危机。

但在80年代,日韩两国矛盾的焦点主要还是表现在对朝政策方面。尽管苏联的威胁继续存在,但由于对被美抛弃的忧虑大大降低,日韩两国对于朝鲜威胁的程度、对于"安全是否充足"问题出现了明显的认知差距。日本认为重新恢复活力的美日、美韩联盟使日韩处于一种更加安全的地位,因此朝鲜半岛的和平应通过促进与敌对政权的共处来实现。这意味着日本将一方面维持与韩国的传统关系,另一方面将引诱朝鲜方面与西方国家发生关系。日方还认为孤立和缺少对话的政策只会加剧朝鲜的被包围感,致使朝鲜更可能采取挑衅姿态。韩国在80年代初也推行过与朝改善关系的政策,并取得了一定成效,但在1983年仰光爆炸案和1987年劫机事件后,便认定朝方具有侵略意图,其安全焦虑也迅速上升。在1983日韩首脑会议和1984年部长级会议上,两国在对朝政策上都未能达成共识。日方拒绝在联合声明中专门将朝鲜指明是"安全威胁",并表示它在支持南北对话的同时,不排除将开辟与朝鲜发展关系的渠道。而韩方却重新对北方推行强硬的遏制政策,并指责日方与朝方的准官方对话是削弱韩国威慑态势、谋取私利的行为。

二、 冷战后的美日韩三边协调

冷战后,美日韩三国针对朝鲜问题进一步加强了三边协调和对话,其发展进程大致经历了三个阶段:1993-1999年逐步建立的美日韩新合作机制;1999-2003年的TCOG("三边协调监督小组")机制;2003年以来,在"六方会谈"框架下的"非TCOG的TCOG"(non-TCOG TCOG meeting)[1]非正式协调机制。

1、1993-1999年:朝核问题三边协调的形成

1993年2月,国际原子能机构要求对朝鲜的两个核设施进行特别检查,遭朝鲜拒绝后,美日韩开始通过一系列特别双边和三边会议,加强在朝核问题上的政策协调。最早的三边会议1993年3月22日在美国纽约召开,当时主要针对朝鲜3月12日发布的拟退出国际原子能机构的宣言。此前,即1993年之前,美日韩都分别与朝鲜进行了或试图进行双边会谈,为了加强沟通,三国之间主要是通过双边方式进行对朝政策协调。随着事态进一步发展,美日韩逐渐认识到,只有进一步加强与另外两方的共同协调,才可以在对朝谈判中拥有更有利的地位。

日本由于国家和平宪法及非安理会常任理事国的地位,深知自己无法在军事和外交手段上有效应对朝核问题,因此惟有借助与美国和韩国三边框架下的协调,才可以加强其在与朝对话中的地位,并及时获得美韩对朝政策的动向。

而韩国在日、美分别于1991、1992年对朝展开双边高层接触以来,就担心美朝关系进展过速,担心美国有可能因美朝关系进展而削弱对韩国的安全承诺,因而冀望以三边协调将美朝对话限定在朝鲜半岛南北对话框架之下。此外,韩国也担心美国为防止美朝对话失败,而提升其在韩

---

1. James L. Schoff, "First Interim Report: The Evolution of the TCOG as a Diplomatic Tool", August 2004, The Institute for Foreign Policy Analysis, p19.

国的驻军力量，从而刺激朝鲜做出军事挑衅。韩国的这种矛盾立场也进一步使三边协调变得具有吸引力。

而美国也意识到，在朝核问题上，没有日韩这两个东北亚重要盟友的支持，其对朝政策将不免大打折扣。

正是基于如上考虑，三方于1993年3月22日在纽约举行了会谈，决定加强三边协调。同年6月2日至11日，美朝在纽约也举行了第一轮会谈，朝鲜承诺暂不退出《核不扩散条约》。美日决定与韩国充分合作，确保朝鲜半岛无核化。为达此目标，美日决定不对朝鲜使用军事手段。

1993年7月14日至19日，美朝在日内瓦举行第二轮会谈，美方决定支持朝鲜引进轻水反应堆。此后不久，韩国表示愿与美国协商向朝鲜转移轻水反应堆技术事宜。在朝鲜继续拒绝国际原子能机构对其两个核设施进行特别检查时，为了施压，美国一度主张在联合国框架内对朝实施经济制裁，但韩日两国态度消极。为了促使美朝谈判继续进行，日本推动美韩谋求与中国合作。为实现美朝第三轮会谈，美国设置了两个条件：朝鲜接受国际原子能机构的特别检查；韩朝重开会谈。美国的条件后来成为美日韩的共同主张。

1994年4月，第一次朝核危机爆发。同年6月4日，美日韩在华盛顿紧急磋商制裁朝鲜事宜。美韩态度强硬，日本则希望在制裁实施前以联合国决议的方式先对朝鲜发出警告，但日本也采取了如禁止体育交流、禁止包机飞往朝鲜以及限制人员交流等制裁措施。1994年8月，美朝在日内瓦举行第三轮会谈，8月21日达成《美朝核框架协议》，规定：由美国组织一个国际财团资助朝鲜建设轻水反应堆，其总发电能力在2003年前达到约2000万千瓦；作为替代能源，该国际财团每年将向朝鲜提供50万吨重油；朝鲜冻结并最终拆除石墨减速反应堆和有关设备；朝韩进行南北对话。

落实《美朝核框架协议》的过程即为美日韩合作机制化的开始。

1994年11月18日和12月16日,美日韩两度在华盛顿协商建立"朝鲜半岛能源开发组织"(KEDO)事宜,并就此达成七项协议。1995年,美日韩虽然主张把韩朝恢复对话与落实《美朝核框架协议》挂钩,但其实各有所图:日本愿为此出资,但要求重开日朝邦交正常化谈判,并在美日韩主导下建立包括中俄等国在内的国际合作框架;韩国愿提供绝大部分资金,但主张采用它设计的轻水反应堆;美国则以日韩受益最大为借口,明确表示不打算为轻水反应堆"买单"。1995年3月9日,"朝鲜半岛能源开发组织"正式成立,标志着美日韩合作的初步机制化。[1]

1995年11月17日,美日韩在大阪举行部长级会议,将官员级别由事务级升格到了部长级。会议发表了联合声明,宣称美日韩密切磋商与合作的重要性,并表示今后将密切协调三国对朝政策,并举行相关部长级和高级事务级磋商。1995年12月15日,"朝鲜半岛能源开发组织"与朝鲜在纽约签署了向朝提供轻水反应堆的协定。1996年1月24日至25日,美日韩在檀香山举行副部长级会谈,协调对朝提供食品援助等议题。

1994年的《美朝核框架协议》最终到1997年至1998年才得到初步落实。1997年8月19日在朝鲜举行轻水反应堆开工仪式,1997年11月确定了轻水反应堆项目所需经费并在次年确定了主要国家的分担额。在规定的46亿美元的费用中,日韩分别出资10亿美元和32亿美元,其余部分由其他成员国(如欧盟)负担。美国则每年为朝鲜提供50万吨重油。

1998年8月31日,朝鲜发射"大浦洞"导弹招致日本朝野强烈反应。美国则反应相对温和。为弥合分歧,美日韩于同年秋到次年夏开始调整对朝战略,其结果是三方的合作完全机制化。1998年秋,美国前国防部长威廉·佩里(William Perry)受克林顿政府之命,担任美国朝鲜政策协调员,评估美国对朝鲜半岛的政策。为了制定美日韩共同的对朝策略,佩里推动建立三方常设委员会。1999年4月25日,美日韩在檀香山召开会议,

---

1. 刘世龙:"日美韩合作与朝核问题",《日本学刊》2006年第2期,第9页。

正式建立了三方协调监督小组(TCOG, 全称为"Trilateral Coordination and Oversight Group"), 标志着围绕朝核问题的美日韩合作完全机制化。由此开启了冷战后美日韩三方协调的第二个阶段。

2、1999-2003年:"三方协调监督小组"(TCOG)

三方协调监督小组(TCOG)成立之初,意在每一季度召开一次会议,但在运行之初由于朝核问题的相关事务异常繁忙,三方会晤实际要比规定次数频繁的多。三方协调小组成立之初,三方都相当重视,因此参加会议的都是三方高级别的官员。在前三次会议中,克林顿总统都派出了威廉·佩里领衔的美国会议代表团。而韩国则派出了以总统外交政策顾问林东源(Lim Dongwon)为首的代表团。日本的三方协调监督小组代表是Kato Ryozo, 这位代表在华盛顿为人熟知并人气颇旺, 日本选择他也是希望他能够对佩里施加有效影响。

1999年10月12日, 在与日韩代表密切协商之后, 佩里发表了一份战略报告, 建议美国不要谋求推翻朝鲜政府或鼓励朝鲜改革, 而应该只追求不宜过分的目标。关于朝核问题, 佩里提出了三个战略目标, 即: 第一, 敦促朝鲜以完全彻底、可核查的方式放弃核武器计划并停止试验、生产、部署和出口远程导弹; 第二, 致力于坚持《美朝核框架协议》; 第三, 继续加强美日韩三边协调。[1] 此后, TCOG的日常工作即以此次战略报告为指导方针进行运作。

但不久, TCOG的各国首席代表发生了人事变动, 先是佩里和林东源被替下, 而代之以美国国务院大使顾问(Counselor-Ambassador)温迪·谢尔曼(Wendy Sherman)和韩国副外长Jang Jai-ryong, 使TCOG完全操作于三方外交主管部门, 即变成了"国务院—外交部进程"。[2] 1999年秋, Kato

---

1. 刘世龙:"日美韩合作与朝核问题", 第10-11页。
2 James L. Schoff, "First Interim Report: The Evolution of the TCOG as a

Ryozo升职为日本外务省副大臣后,由担任日本北美事务局局长的Takeuchi Yukio接替领衔日本代表团出席TCOG。日本的这一人事变动当时曾令华盛顿一度颇感失望。为了弥补这一缺憾,美日韩三方首脑和外长也选择在APEC等多边会议召开时进行三边协调对话,以此作为对TCOG的补充。

温迪·谢尔曼接替佩里后,虽然对级别不够高的日韩代表团团长有一定失望,但仍然利用她对国务卿奥尔布赖特和克林顿的影响,推动TCOG运转。TCOG在她主导之下,推出了一系列雄心勃勃的日程和计划,集中表现在:为推动"佩里进程"和《美朝核框架协议》实施的美朝双边会谈、朝鲜导弹计划、日朝2000年4月的双边会谈、奥尔布赖特2000年10月的朝鲜之行等。在温迪·谢尔曼接替后的仅仅13个月内,美日韩就召开了14次三边会议。

由此可见,作为协调对朝政策的一个平台,美国对TCOG是尤为重视并积极推动的,它希望能够在一系列谈判中以美日韩三方团结,孤立朝鲜并对之施加压力。尤其在2000年后半年,在三方对朝政策出现较大分歧时,TCOG作为协调平台,展现了撮合三方立场的价值。日本一般比较关注朝鲜短程导弹问题以及被绑架的日本公民问题,这种关切在TCOG框架内表达出来后,美国在对朝双边对话中都予以了重视。韩国则担心美日的对朝政策停滞不前,而拖累其与朝鲜的双边谈判,这种担心同样在TCOG框架下得到美日的理解和关切。

TCOG也使三方在应对潜在突发事件时发挥了积极作用。1998年朝鲜发射"大浦洞"导弹后,当时普遍认为,1999年夏,朝鲜可能会进行第二轮导弹试射。在TCOG框架内,三方通过团结协调,最终遏制了朝鲜的这一举动,使TCOG"经受住了第一轮重要考验"。[1]

Diplomatic Tool", August 2004, The Institute for Foreign Policy Analysis, p8.
1. Ibid., p.12.

但TCOG并未能阻止三方的对朝政策出现战略分歧和摩擦。2000年3月，金大中在柏林发表演讲，宣布了韩国对朝援助的一系列新提议，其中包括对朝援建高速公路、码头、电力和通讯设施等措施。这令美国大为吃惊，因为金大中的这些建议在此前4周召开的TCOG会议上并未被提及，金大中在宣布这些举措前数小时才对美国做出了通报。尽管这些建议有益于韩朝南北对话，但却凸现了TCOG内部的分歧，美国国务卿奥尔布赖特极为不满地对韩国外长表示了抗议。

TCOG的局限性在同年的轻水反应堆计划上再次表现出来。当时，美国打算以相同功率的常规发电计划代替先前的轻水反应堆计划，但却只向韩国做了通报，对参与轻水反应堆计划的日本却置之不理，使得这一本身属于三方协调的事务变成了美韩双边事务，使TCOG形同虚设。

这些分歧显示，尽管美日韩三方在对朝问题上存在共同利益，但各方的战略重心和首要目标往往使TCOG作用的发挥受到限制。尽管TCOG经常召开会议、发表共同声明和会后召开记者招待会，并向各国的部长和总统等高官通报情况，"但它从未能变成一个三边共同的政策制定机制，而只能算作一个协调彼此对朝政策的论坛"。[1] 2001年随着小布什政府的上台，TCOG开始进入转型期。

小布什政府上台后，并未立即对TCOG进行大的变动，但已经在酝酿对朝政策的评估。新一轮TCOG会议在2001年3月召开，成为小布什政府暂时的对朝政策平台。但2001年5月第二轮TCOG会议召开后不久，小布什的对朝政策总结报告即告完成。报告认为：克林顿政府对朝政策弊处太多，"朝鲜蓄意在美日韩三方之间打入楔子"。[2] 2001年，9·11事件发生后，美国再次鼓吹"朝鲜威胁论"。小布什在2002年1月把朝鲜称为"邪恶轴心"之一，当年三方协调监督小组开会五次，协商共同关心的问题

---

1. Ibid., pp.12-13.
2. Ibid., p.14.

和对朝政策。尽管韩国试图劝说美国重新考虑对朝政策,但美国不加理会。2002年10月初,美国负责东亚和太平洋事务的助理国务卿、新任TCOG美国正式代表[1]詹姆斯·凯利访朝后确认,朝鲜一直在秘密进行浓缩铀计划。美日韩乃于同年11月14日宣布,从12月起暂停向朝鲜提供重油。12月12日,朝鲜宣布立即重新启动其核计划。2003年1月7日,三方协调监督小组在华盛顿发表声明,要求朝鲜立即采取可核查措施,完全放弃核武器计划。同月10日,朝鲜宣布退出《核不扩散条约》,第二次朝核危机由此爆发。不久,由中国作为东道国、美日韩再加俄罗斯、朝鲜参加的六方会谈机制正式建立。

2003年8月13日,美日韩在华盛顿举行局长级非正式会议,确定了分三步解决朝核问题的方案:第一,朝鲜不对核燃料进行再处理、不发射导弹并承诺废除所有核计划,作为回报,日美韩申明不会入侵朝鲜;第二,朝鲜废除利用浓缩铀开发核武器的计划并重新加入《核不扩散条约》,作为回报,美日韩将共同保证朝鲜安全;第三,朝鲜拆毁核设施并同意接受核查,美国将强化对朝安全保证,将朝鲜从支持恐怖主义国家名单中除名,并提供经济援助。[2] 同月26日,美日韩在北京举行六方会谈前的最后一次磋商,三方立场大同小异,约定以朝鲜可核查、不可逆转地弃核为前提,承诺不侵犯朝鲜和提供经援,TCOG不久即被终结,由此转入冷战后美日韩三边协调的第三个阶段:非TCOG下的TCOG三边协调。

3、2003年至今:"非TCOG下的TCOG"协调框架

之所以称此后的美日韩三边协调为"非TCOG下的TCOG",是因为在2003年6月份的TCOG夏威夷会议几周后,美日韩决定在华盛顿召开三方非正式磋商会议,会上决定三方协调继续保持运转,但不再冠用TCOG

---

1. Wendy Sherman去职后,小布什并未马上任命新的TCOG美国正式代表,而是指派了对朝特使。
2. 刘世龙:"日美韩合作与朝核问题",第12页。

名号。

事实上，新的三边协调其实与早先的 TCOG 协调并无多大差别。参加会议的依然是早先的人物，议程和会议方式（"三个双边＋一个三边"）也依然基本相同。所异者仅在于，它变成了非正式磋商，不再冠以 TCOG 名号，不再召开记者发布会，会后不再发表三方共同声明。会前的格调也降得很低，或干脆取消会前声明。总之，最重要的就是：减少媒体注意力。[1]

之所以做出如此变动，源于美日韩认为，以 TCOG 的方式来展示三方对朝政策的立场统一已变得不再那么必要，因为三方早已统一了立场。再者，在具体对朝细节方法上，由于三方分歧明显，且为避免不必要地浪费时间——并非每次会议都有信息向记者公布，因此共同声明难以达成或变得不再必要。相反，没有了共同声明的发布，即非正式的三方会议反而可以使三方有更多时间自由会商更多事务。再者，从一定意义上说，非正式的三方协调也有利于减轻中国的疑虑，从而使中国愿意与美日韩三方保持在对朝问题上的接触。

这种非正式三边协调此时扮演的角色是，在六方会谈开始之前为美日韩磋商和达成共识提供论坛，其会议日程设置主要取决于每次六方会谈的日程设置。

2003 年 12 月，美日韩召开会议，决定"协调步伐"终结朝鲜核计划，并认为，朝鲜的高浓缩铀计划（HEU）必须受到调查。同时，此次会议也同意日韩可以在对朝某些政策上比美国先行一步，如日韩在朝鲜冻结核计划后，可以对朝实施经济援助。这表明，美日韩尽管对朝战略各有不同，但在这种非正式 TCOG 磋商下，分歧却得到了较好管理和控制。非正式 TCOG 会谈次数也比以前频繁了许多。后来接替谢尔曼，由凯利主导的非正式 TCOG，在 12 个月内召开了九次会议，打破了谢尔曼领导下的 11 个月会晤七次的纪录。

---

1. James L. Schoff, "First Interim Report", p.19.

在此期间,美日韩坚持要朝鲜全面、可核查、不可逆转地放弃核计划(包括浓缩铀和武器级钚在内)。而在朝鲜看来,无核化仅指没有核武器,它保留和平利用核能的权利。美日韩三方与朝鲜对补偿的前提认识也存在不同,美日韩以全面、不可逆转地弃核为前提对朝实施补偿,朝鲜则以核冻结为前提。对冻结对象的范围,美日韩以包括浓缩铀在内的全部核计划为冻结对象,朝鲜则限定为以钚为燃料的军用核开发。对实施核查,美日要求仍由国际原子能机构进行,朝鲜则主张在六方会谈的框架内进行。[1]

美日韩合作转入非正式TCOG后,三方也在积极探讨将协调的日程从单纯的朝核相关问题扩展至其他领域。尤其在印度洋海啸后,美日韩三国军、政、学界人士曾召开学术会议探讨将协调对象扩展至"搜救演习、人道主义灾难(如地震、海啸、灾荒)反应、联合维和使命"等领域,[2] 但困难重重,进展效果并不明显。目前,美日韩三边协调依然主要集中于朝鲜半岛事务,难以扩及其它地区和领域。

第二节 韩国对日政策的历史考察

由于历史上日本对朝鲜半岛的多次入侵,尤其是1910年日本吞并朝鲜并在此后对朝鲜半岛进行了长达35年的殖民统治,日韩之间积聚了浓重的历史仇恨。二战后,日韩关系的发展因而经历了十分复杂和曲折的过程,大致可以分为5个时期,即:漫长的建交谈判期、邦交正常化时期、蜜月期、冷战结束之交和后冷战时代。

---

1. 刘世龙:"日美韩合作与朝核问题",第13页。
2. James L. Schoff, "Trilateral Tools for Managing Complex Contingencies: U.S.-Japan-Korea Cooperation in Disaster Relief &Stabilization/Reconstruction Missions," an IFPA Seminar Report, Nov. 2005.

一、漫长的建交谈判期

1945年,第二次世界大战终告结束。根据战前盟国协议,朝鲜半岛脱离日本殖民统治获得了独立。1948年,美苏冷战升级,战后初期被美苏分区占领的朝鲜半岛不久分裂为南北两部分,南部成立了大韩民国,北部成立了朝鲜民主主义人民共和国。出任大韩民国第一任总统的李承晚,年轻时代受日本殖民者迫害,多年流亡海外,对日本吞并朝鲜有切肤之痛。因此,虽然自1951年起,美国就试图撮和韩国与日本建交,但在李承晚任期内却始终难以实现。尽管如此,冷战之初,针对"共产主义的威胁",李承晚政府也曾试图同日本进行一定的政治和军事合作。

1950年2月16日,李承晚应麦克阿瑟之邀访问日本,在到达羽田机场后发表的演说中,李承晚强调,共产主义是日韩两国国民的共同威胁。2月18日,李承晚在回国前夕发表的谈话中进一步称:大韩民国的军队在为韩国的自由战斗的同时,也在保卫日本的自由,希望日本为韩国在重建方面给予技术援助。回国以后,李承晚又称,韩日两国国民应抛弃琐碎的感情,在防止共产主义威胁方面采取共同步骤。此一时期,美国为遏制"共产主义势力的膨胀",在日韩关系问题上强调"日韩提携",要求韩国对日让步。[1]

1950年6月25日,朝鲜战争的爆发促使美国下决心早日对日媾和,由此开始酝酿召开旧金山对日和会。对此,李承晚政府表示:韩国希望同日本缔结和平条约,并准备对日本的殖民统治提出"请求权"要求。[2] 由于日本和英国的反对,韩国未能参加旧金山和会,也未能成为《对日和约》的签署国。

旧金山和会后,在美国的安排下,韩日代表于1951年10月20日起

---

1. 安成日:"旧金山对日和约与战后日韩关系",《日本学刊》2001年第6期,第125-126页。
2. "请求权"是指韩国向日本提出的就日本对朝鲜半岛的殖民统治做出赔偿。

在东京举行建交预备谈判,并于1952年2月进入正式谈判。由于双方在处理日本对韩殖民统治等历史问题及领土、领海、捕鱼、海运以及旅日韩侨的法律地位等现实问题方面的严重对立,建交谈判在很长时间内一直无法取得进展。李承晚政权继续对日本采取极端强硬的政策,致使韩日两国关系处于近乎隔绝的状态。

二、邦交正常化时期

1961年5月16日,以朴正熙为首的中下级军官发动军事政变,建立了军政府。朴正熙上台后,一方面受到美国的外交压力,另一方面为了提高其政权的合法性和得到国民的支持,同时也为了应对逐年递减的美国援助,他开始将政策中心放在经济建设上。[1] 为了吸收资本与技术,加速经济发展,朴正熙毅然跨越历史情结,积极谋求改善对日本关系。

1961年11月,朴正熙访日时在机场发表声明,表示:韩日双方应"不计小节,本着相互理解的精神相互合作,以诚意解决问题"。在与日本首相池田勇人会谈时,朴正熙表示,假如日本在请求权问题上表现出诚意,韩国将不再对日要求巨额财产请求,甚至可以放弃政治性赔偿。朴正熙访日成为韩日政治交涉的开端,对改善韩日会谈长期徘徊不前的局面起了相当大的作用。

但是,朴正熙的亲日政策受到了韩国国内反对党和民众的强烈反对,韩国内反对日韩会谈的强大民众运动使朴正熙不得不采取秘密外交方式,委派中央情报部长金钟泌多次前往东京,传达意旨。其中最重要的事件是1962年金钟泌与日本外务大臣大平正芳之间达成的秘密协议——《大平·金备忘录》。这个备忘录可以说是韩日建交前朴正熙对日政策的最核心的部分。[2] 由于在备忘录上韩国没有坚持写上"请求权",且直到

---

1. 方秀玉:"李明博想超越韩日关系历史",《世界知识》2008年第7期,第24页。
2. 赵成国:"朴正熙与韩日邦交正常化",《世界历史》2003年第3期,第65页。

后来签订正式的韩日邦交正常化协定时，请求权也没有被写进去，因此《大平·金备忘录》实际上使"请求权"问题的解决框架最终确立，[1]从而大大推进了日韩邦交正常化谈判。1965年6月22日，日韩在东京签署《大韩民国与日本国之间的基本关系条约》（简称《韩日基本条约》），结束了两国战后长达20年的"近而又疏"的状态，奠定了此后双边关系发展的基础。

《韩日基本条约》中没有任何关于日本反省其对韩侵略历史的条文，日本也没有就此向韩国进行任何"赔偿"，而是仅仅支付了5亿美元的无偿及有偿"经济合作资金"。由于回避了大量历史问题，因此尽管《韩日基本条约》有利于实现日韩关系正常化，但也遗留下无穷后患。此后，日本内阁及政府官员不时在历史问题上做出伤害韩国国民感情的举动，引发两国间摩擦。韩国民间受害者不认为日韩历史问题在此条约中已经解决，韩国民间对日索赔事件在此后不断发生。[2]

日韩建交初期，两国关系主要表现在经济领域的合作。1966年，韩日两国召开经济阁僚恳谈会，1967年起发展为日韩阁僚年会，积极推动了两国间的经济合作与交流。而在安全合作方面，在很长时间内，两国却没有正式的高级别会议，和政治对话渠道。直到尼克松上台后，美国做出战略收缩，削减驻韩日美军后，日韩两国才将合作领域拓展至安全领域。最直接的表现就是美日韩就归还冲绳问题的三边交涉，"涉韩条款"的商定及"日韩安全保障会议"的召开。1970年7月21日～7月23日在汉城召开的第四次日韩联合部长级会议则标志着日韩两国在安全领域合作达到了一个高潮。

---

1. 同上。
2. 参见金熙德："韩日关系的定位、调整与近期走向"，《当代韩国》2001年秋季号，第23页。

三、蜜月期

1979年10月26日,朴正熙被枪杀后,全斗焕通过军事政变上台。1981年8月,全斗焕政权向日本提出总额高达60亿美元的贷款要求,认为,多年来韩国一直发挥着地区内"防卫堡垒"的作用,日本才得以享受"搭便车"之利,因此日本欠韩国的"安保租金"。另外,《韩日基本条约》中日本给韩国人民的补偿太少。

1981年9月召开的日韩联合部长级会议上,两国在此问题上彼此毫不妥协。日本外相在开幕式发言中,明确拒绝将韩国的贷款请求与日本的安全联系起来;韩国则认为,日本应将韩国发挥着日本"城堡"、"要塞"的作用作为双边关系的指导原则。此次会后没有依照惯例发表联合声明,日韩关系此后一度陷入僵局。

中曾根组阁后,从实施政治大国的战略考虑出发,决定打破这一僵局。1983年1月11-12日,中曾根对韩国进行正式访问,这是二战后日本首相第一次对韩正式访问。在会谈中,双方都表示希望建立"新的范畴的日韩关系"。全斗焕强烈希望日本在亚洲和世界发挥作用;中曾根则表示,"为了整个自由世界的团结"和日韩"两国的发展,今后也要将合作进行下去",并表示愿为韩国提供40亿美元的政府开发援助。会后发表的《联合声明》称,中曾根称此次访问"是旨在增进日韩两国友好关系的重要里程碑",韩国"期待日本发挥促进亚洲稳定等国际性作用",日本"决心做出量力而行的贡献"。在《联合声明》的措辞方面,韩国方面希望采用1969年"涉韩条款"的表述,但双方经过协调仍采用1975年三木与福特《联合声明》中的"新韩国条款"的提法,认为在朝鲜半岛处于紧张状态的情况下,"维护该半岛的和平与稳定对包括日本在内的东亚的和平稳定是至关重要的",认为韩国的防卫努力对半岛均势做出贡献,也期待南北对话取得进展。韩国期待日本在转让高水平技术等产业技术合作取得进展,日本表示对韩国的新经济五年计划予以"诚心诚意"地合作。双方还同意进一步扩大人员往来和文化、体育、学术交流。至此,日韩之间长达两年之久的贷款问题谈判画上了句号。

1983年9月苏联击落韩国民用客机及1983年10月的仰光爆炸事件后,[1]日本同韩国、美国一道"谴责"苏联和朝鲜,日本为此还对朝鲜实施了制裁。1984年9月,全斗焕对日回访,双方都表示要以一种新的、向前看的原则来处理两国事务。日韩关系在这一阶段进入了"蜜月期",也掀开了两国关系的新篇章。

四、冷战结束之交

冷战临近结束之际,韩国一心致力于"北方外交",对韩日关系的关注度下降。同时由于国际和地区局势的缓和,韩日在安全上的共同利益有所减弱,再加上日本对历史问题再生事端,致使韩国反日情绪上升,韩日关系开始逐渐转冷。

但时隔不久,韩国就意识到,韩日关系进入"冰冻时期",终究不利于韩国的现实利益。1990年5月,卢泰愚访日时在日本众院演说时,强调两国应建立"真正的邻人",向着睦邻友好时代迈进,发出了力图改善双边关系的信号。

金泳三执政后,强调将历史问题与经济问题脱钩,倡导两国从注重"政治逻辑"转向"经济逻辑",重新构筑新形势下的韩日关系,深化双边政治、经济、安全合作。这一时期韩国对日政策出现转变,也与日本在慰安妇问题上的态度有关。1993年,日本首次承认二战期间威迫利诱亚洲妇女到前线"劳军"。1993年,日本首相细川访韩时,对日本在战争中强迫数以万计的妇女充当军妓和残酷侵占亚洲邻国表示道歉,这是日本首次正式承认其在战时的这些罪行。金泳三对此予以了称赞,称这是一种新

---

1. 1983年10月,全斗焕访问缅甸时发生爆炸事件,16名韩国政府部长被炸死,缅方称乃朝鲜特工所为。

的历史观。

这一时期的韩日关系在经历了这一短暂波动后，出现了很大进展。两国高层互访开始增多，经济关系也达到了前所未有的水平。但此后，由于日本在历史问题上再次倒退及双边经贸摩擦等问题，使得日韩关系的发展依然再次遇到障碍。

五．后冷战时代

1998年2月，金大中总统上台后开始酝酿对日外交新思维，将解决韩日历史问题、改善韩日关系作为政府的重要外交课题。1998年3月，日本首相小渊惠三访韩时，金大中明确发出了要与日本发展关系的信号，对改善韩日关系表现出了积极姿态。1998年10月，金大中在对日进行国事访问期间，与日本签署了关于构筑《21世纪韩日新型伙伴关系联合宣言》及《行动计划》，双方将关系定位于"建立面向21世纪的新型伙伴关系"，决定在政治、经济、外交、安全、文化等各个领域加强合作。金大中政府有意绕开或淡化历史及领土问题，打破了对日关系的僵硬局面。

2000年9月，金大中再次访问日本，与小渊就政治、经济、安全等问题深入交换了意见。会谈后，双方签署了《韩日联合声明》，宣布两国共建"面向21世纪新型伙伴关系"。在联合声明中，日方就过去的殖民统治向韩国做书面道歉，从而使两国首次以文件的形式清算了过去的历史问题，使两国关系迎来了一个转折点。在联合声明的附件《行动计划》中，两国商定今后将在安保、经济和全球课题等5个领域进行合作，具体包括：每年举行首脑会谈；召开内阁成员恳谈会；扩大防卫交流；日本对韩国提供30亿美元的银行贷款；为成功举办2002年世界杯足球赛互相合作；扩大青少年学术和文化交流，向日本开放韩国文化市场等内容。

金大中政府对日政策的调整是其"四强协调外交"战略的重要组成部

分,意图在于通过加强韩日关系,巩固韩日美三边协调体制,从而对朝鲜形成有效威慑,确保韩国的国家安全;同时通过三边协调体制抑制日本,消除韩国长远安全中的顾虑。值得注意的是,韩国发展韩日关系亦是对日、中的平衡,旨在使日中两国相互牵制,从而形成对韩国有利的东北亚战略态势,扩大韩国在东北亚尤其是在朝鲜半岛问题上的发言权。

2003年卢武铉执政后,力图将日本视为友好伙伴,尽量不提历史问题,大力发展双边经济合作,希望以面向未来的态度实现两国友好。卢武铉上台不久便访问日本,强调要放眼韩日关系大局,加强韩日合作的实际效果。卢武铉甚至一度承诺,在其任期内不向日本正面提及历史问题,不把历史问题作为影响两国关系的因素。在这一方针指导下,韩日首脑围绕朝核问题、地区合作等事宜进行了一系列协商。

卢武铉为了加强韩日合作,对历史问题采取淡化处理的方法,不仅是对金大中时期对日政策的继承,更是往届政府对日政策的发展。金大中时期,韩国只是表示搁置历史问题,而卢武铉却表示"不再主动提及,不再作为争论的焦点",力图回避双方在历史问题上的分歧。

韩国对日政策调整后,两国关系迅速朝着积极方向发展。2004年7月21—22日,小泉与卢武铉在韩国济州岛举行会谈,这是卢武铉上台后双方领导人的第五次接触。2005年世界反法西斯斗争胜利和韩国光复60周年及韩日建交40周年之际,为使韩日关系进一步发展,两国领导人在2004年会晤中同意将2005年作为"韩日友好年",并在2004年开始实施各种双边交流活动。

但好景不长,"独岛(日本称'竹岛')"事件的爆发改变了韩日关系的走向。2005年3月,日本岛根县议会不顾韩国方面的强烈抗议通过了"竹岛日"条例,引发了韩国各界人士的抗议活动。卢武铉政府不得不一改上任以来采取的以"淡化历史问题"为特征的对日政策,决定采取对日强硬政策。同年3月23日,卢武铉发表了"就韩日关系告全国国民书"的公开信,被韩国传媒解释成是"对日外交宣战"。

同年日本参议院通过的"有事三法案"、韩国政府解密五份有关韩日外交关系正常化和战争赔款方面的文件,以及日本不断美化侵略历史和小泉首相参拜靖国神社等诸多事件在韩国再次引发强烈反响,日韩关系再度急剧降温,直到安倍上台后,日韩关系才出现改善迹象。

总体来看,韩日邦交正常化以来,尤其是冷战之后,韩国历任新总统上任之际,总是面临韩日关系徘徊不前的局面。于是新总统总是力图超越历史,尽可能做出适当妥协和让步,以改善和发展韩日关系。随后,韩日关系也会迎来一段积极发展时期,高层互访和会晤不断,各领域交流合作得到提升。但很快又会因日本在历史问题上的反复等原因引致韩国国内出现强烈反弹,致使韩日关系急剧倒退,然后,新一届总统又需要面临对日关系新的轮回。这似乎成了日韩关系发展的一个奇特规律。

2008年韩国总统李明博上台后,就韩日关系再次表明了与前几任总统上台伊始相类似的立场。李明博强调,韩国人民不能回避历史,但更不能固步自封地局限于过去。李明博称,他将寻求与日本建立一种"成熟的关系",不会要求日本对上世纪在韩国进行的残酷殖民统治做出道歉;并称,强调意识形态的时代已经过去了,韩日关系也必须以实用主义为基础,开启面向未来的新时代。[1] 岂料李明博访问日本刚过几天,日本内阁就公开宣称韩国实际控制的独岛为日本领土,并要求在日本全国展开主权教育。李明博在韩日历史问题和领土争端上,再次重复当年金大中、卢武铉的悲剧,由过于怀柔转向过于强硬,为忘却的历史付出了沉重的政治代价。

---

1. 方秀玉:"李明博想超越韩日关系历史",第24页。

第三节 美日韩安全三角：联盟理论的解读

国内外不少学者对美中日、中美俄等三角关系进行过不同程度的研究，但对美日韩三角关系学界关注则为数不多。国外对此研究最为深入的是美国乔治敦大学教授维克多·车(Victor D. Cha)。本节将着重借鉴维克多·车所提出的"准联盟"(quasi alliance)理论及格伦·施奈德(Glenn Snyder)的"联盟困境"理论，从安全互动角度，分析美日韩三角关系运行的基本方式和规律，揭示联盟困境在不对称联盟与准联盟交叉作用的场景下其特有的表现形态。

一、准联盟理论及日韩关系的基本特性

维克多·车是在分析美日韩三角关系时提出"准联盟"概念与理论的，他将冷战以来的日韩关系性质表述为"准联盟"关系。根据他的定义，"准联盟"是指两个国家之间互不结盟却同时与另一个国家结盟的关系。[1] 依据他的分析框架，这种准联盟隶属于"非正式联盟"(alignment)的范畴。维克多·车根据美日韩之间的力量对比，指出这一联盟经常伴有一个大国作为双方共同的盟友。本节将基于维克多·车有关"准联盟"的特定含义来使用这一概念。需要指出的是，这种"准联盟"表述并不完全等同于中文

---

[1] Victor D. Cha, Alignment despite Antagonism: the United States-Korea-Japan Security Triangle, Stanford University Press, 1999, p.36. 国内学界也有人提到或使用过"准联盟"(quasi alliance) 这一概念，认为"准联盟"是指一种"非正式的安全关系，即双边或多边心照不宣的、未签订正式军事协定的安全合作关系"。参见孙德刚：《国际安全之联盟理论探析》，《欧洲研究》，2004年第4期，第52页；孙德刚：《联盟、准联盟与合作关系———国际安全理论的重要命题》，《亚洲论坛》，2003年第3期，第75页。这一定义比较符合传统的理解，在词义上接近英文的alignment(非正式联盟)，但这两者并不等同。alignment的内涵更宽泛，它与alliance(正式联盟)直接对应，通常除包括"准联盟"外，还包括所有其他形式的、没有正式条约基础的安全承诺或防务合作关系，如冷战后美国广泛实践的"意愿联盟"(coalition of the willing)等。另外值得注意的是，由于在中文语境中"联盟"与"同盟"这两个词之间没有本质差别，因此学界经常将其交替使用。

语境中"相当于或接近于正式联盟"的一般理解,它只是"非正式联盟"的一种特殊形式。

维克多·车之所以要提出"准联盟"这一新的联盟理论,是因为他认为一般的联盟理论不能解释冷战以来的日韩关系的性质及其主要特征。根据传统现实主义均势联盟理论,联盟是一国增强自己力量的有效工具,是均势政治中国家惯常使用的手段。然而,朝鲜战争后,一个分裂的韩国和一个虚弱的日本虽然共处于美国构筑的旧金山联盟体系中,并拥有共同的反共及平衡中国和苏联力量的需求,但它们却并不能携手结盟以平衡敌对的力量。而根据新现实主义的理论,由于日本和韩国共同面临苏联、中国和朝鲜的威胁,具备基本一致的安全利益,基于共同的"平衡威胁"(balance of threat)需要,两国似乎应该结成联盟或至少是友好的,但两国却花了14年的时间才在美国的推动下实现了双边关系正常化,而且两国在1965年关系正常化以后一直摩擦不断,并曾数次相互威胁中断经济关系。

鉴于现实主义的联盟理论不能对日韩之间似乎非理性的行为进行解释,众多学者试图从两国关系中的历史恩怨和心理障碍解析日韩之间的关系。然而,是否国家间的情感就一定能对国家行为产生决定性的影响? 是否东亚国家对外行为的独特性超出了西方联盟理论的解释力? 尤其是,到底哪些因素决定了日本和韩国对威胁的不同解读? 在这种威胁的认知过程中,美国作为日韩共同的盟国和主要的安全提供者对日本和韩国的国家行为产生了怎样的影响? 日韩两国尽管没有正式盟约,然而在冷战时期两国并却存在着合作关系。那么,到底两国为什么以及在什么样的情景下,能够采取某些准联盟性质的合作行为呢?

如果我们将日韩双边关系置于美日韩三角关系的总框架中进行分析,就不难发现在二组强有力的双边联盟即美日、美韩联盟的影响和作用下,尽管日韩关系只是三角中的"短腿",但确实具备维克多·车所谓的"准联盟"性质。作为冷战时期美国东亚联盟体系中的两个核心成员国,日韩两国由于地理邻近、共同的安全威胁及它们与美国之间的双边安全安排,两国关系具有许多联盟性质的特征,,形成了一种事实上的安全关系。如驻韩美军实质上是防御日本的前线延伸,而驻日美军事实上也是韩国防御纵深的延伸;美国第七舰队和海军陆战队为韩国提供后方支援,美韩军事演习经常使用日本的基地为其提供后勤支持;美国的战术空军联队频繁地在日韩之间轮换,对朝鲜的海空侦察经常从日本的基地起飞。另外,日韩之间偶尔也进行一些防务官员交流和安全政策讨论,分享某些情报和技术。这种非正式的防务联系首次公开出现于1969年尼克松-佐藤会谈中,这次峰会后发表的联合公报载入了著名的"涉韩条款"(Korea clause),即"韩国的安全对日本是必要的(essential)"。[1] 与"涉韩条款"一起签署的还有《冲绳基地协定》。该协定宣称,"在朝鲜发动第二次进攻时,出于防卫目的,日本将无条件允许美国进入冲绳基地"。这两个协定在某种程度上间接地构建了日韩之间近乎安全条约的关系,而且两国政府以后又曾在不同的时空下以双边会议公报的形式进行过重新阐述,因此,这两个协定事实上也构成了日韩两国准联盟关系的法律依据。

从日韩准联盟关系构建的形式来看,在冷战的背景下,面对巨大的威胁,日韩两国的对外行为和联盟行为受到了冷战结构和美国东亚战略的极大制约和规定。然而,在东亚特有的地缘和政治环境下,历史情感等非结构性因素显然也对东亚国家对外行为的选择具有独特的放大作用。这些因素在日韩两国国家利益计算的过程中,在对威胁的认定过程中,在对对方力量性质的认知过程中都产生了较大的选择和规范作用。因此,总体上讲,日韩两国的联盟行为与对外政策只能是美日韩三角关系、敌对性威胁及日韩间独特的双边关系三种因素共同作用、相互平衡的结果。

概括地讲,冷战时期日韩准联盟关系在其运行过程中主要表现出三

---

1. 参见"Joint Communiqué between President Richard Nixon and Prime Minister Eisaku Sato", 21 November 1969, United States Embassy transcript, sec. 4.

大特征：一是这种准联盟关系始终不能也无法超越美日韩三角安全关系的大框架。在这一三角关系中，不仅存在双边联盟中经常存在的"联盟困境"，即联盟内国家对"抛弃"(abandonment)和"牵连"(entrapment)的担忧，而且在日本和韩国都对美存在不对称依赖的情况下，当外部威胁比较显著，而美国的东亚政策或联盟承诺出现动摇，也即当日韩两国可能共同面临被抛弃的威胁之时，日本和韩国会寻求采取一种双边合作性的行为；当外部的威胁明显减弱，而美国对东亚地区安全的承诺又较坚定之时，即当日韩两国面临被抛弃的可能性较小时，日韩两国会竭力寻求自身的政治经济和安全利益，长期存在的历史和感情因素将迅速主导两国关系，从而使两国的合作性行为明显减少，甚至相互敌对。二是日韩两国关系始终受到两国历史恩怨和负面镜像(negative image)的制约。因此，冷战期间日韩两国关系的基本特征是一种摩擦关系，这种关系既植根于历史仇恨，还来自于两国对冷战时期各自周边安全环境不同的认知及对相互支持的不同期望。事实上，日韩之间也存在一种不对称的联盟依赖关系。一方面，韩国认为它充当了日本在北方的安全屏障，而日本却一直不愿清楚地承认。另一方面，日本认为它与美国的联盟关系及美国驻日军事基地是遏止朝鲜再次南侵的最有力的保证，而且日本对韩国的现代化提供了主要的资金和技术支持，而韩国方面却一直不存感激之心。三是基于上述的体系结构与双边认知两方面的因素，在日韩两国的准联盟关系中也存在着独特的联盟困境，韩国一直期望日本能坚定地对韩国的安全做出承诺，而日本却始终不愿对"涉韩条款"做出明确解释。

二、日韩准联盟关系中的联盟困境

有关联盟管理与运作中的困境，不少学者做出过不同的诠释。柯庆生(Thomas Christensen)和杰克·斯奈德(Jack Snyder)认为，联盟成员国对进攻性或防御性军事战略有效性的认识，决定了它们对联盟承诺的紧密(

tightness,"同舟共济")与松散(looseness,"推卸责任")。[1] 兰德尔·施韦勒(Randall Schweller)认为联盟成员的类别(维护现状国还是修正主义国家)、体系中的极的数量及相互间的力量对比决定着联盟的疏离行为选择。[2] 格伦·斯奈德则提出了著名的"联盟困境"论,认为联盟一经产生将会导致两种不同性质的困境,一种是传统的安全困境,即联盟的产生将会招致"反联盟"的产生,另一方面将产生联盟内部的安全困境即"抛弃"与"牵连"的担忧。所谓"抛弃"是指联盟成员国担心其盟友在需要其支持的情况下可能脱离联盟或不能完成其联盟义务。在极端的情况下,"抛弃"可能意味着"背叛联盟"或"重新结盟"。"牵连"是指为了不与自己共享的、或部分共享的盟国利益而被卷入冲突之中。"牵连"还可用来指将自己的承诺过于延伸或将自己的资源过分地让予盟国。[3] 在此,笔者将主要借助斯奈德的"联盟间困境"理论来解释日韩准联盟关系中存在的困境。

尽管在美日韩三角关系中,日韩都存在着对美国这个大盟友抛弃它们的共同担忧,但在日韩双边关系中,韩国对被"抛弃"的担忧更甚于日本,而日本对被"牵连"的担忧更甚于韩国。在日韩安全关系方面,韩方被"抛弃"的忧虑主要表现在四个方面:(1)当日本未能或不愿承认朝鲜威胁对韩国安全的严重性,尤其是当日本允许日朝之间发展贸易关系的时候,韩国的安全焦虑和被抛弃的忧虑就会明显上升;(2)当日本与朝鲜方面进行某些接触或联系,甚至对朝鲜南北方采取某种程度的"双轨"政策或"平行"

---

[1]. Thomas Christensen and Jack Snyder, "Chain Gangs and Passed Bucks: Predicting Alliance Patterns in Multi-polarity, International Organization, Spring 1990, Vol. 44, No.2, pp.144-147.

[2]. Randall L. Schweller, "Bandwagoning for Profit: Bringing the Revisionist State back in,"International Security, Vol. 19, No. 1, Summer 1994, pp. 85-86; Schweller, Deadly Imbalances: Tripolarity and Hitler's Strategy of World Conquest, Columbia University Press, 1998, Chap. 1.

[3]. Glenn Snyder, "The Security Dilemma in Alliance Politics", World Politics, Vol. 34, No. 3, July 1984, pp.461-495.

外交，从而可能导致对朝鲜方面事实上的政治承认时，韩国方面的安全焦虑就会进一步加剧；(3)当日本方面不认可"涉韩条款"中所指的日韩双方直接的安全联系，或当日本方面对冲绳协定的态度模棱两可时，韩国方面立刻会感到忧心忡忡；(4)当日本方面未能对韩国政府提供积极的政治支持，或当日本方面不能基于日韩特殊安全关系与韩方进行密切的安全磋商之时，韩国的焦虑也会显著上升。

韩方之所以会产生上述的被抛弃的安全焦虑，一是因为朝鲜方面对其构成的巨大威胁，而韩方认为日本理应成为仅次于美国的另一支遏制朝鲜威胁的主要力量。因此，韩方将日本与朝鲜方面发生的联系都认定是单方面的、以自我利益为中心的，是受日本的"经济动物性"所驱使的。从日韩间的历史情感角度出发，韩国还怀疑日本这些对北方的举动，反映了日本企图使朝鲜半岛分裂永久化，并阻止一个统一的朝鲜的出现。二是韩方只有使得日本承认"涉韩条款"，才能保证美国为了防卫韩国能够获得直接进入冲绳基地的权利。如果不能使用冲绳的后勤和空中支持，美国对韩国的防卫将受到严重阻碍；三是韩国方面认为，如果日本能够承认"涉韩条款"，那么韩国在与日本方面谈判时将能取得某种讨价还价的筹码，并可换取日本方面更大的经济援助。其潜在逻辑便是：韩国方面为日本承担了防御其安全边界的责任，日本方面将向韩国方面提供经济援助作为其所交的"安全租金"(security rent)。

反向来看，日本方面恰恰也在上述问题上增加了对被韩国牵连的忧虑。对1969年"涉韩条款"的明确支持，就等同于承认了日韩之间的安全联系，这将导致日本方面正式承认韩国方面对日本有着不可或缺的安全贡献。而日本方面认为，对"涉韩条款"的过分承诺，对本地区的稳定可能产生反作用，因为这将会加剧朝鲜方面"被包围"的恐惧，与此同时还会促使韩国对朝鲜采取更加大胆的挑衅和渗透行动，甚至驱使韩国对朝采取先发制人的进攻，这将招致朝鲜方面对日本的直接攻击行为，这显然是日方所不愿意见到的局面。因此，日本希望朝鲜半岛能够维持现状，这样日方就不必因为在南北方中过于倾向于某一方而招致在国内问题上出现重大的政治困境。因为一旦日本因为支持韩国而使朝鲜变得好斗，日本将被迫重新考虑其宪法第九条，日本还必须考虑到国内大量在日朝鲜人的问题，而且一旦爆发第二次朝鲜战争，日本将被迫面对大量朝鲜难民涌入境内的问题。从地区层面看，一旦日本对朝鲜半岛事务卷入过深，还会因为过于反共的韩国而失去所有周边共产主义国家潜在的出口市场，而且这也不符合日本试图与所有二战交战国重新建立关系的外交战略。此外，避免与韩方牵连过深，还可防止韩方动辄利用日韩安全联系寻求更多的经济援助。并要求日本做出更多的"道德悔罪"。

正是由于上述日韩之间不对称的"抛弃"与"牵连"焦虑，在这一准联盟中，联盟困境不时释放或突现。事实上，在整个冷战期间，日韩关系的基本特征是一种摩擦丛生的关系，根本不可能形成实质性联盟关系。然而，由于日韩两国各自与美结盟的事实，加之美国作为影响巨大的第三方的压力与劝诱，两国在某些场合、某些问题上还是产生了一些合作性的行为。

总之，在整个冷战期间，美国力量的消长、美国亚太联盟政策的变迁对美日韩三角关系的互动形态发挥了决定性的影响，而美国对日韩两国的安全承诺又是受其国家利益和全球战略的考虑所驱使的。由于在美日和美韩联盟中，日本、韩国与美国力量存在着严重不对称性，在这两对双边联盟关系中，日韩两国基本上是受动方，一种被抛弃的联盟困境时刻存在着。针对苏联和中国对美国霸权的挑战，美国曾在亚洲发动过两次大规模的地面战争，但在越南战争之后，鉴于力量的有限性，美国被迫再次确立了以欧洲为中心的战略思想，寻求实施逐步从亚洲脱离的政策，这反过来促使日韩暂时忘却历史恩怨进行一定程度的合作；而当美国对亚洲的承诺很明确之时，如朝鲜战争前后，日韩两国之间的合作就会出现问题，而且双边磨擦不断。然而，在美日和美韩联盟中，日本和韩国在不同的历史时段,两国各自的被抛弃感又是各不相同的,尤其是在70年代以后,随着中日关系的改善及日本经济的崛起,日本推行综合安全保障战略,其对美国的安全依赖不再像韩国那么严重,而韩国一直对周边国家奉行孤立和隔绝政策,因此其对美国的依赖更表现出一种全面的依赖,它对被美国抛弃的忧虑也更甚。日韩两国这种对美国依赖程度的差异,在70年代后期导致日韩即使在美国从亚洲进一步退却之时,非但没有加深合作,还曾导致韩国对日本对朝政策、对华政策的激烈批评。

此外,日韩两国间本身也存在一种不对称依赖的关系。韩国经济在相当长一个时期对日本的资金和技术存在着依赖,又自认一直承担着拱卫日本列岛的安全,因此日本理应对韩国做出相应的经济补偿。而日本却一直不愿意公开承认韩国对日本安全的重要性。从历史分析中可以看出,日本只是在美国要求其分担责任时或者在日韩两国共同面临被美国抛弃的危险时,才会退而求其次勉强承认韩国安全之于日本的重要性并对其进行经济上的援助。如此看来,日本长期以来一直对"涉韩条款"闪烁其词也就不难理解了。除了对付共产主义威胁这一共同需求之外,由于历史积怨、日韩两国国内政治的交叉作用、日本对朝鲜半岛不时出现的双轨政策动向及日韩两国对周边大国政策的偏差,使得日韩两国间不时出现利益冲撞。

冷战后,针对朝鲜核威胁,美国才得以勉强撮合成某种形式的三边协调管理模式,即1999年建立的美日韩三方协调监督小组,然而这一机制的运转"充满坎坷"。2003年六方会谈开始后,尽管美日韩三方依然保持着非正式的TCOG协调即"非TCOG下的TCOG",但美国其实已基本放弃了这一机制。目前朝鲜核危机尚能为美国协调三角关系提供某种外部强制力,美国借此既可以压制韩国的亲朝反美情绪,又可迫使日本在绑架人质等次要议题上服从美国谋求朝鲜完全"弃核"的总体目标。然而,一旦朝鲜核危机基本解除或通过六方会谈签订某种和平保证条约,届时,韩朝民族共同利益的要求将不时会与美韩联盟利益发生冲突,而且美韩联盟还将受到中韩间日益扩大的地缘经济引力的挑战。而日韩之间则由于对朝鲜威胁、中国威胁的不同认知以及韩国对日本重振军事力量的强烈忧虑,则很可能会出现疏离。如果美国缺乏有效的联盟管理手段,不排除日韩在历史与情感因素的非理性控制下向战略角逐的方向发展,而这势必影响美日、美韩及美韩日三边协调,进而可能影响美国的亚太战略,削弱美国在该地区的影响力。

2008年初,美国保守智库传统基金会又提出重新复活美日韩三边磋商机制,上述三国国内分别有不少专家学者对此问题作了进一步的研究。在此基础上,2008年4月韩国总统李明博在与美国总统布什会晤时,曾初步商讨了放大美韩日三边安全协作的机制,并策划成立一个"东北亚联合安全实体"。据称,美国战略界建议举行一次美日韩峰会,主要商讨通过成立一个采用联合安全制度的实体,在东北亚建立一个防御同盟。甚至有消息称,美国官员曾向李明博政府提供了一份成立此联合安全实体的暂定时间表,而且未来的成员国可能包括几个大洋洲(澳大利亚、新西兰)和东南亚的国家(印尼等)。

美国战略界的这一倡议显然既应和了日方早些年提出的"和平繁荣之弧"的设想,又可借此实现巩固和强化美韩同盟的目的,也考虑到了李明博上台后韩日关系可能得到提升的前景。同时也由于早先以解决朝核问题为指向的美日韩三边协调监督机制难以再发挥重大作用,因此美方试图在恢复美日韩"北方三角"的基础上,链接美日澳"南方三角",最终将所有亚太地区重要的民主国家以一种多边实体的形式接合起来。这一"联合安全共同体"一旦如美所愿得以顺利实施,将对中国的国家安全形成新的威胁,对中国正在实施的大周边战略产生挤出效应,并对中国这些年倡导和践行的新安全观产生巨大冲击。

第五章 韩国国内政治与韩中关系

国内政治对国际政治的影响是根深蒂固和由来已久的,关于国际政治是国内政治延续的观点得到广泛认可。一个国家的对外政策不可能脱离其国内背景,国内政治从根源上塑造了国际关系的基本法则。没有国内社会和国家,对外政策也就无从谈起,因此,研究国内政治于对外政策的相互影响具有重要意义。韩国的国内政治同样深刻影响了其对外政策,不断成熟的政党制度、特殊的政商关系、激烈的民族主义以及宗教团体、工会等其他非政府组织都在塑造着韩国的对外交往,对中韩关系也产生了重要的影响。

第一节 韩国对外政策的国内政治根源

韩国在建国之初,就效仿美国建立了分别由国会、法院、政府构成的三权分立制度。和美国一样,韩国总统为国家元首和三军统帅,负责领导整个政府机构,行政的力量在国家政治生活中占主导地位。韩国自1948年独立以来,经历过5次大规模的宪法修订。根据每次宪法的修订为每一阶段,韩国总共经历过第一共和国至第六共和国等不同阶段。现在的第六共和国,总统任期5年,并不得连任;而国会议员则每四年改选一次。在二十世纪下半叶,韩国进行的一系列有所反复的体制改革,其政治体制逐渐从威权制走向民主制,市民社会得到了长足的发展,各种政治团体纷纷涌现,它们共同成为韩国对外政策的国内根源。

(一) 政党制度

韩国的政党制度最早产生于日占时期,当时朝鲜半岛的不同政治力量纷纷成立了各种组织对抗日本的侵略,寻求民族解放和国家独立。以"三一运动"为标志,其"所带来的政治觉醒,促使朝鲜半岛许多政治和社会团体得以建立,并参与到朝鲜半岛的民族解放运动之中"。[1] 这些政治和社会团体成为后来韩国各类政党的雏形。二战结束后,美军占领朝鲜半岛南部,美军占领当局号召在韩国成立政党、组织大选,促成了韩国政党制度和政党政治的形成。

韩国的政党制度并不是市民社会发展的产物,而是移植和学习西方政党体制的结果。[2] 韩国政党要在50多年的时间里走完西方200余年的发展历程,其浓缩的过程必然是纷繁复杂的。1948年美国扶植的李承晚政府只不过是打着民主幌子的独裁政府,李承晚下台后短暂的第二共和国时期没有了独裁却带来了严重的无序和混乱,朴正熙通过军事政变上台后则建立了威权统治体制。因此,在李承晚时期和军人威权时期,韩国的政党在政治生活中一直处于相对边缘的地位。

在军人威权时期,朴正熙军政府颁布了《政党法》,并组成成立了韩国第一个高度组织化的政党——民主共和党,韩国的政党政治开始逐步得到恢复。1980年,进入后威权时代的全斗焕政府宣布准许进行"以建党为目的"的政治活动,并出台了新的《政党法》,韩国的政党活动得到恢复并逐渐开始活跃起来。此后,1987年韩国的总统选举出现了政党间的公开竞争,1992年大选各政党之间的竞争关系基本实现了公开、平等和自由的竞争关系。此后,韩国的政党体制日趋成熟,政党政治进入民主化阶段,执政党和反对党开始能够有效地参与政治和发挥功能。经过五十多

---

1. 郑继永:《韩国政党体系》,社会科学文献出版社2008年版,第98页。
2. 董向荣:《韩国政党政治的发展与演变》,《当代韩国》2006年夏季号,第49页。

年的发展,韩国的政党制度已经基本成型,但并不十分成熟,其最显著的特点就是以政治人物为中心的派系现象。

根据政党的演进过程,西方政治学界已经发展出成熟的政党理论,并产生了诸多的划分标准。如迪韦尔热将政党分为干部型政党、大众型政党、信徒型政党;布隆代尔将政党分为代表型政党和动员型政党;帕里比昂科将政党分为大众—官僚型政党和选举—专业型政党等等。在20世纪90年代,美国学者理查德·卡茨和爱尔兰学者皮特·梅尔提出了新的政党组织形态——卡特尔型政党[1],并总结了政党发展历程的四大阶段,即权贵型政党→大众型政党→全方位型政党→卡特尔型政党。其中,权贵型政党及为马克斯·韦伯所谓的豪绅名士组成的政党,也叫干部型政党或精英型政党。这种政党"产生的背景和动因在于"显贵们为了准备选举、操控竞选以及保持候选人之间的联系而组织成一个团体",[2] 这种政党"表达特定社会集团的要求,同时其"成员的活动为了所有的现实目的而限于投票,政党组织(如果存在的话)在两次选举之间出于休眠状态。其主要功能是选择代表,这种代表一经选出就拥有绝对的'自由权力',同时在每方面都只是对他们自己的良心负责"。[3]

韩国的政党具有强烈的以政治人物为中心的精英型政党特征。到20世纪80年代末,"韩国政党并没有共同的理念或政策,不是某种实现反映民众呼声的政策这一高度目的性的政党,而是根据地缘、血缘、学缘

---

[1] 所谓卡特尔型政党,指的是国家和政党相互渗透和融合,政党逐渐脱离公民社会而融入国家,成为"准"国家机构。政党之间不存在根本的政策差别,政党竞选更多地在于选择更合适的公共管理者或者候选人,而非政策取向不同的政党。政党活动和功能不再依赖于党员个人的人力和经费支持,不再建立自己的政治宣传工具和手段,而是通过获得国家补助进行资本密集型政治活动,通过国家所认可的特权运用大众媒体进行政治沟通和宣传。

[2] Maurice Duverger, Political Parties: Their Organization and Activity in the Modern State, Methuen, 1954, pp.18-64.

[3] Sigmund Neuman, Modern Political Parties: Approaches to Comparative Politics, the University of Chicago Press, 1956, p.404.

和金缘形成的、个人本位的私人聚合体"。[1] 政党大都以某个政治经营为中心所形成,如早前的"李承晚的自由党"、"张勉的民主党"、"朴正熙的民主共和党"、"金大中的和平民主党"等等。当政党领袖去世或失势时,这一政党往往会解散或者一蹶不振,这是韩国政党的一个显著特征。一直到今天,以精英为核心的政党模式依然没有发生根本性改变。如2012年,李明博总统的家属、亲信屡屡爆出丑闻,大国家党陷入危机。为摆脱危机,以朴槿惠为首的派别进行了改革,主要内容就是更换党名、党徽,"清洗"李明博,大国家党摇身变成以朴槿惠为核心的"新国家党"。

韩国政党的的组织架构也符合精英型政党的模式,即"议会外政党的联系极少,甚至不存在,由于各个选区的政党能够为自身提供所需的资源,因而中央的权威和控制很弱"。[2] 地方和中央的关系尽在选举年才会发生联系,参与议员选举和总统选举的也都是由地位显赫、个人财力雄厚的中上阶层人士构成的。在政党中起主导和核心作用的不是党的制度,而是党的领袖或少数党魁,这些精英人士的出生地往往成为这一政党选票的主要来源地。而精英和派系的冲突与合作构成了韩国政党演变的整个过程。如金大中创立和平民主党的原因就是与金泳三在统一民主党内部发生了矛盾,从而退党另立新党。因此,整体来说,韩国政党制度尚处于初级阶段,具有以精英人物为中心的私党特征。

目前韩国的政党大体可分为进步政党(左)和保守政党(右)两大派别。进步政党最早可追溯到朝鲜战争结束后韩国的左翼社会主义力量的和坚持中立立场的稳健社会民主主义势力。20世纪80年代"光州事件"后,韩国的进步政党逐渐获得了更多的政治成长空间,1987年卢泰愚政府发表的"6.29声明"之后,进步政党的力量得到快速壮大。而保守政党的诞

---

1. [韩]金敏河:《韩国政治政党论》,大王社1988年版,第158-159页。
2. 胡伟、孙伯强:《政党模式的理论建构:以西方为背景的考察》,《马克思主义与现实》2010年第5期,第77页。

生则以朴正熙成立"民主共和党"为标志,在权威主义统治时期是进步政党的对立面。随着韩国民主化进程的逐渐开展,权威主义的统治模式也开始了自由化的进程,韩国的进步政党和保守政党也逐渐演变成为民主体制下的"进步"和"保守"。

进步政党最早的政治诉求就是通过民主化抗争结束独裁好权威主义统治,并开展了多年的反独裁民主运动,代表了中下层民众的利益和出生在朝鲜战争之后并受过良好教育、有着强烈民主意识的新生代韩国人(青壮年知识分子和社会精英)的主张。这些新生代的韩国人大都出生于韩国起飞的时代,既没有着痛苦的历史记忆,又享受了经济发展带来的生活进步,对于民主化和现代化有着更深刻的理解,必然要求韩国政治的进一步民主化,改革大财阀经济模式,保护弱势群体,促进社会的公平正义。在对外政策上,进步政党俄主张独立自主的外交和安保方针,倾向于对北缓和与弱化美韩同盟。

保守政党的政治取向在于希望最大程度地维持现状并反对剧烈的变革,既代表了统治阶层和大财阀等既得利益集团的声音,也反映了韩国老一代人的观念。这些老一代韩国人经历了日本的殖民统治、二战后的社会混乱与经济贫困、朝鲜战争和几十年的独裁统治,更希望有一个安定的社会环境,他们对于朝鲜战争有着刻骨铭心的记忆,对于美国的支持、援助心怀感激,更倾向于维持社会稳定,对美韩同盟持友好态度。在对外政策上,保守政党强调美韩同盟的基石作用,在外交和安保政策上与美国保持密切关系,对北政策则偏于强硬。

目前,韩国的主要政党有新国家党(原大国家党)、民主统合党(原民主党等政党合并及改组而成)、进步正义党和统合进步党。其中影响力最大的为新国家党和民主统合党,新国家党代表保守派力量,民主统合党代表自由派(进步派)力量。新国家党目前为执政党,其前身为1963年由时任韩国总统朴正熙为竞选总统而成立的"民主共和党",在执政理念追求自由民主主义和市场经济价值。民主统合党则没有一脉相承的历史,它是韩国进步政党几经分化组合形成的。韩国的进步政党往往是在各个时期为了选举而由几个党派组合而成一个新党,一段时间后又由于各种原因再度分裂,民主统合党就是经多次改名及改组后形成的,其前身包括金大中组建的新千年民主党和卢武铉组建的开放国民党。民主统合党在执政理念上强调经济民主化和扩大社会福利。

(二) 政商关系

在大部分后发展的国家中,在经济启动阶段,非经济因素往往大于经济因素的作用。在东亚国家,最明显的就是政府在推动经济增长过程中的重要作用。在日本、韩国,政府在经济起飞过程中政府都不约而同地扶植了大型财阀,使之成为经济增长的主力军。在韩国,一方面,政府处于强有力的地位,通过银行信贷和对外国贷款的分配具有足够的能力引导企业活动。另一方面,财阀与政府之间的互动也对国家的政治生活产生了重大影响。

韩国属于后发展的工业化国家,财阀的产生"并不是按照一般的资本主义内在的规律产生和发展起来的,它们所以能够支配庞大的企业群,并在国民经济中占据垄断地位,都是当局以各种政策特惠扶植的结果。"[1] 从本质上讲,韩国财阀是指一种大型企业集团,每个财阀都拥有数量不等的系列企业。今天韩国主要的财阀主要有三星、LG、SK、现代汽车、现代重工等。韩国财阀对韩国经济起飞所起到的推动作用得到了普遍的认可,其对经济长远发展所起到的负面影响也饱受诟病。在政治方面,韩国财阀对韩国的影响也有同样的状况。

在20世纪90年代之前,由于韩国实行政府主导型经济发展体制,为追求经济增长而大力扶植财阀,在为财阀发展创造良好环境的同时必然

---

1. 贲贵春、尹传学:《南朝鲜企业集团》,辽宁民族出版社1987年版,第20页。

"控制和限制工会的发展并限制实际工资的增长。"[1] 因此, 也可以说财阀通过政府压低劳动者工资水平, 压制工会运动, 在一定程度上实现了社会的稳定。而工会运动的实质就是市民社会民主力量的抗争, 所以说财阀与政府共同压制了韩国的民主化进程。另一方面, 韩国的政府主导型经济体制还决定了政府完全控制金融系统, 掌控了企业发展与生存的"命脉"。财阀们为了获得银行贷款、优惠政策以及其他有利的发展条件, 不仅在选举中向候选人及所在政党提供秘密献金和政治捐款, 还通过各种方式向国会议员、政府官员展开贿赂。在韩国历届政府中腐败行为普遍存在, 甚至历任总统几乎无一幸免。一直到现在, 财阀的贿赂与政府的寻租行为依然是韩国政治民主化的一大顽疾。

韩国的财阀也为韩国政治的发展起到了一定的积极作用。一方面, 财阀在韩国经济起飞过程中的巨大作用促成了"汉江"奇迹的出现, 作为"韩国工业经济的火车头和生产力进步的主要承担者", [2] 其直接的政治效应就是为韩国的政治民主化提供了经济基础。经济发展带来的社会结构变迁, 包括生存条件的改善, 教育和文化水平的提高, 民主观念的成熟等等, 促成了多元化市民社会的成长, 形成民主化的社会基础。另一方面, 财阀的成长壮大是其不再满足对政府的单方面依赖, 财阀势力的强大逐渐 "构成对中央政治权力的限制, 使社会趋于多元结构发展, 从而为向民主政治转变奠定某些基础。"[3] 财阀逐渐开始凭借自己雄厚的经济实力攫取相应的政治利益, 如现代集团总裁郑周永就成立了统一国民党并参加了国会和总统选举。此外, 韩国作为一个出口导向型发展的国家, 包括财阀在内的企业界对政府在对外政策上的导向作用也是十分明显的。韩国

---

1. [英]理查德·惠特利著, 公茂虹等译:《多样化的资本主义———社会制度的构建和商业体制的变迁》, 新华出版社 2004 年版, 第 238 页。
2. 刘永瑞、张云:《韩国财阀体制的功与过》,《经济论坛》1997 年第 2 期, 第 44 页。
3. 尹保云:《韩国为什么能够成功》, 文津出版社 1993 年版, 第 184 页。

总是优先发展与具有丰富资源和广阔市场的国家间的关系,1992年中韩建交的重要推动力之一就是双方在经济领域巨大的共同利益。

(三) 民族主义

在韩国,民族主义是一股强大的社会思潮,曾对国家经济腾飞起到过巨大的助推作用,但民族主义中的极端民族主义也往往具有极大的负面影响。一般来说,在积极意义上,"民族主义可以界定为爱国主义和民族意识的一种融合","是一种认为个人应对自己的民族国家绝对忠诚的心理状态。"[1] 在消极意义上,民族主义中的极端民族主义和民族沙文(利己)主义"强调本民族利益高于其他民族利益或至少不关心其他民族的观念和政策","为谋求本民族的利益不惜牺牲其他民族的利益"。[2] 韩国的民族主义属于东方民族主义形态,其产生具有"'应激-反应'性特点","是反西方列强威逼、侵略的产物"。并且,"在现代化的过程中,其民族主义往往与权威政治相结合(或曾一度结合),成为为旨在使社会生活一体化、并通过'强政府'的群众动员来推进现代国家发展的意识形态和社会运动"。[3]

韩国的民族主义情绪在有着深刻的历史动因、社会文化渊源以及现实基础。对于韩国人来说,朝鲜半岛的历史是笼罩在周边强国阴影下的一部漫长的充满屈辱的历史。封建时代的朝鲜王朝一直以小国自居,秉持"事大主义",成为"华夷秩序"下的藩属国。20世纪初,朝鲜沦为日本的殖民地。二战后,由于以美苏为首的两大阵营的冷战因素朝鲜发生了惨烈的内战,导致朝鲜半岛南北分治,韩国处在美军的占领管制之下。韩国国土面积相对狭小,地理位置特殊,韩民族可以说"就像鲸鱼群中的小虾一样在夹缝中求生存",根深蒂固的忧患意识造就了其独特的历史悲情主

---

1. 《简明不列颠百科全书》(第6卷),中国大百科全书出版社1986年版,第6-7页。
2. 彭克宏:《社会科学大词典》,中国国际广播出版社1989年版,第353页。
3. 李晔、耿昕:《论东亚民族主义的类型与特征》,《东北师大学报(哲学社会科学版)》,2001年第5期,第59-60页。

义,也激发了其充满斗志的民族自立精神。对外来势力天生有一种戒备心理,具有强烈的排外性。

从20世纪60年代朴正熙时代起,韩国在"民族自立"精神的鼓舞下一直奉行"经济第一、经济兴国主义"的国家发展战略,在短短三十年间创造了"汉江奇迹",实现了经济崛起。1997年亚洲金融危机,给韩国带来了巨大创伤。IMF对韩国经济的过分管理干预伤害了韩国民众的自尊心,韩国人在危机面前空前团结,主动捐金助政府还债,视国际货币基金组织的援助为国耻。政府引导国民购买和使用国货,保护了国内市场与弱势产业。政府一声令下,刺激内需,老百姓就纷纷上街购物,用信用卡到银行贷款消费。可以说在韩国的经济复苏过程中,凸显了以支持国货为表现的民族主义排他性。

进行"韩国国家观"的极端民族主义教育是近年来韩国民族主义情绪高涨的又一原因。韩国在战后厉行"韩国国家观"的极端民族主义教育,片面强调韩民族内在发展史观、民族的正统意识和朝鲜半岛的独立性,淡化外来影响。历史教科书紧紧围绕高丽民族诞生、发展和朝鲜半岛政治版图的变迁这一主题,向学生反复灌输"韩国国家观";关于古代朝鲜的发源,坚持檀君建立古代朝鲜是正统,否定箕子建立朝鲜的说法。2009年韩国又拟定了新历史教科书编纂基准方案,在2011年将使用的中学历史教科书中增加强调韩国正统性的内容。例如"6·25"韩国战争历史部分,增加了"朝鲜挑起这场战争"、"1948年8月15日成立的韩国政府是继承大韩帝国及韩国临时政府的正统性国家"等内容。[1]教科书尽量淡化中国对古代朝鲜的影响,以突出韩国历史发展的独立性,还有意识地强化古代朝鲜的国际地位,否认曾是中国的藩属,坚持古代朝鲜在东亚的强国地位,这种培养学生民族自豪感的做法对极端民族主义的产生起了很消极的作用。

当前,韩国民族主义主要表现出以下几个特点。第一,民族经济保护

---

[1] "新版历史教科书强调韩国的正统性",[韩]韩联社,2009年8月3日电。

主义严重。韩国一直奉行所谓"身土不二"的民族经济保护主义政策。所谓"身土不二",其原意是,我生在自己的国家,拥有养育我成长的国土,在这生我养我的土地上生产的东西才是最适合我的。"身土不二"犹如韩国的商标一样随处可见,就连在街头零售蔬菜、水果的农民也在车上写着"身土不二"。韩国的市场里,进口的农产品价格一般比韩国本地产品的价格低,但韩国人还是买本地货,以吃本国的粮食、疏菜、水果等食品为荣。韩国经济崛起后,为了保护自己的民族工业,韩国政府更利用"身土不二"的传统观念,大力提倡、引导国民用国货。韩国大街上的广告几乎被 HUNYDAI(现代)、SAMSUNG(三星)、LG(乐喜金星)、KB(大韩银行)、KT(韩国电信)等民族企业品牌所垄断。2008 年全球金融危机爆发后,韩国市民团体还发起了"韩民族购买韩国货(BUYKOREAN)运动",呼吁韩侨向韩国投资,购买韩国产品。[1]

第二,歪曲历史,大搞民族"造史运动"。韩国民间学者和专家不断推出一个个惊世骇俗的所谓"历史研究成果",混淆是非。例如,林均泽所著《韩国史》标记的地图不顾历史事实,竟然用三种颜色把中国分为百济、新罗和唐朝三个国家,中国(唐朝)仅只包括云南、四川的部分地区。一些被称为"在野史学"的非学者民间人士还将神话故事、民间传说和评书演义与真实的历史混为一谈,韩国出版界、影视剧界则随之大量推出混淆历史真相的各类作品,误导韩国民众对历史的认识,例如,2006 年 5 月在韩国热播的古装剧《朱蒙》将韩国神话传说中的英雄朱蒙塑造成古高句丽的创始者、开国国君。近年来在"造史"运动的误导下,韩国国内出现了一股对中国延边地区提出领土要求的潜流。从 1978 年起,韩国国内不断有人提出"间岛"是韩国领土的谬论。

第三,过度渲染"韩民族优越论"。为了树立韩民族的伟大形象,韩国迫切寻求民族文化的整饬以及民族心理的重塑,便顺理成章地出现了韩

---

1. "韩民族购买韩国货运动即将启幕",[韩]韩联社,2009 年 3 月 18 日电。

民族优越主义的思想。这种思想以自我的角度,修改及解释韩民族的历史、语言、思想与文化,并声称韩文化及韩民族是世上最优秀的古老文明。这是一种"文化中心主义"的极端民族主义的表现形式。在过分渲染"韩民族优越论"的狂热下,韩国国内出现了片面强调韩民族文化的正统性,不能正确认识本民族文化和客观评价中国文化对韩国民族文化的影响以及摆脱汉文化影响的浪潮。

第四,表现形式极为强烈。韩国人的性格比较刚烈,就像小铝锅一样,遇事不善于忍耐,往往表现为过激的情绪化宣泄。韩国人的暴力示威已举世闻名,韩国人近年来在因日本为过去的殖民侵略辩护、修改教科书、宣示独岛主权等行为而举行的示威中,削发、绝食、自残、自焚,毫无顾忌地使用竹枪、火焰瓶,还投石、放火;韩国2008年5月爆发的席卷全国的针对进口美国牛肉的烛光示威运动,最后演变成一场政治风暴。韩国多数示威活动都充满暴力,其激烈性常让人惨不忍睹,轻者如三步一拜、集体削发、断指,重者如手持棍棒占领重要场所,同警方冲突,焚烧警车等等,将韩国人的刚烈和火暴展现得淋漓尽致。

民族主义作为一种政治思潮,它不是一种政治力量,但它却渗透到国家政治经济文化的各个层面。在政治领域,民族主义最明显的作用就是使韩国政坛分裂为两大阵营:强调"民族至上"的进步阵营和始终坚持"国家中心论"的保守阵营。进步阵营强调民族优先,保守阵营强调国家优先;进步阵营强调自主、等距离外交,保守阵营强调亲美一边倒。韩国民族主义中的排外主义、韩民族优越论等也不可避免地对外交事务产生负面影响,其激烈的表现形式往往对政府形成巨大的"民意压力",进而影响到对外政策。

(四) 宗教力量

宗教在历史上一直都是对政治生活产生重要影响的力量,特别是基督教和伊斯兰教不仅曾建立政教合一的国家,一直到现在也在很多国家的政治生活中占据重要地位。在韩国,基督教参与、影响政治已经由来已久。在殖民地时期,韩国人就将基督教信仰和民族解放运动结合在一起,基督教的救赎、福音观念韩民族的爱国救亡主义思想在特定历史时期的契合。基督教成为韩国民族、民主意识启蒙的重要途径,在韩国独立运动中被赋予了鲜明的爱国主义特征。在韩国历史上著名的"三·一运动"中,大量基督徒组织、参与了全国性的集会和示威,并发表《独立宣言》。在《宣言》的33个签署者中,有16名是基督徒。[1] 在运动中,"大众的中心在于基督教,起领导作用的大多数人物都是基督教徒,运动的集会场所大多是基督教会堂,受害最多的也是基督教。"[2] 在韩国民主化的过程中,基督教所倡导的平等、自由理念和基督教团体身体力行参与反独裁运动发挥了巨大的作用。教会通过宣扬教理、批判政府、组织游行等行为,将不同社会群体对宗教信仰的冲动,逐渐演化为带有明确目的的政治行为。而进入民主宪政时代以后,政教分离的基本原则得到广泛认可,但基督教依然以各种方式影响统治集团的成员,进而渗入其统治的意识形态之中。近年来,基督教在韩国出现了新的发展趋势,其中最为明显的就是保守基督教会影响力的扩大和新右派运动的兴起。

1989年,韩国61个保守教派联合成立了"韩国基督教总联合会"(韩基总),成为韩国规模最大的一个保守教会组织。目前,"韩基总"已经发展成为韩国最大的基督教联合会,它包括69个保守教派和20个基督教团体的,下辖了44000多个教堂,拥有1200万的教徒,[3] 并且还成为世界第二

---

1. 苏杭:《探索韩国基督教的本色化》,中央民族大学2012年博士论文,第31页。
2. [韩]金得榥:《韩国宗教史》,社会科学文献出版社1992年版,第318页。
3. Pauline J. Cha. Christian Council of Korea Launches "Save North Korea" Campaign, March 26, 2004,
  http://www.christiantoday.com/article/christian.council.of.korea.launches.save.north.korea.campaign/413.htm. Luiza Oleszczuk World Evangelical Alliance, Christian Council of Korea Hold Joint Thanksgiving Service Tue, Nov, 22 2011

大输出传教士最多的组织。2006年,韩国基督教联合会加入世界最大的福音派组织——世界福音派联盟(WEA)。"韩基总"以圣经保守信仰为座右铭,在保持各自独立性的前提下,将基于圣经新约、旧约以及共同信仰告白的教团和团契联合起来,宣称为了担当上帝托付给世俗教会和韩国教会的使命,而进行共同研究、商讨和工作。[1] 和世界其他福音派教会一样,"韩基总"推崇正统的基督教信仰,承认圣经的权威,强调"圣经无误论"、"逐字圣灵启示说",即严格地从字面上解释《圣经》的教义,主张通过耶稣基督来拯救世人灵魂,并积极履行传播基督教信仰与福音的义务。"韩基总"除了强调要实现教徒的自我净化、教会的复兴等宗教使命,还自称承担着实现朝鲜半岛和平统一和在北方传播福音的使命,积极介入朝鲜人权问题、脱北者问题,试图将脱北青年全部培养成未来进入朝鲜的传教士。以"韩基总"为代表的保守教派提出了所谓的"传教统一",积极在与朝鲜相邻的中国、俄罗斯等地招募、培训"脱北者",伺机将他们陆续渗透进朝鲜,以帮助更多的"在北同胞"逃离朝鲜,实现朝鲜"体制崩溃",从而实现"自主统一"。[2]

相比较"韩基总"所代表的主张右倾的传统保守教派,韩国基督教还出现了所谓的新右派运动。这些"新右派"继承了传统保守派的既有理念,同时又提出了新的主张,并且与整个韩国社会的新右派运动相辅相成。2004年11月,属于"韩基总"阵营的首尔朝鲜族教会的担任牧师徐京锡成立了名为"基督教社会责任"的非政府组织。[3] 这一非政府组织信奉福音派

02:36 AM
PThttp://www.gospelherald.net/article/internatio/47624/world-evangelical-alliance-christian-council-of-korea-hold-joint-thanksgiving-service.htm#.UNRrAe6OHQA

1. CCK Constitution Chap.1 Art.3
2. "Work for peaceful unification of Korea and evangelization of North-Korean", http://www.cck.or.kr/eng/html/about03.htm
3. [韩]张允咸:"基督教责任说我们不是新右派", http://www.ohmynews.com/NWS_Web/view/at_pg.aspx?CNTN_CD=A0000222142

圣典《洛桑信约》,十分重视"基督徒的社会责任"。《洛桑信约》中写到,"我们应当共同负担起他对人类社会的公义及和好的关注,以及对那些受各种压迫的人的自由的关注","福音布道和社会政治关怀都是我们基督徒的责任"。[1] 因此,"基督教社会责任"成立的目的非常明确——"更积极地参与社会,以在传播福音的国家起到一个好撒玛利亚人在生活中的盐和光的作用"。[2] "基督教社会责任"宣称奉行"中间统一"路线,主张"中间统一和正确推进改革,绝不会偏向于左右任何一方","以消除观念矛盾和舆论分裂、克服经济危机及解决民生经济、维护韩半岛和平和社会稳定"。[3] "中间统一"的提法意在区分自己与保守的右派、进步的左派之间的区别,但是"基督教社会责任"在理念上则是鲜明地拥护自由民主主义和市场经济制度,是世界范围内的"新保守主义"主张基本一致,只不过与韩国军人执政时期屈从于政治权威的旧保守主义所区别开来,因此被称为新右派。

  韩国基督教的新右派运动是韩国社会的新右派运动的重要组成部分,并具有十分重要的影响力。2004 年,由韩国《东亚日报》发起的新右派运动形成了韩国新一波的保守化运动,主张"阻止极左极右势力之间自我破灭性的斗争,并坚持走合理性保守主义路线"。[4] 新右派以 80 年代英国撒切尔主义和美国里根主义理论为基础,倡导"自由主义、市场主义、国际主义"。2005 年 11 月,"基督教社会责任"执行部顾问金镇洪牧师又建立了"新右派全国联合"组织,自称是一个"超越宗教的非政府组织",并迅

---

1. 《洛桑信约》中文版。
2. [韩]金圭昊:"教会通过 NGO 参与社会", 2005-03-14
   http://www.kcsr.kr/bbs/list.html?table=bbs_10&idxno=677&page=1&total=2&sc_area=&sc_word=.路加福音 10 章 25-37 节,耶稣讲了"好撒玛利亚人"的比喻,教导基督徒要学做"好撒玛利亚人",作每个人的邻舍,作世界的盐和光,普爱众生。
3. [韩]俞载东、闵东:"'新右派'活动扩散",
   http://china.donga.com/gb/srv/service.php3?biid=2004112387728
4. "[社论]让我们重新找回希望!"http://china.donga.com/gb/srv/service.php3?biid=2005010178298

速成为全国最大的新右派组织。"新右派全国联合"又于2006年6月又成立了"基督教新右派"组织,以为新右派运动提供基督教思想基础,并整合基督教中的右派力量。此外,新右派还模仿美国保守领导人培养机构"领导能力研究所"创立了"新右派牧民政治学校",以培养信奉基督教并具有保守倾向领导人。

韩国基督教的保守化倾向对韩国政治产生了重要影响,这种影响主要通过对市民个体、市民团体和高层政治圈三个层面来实现。保守派教会通过向教徒和普通市民散发传单、各种媒体、直接接触等方式,积极宣传自己保守的政治主张,充分利用自己在地方教会中的强大基础,敦促和动员自己教会里的教徒做好投票登记工作,并在大选活动引导民众投票。韩国基督徒特别是积极主张社会参与的保守教派本身就具有参与政治的热情,据调查,50%的韩国基督徒认为宗教团体应当在社会和政治问题上表明自己的观点,67%的韩国基督徒认为"政治领导人拥有坚定的宗教信仰非常重要"。[1] 基督教保守教派还组织了像"韩基总"、"基督教社会责任"这样的市民团体,以这些团体的名义举行大型集会和活动来宣传他们的政治立场。这些团体还经常和韩国其他的保守市民团体如自由总联盟、在乡军人会、退伍军人警会、退伍军人会等联合举行活动,向政府施加压力并和左派团体对抗。基督教保守力量还积极向韩国国会议员、政党高层、政府高官展开游说,试图说服议会、政府按照宗教右派的意愿施政。他们积极与保守政党合作,支持保守派竞选总统和国会议员职位,组织和反对自由派(左派)竞选公职。通过这一系列活动,宗教保守势力扩大自己的政治影响力,不仅使韩国公众感受到了自己的存在,而且已经成为韩国政坛上一支重要的力量。

---

1 "Luis Lugo Presidential Election in South Korea Highlights Influence of Christian Community",
http://www.pewforum.org/Politics-and-Elections/Presidential-Election-in-South-Korea-Highlights-Influence-of-Christian-Community.aspx

第二节 韩国国内政治对韩中关系的影响

韩国国内政治对其对外交往产生了重要影响,政党的左右之分直接决定其对外政策路线的"进步"与"保守";以财阀为代表的商界的利益诉求往往也是外交争取的利益所在;而民族主义情绪的高涨也通过工会运动、示威活动等形式成为政府对外交往的重要"国内成本";近年来韩国传教热情的高涨也影响到了韩国外交。如2007年在阿富汗发生的人质事件,特别是韩国传教士在中国境内对"脱北者"的传教活动也成为中韩关系之间的一个敏感话题。

(一) 政党路线的中间走向

2012年是韩国大选之年,为此韩国的执政党与在野党纷纷进行改革重组,以摆脱陈旧印象与负面新闻。在野的民主统合党总统候选人文在寅还一度与无党派候选人安哲秀进行合作,但最终合作没有取得成功。而执政党通过朴槿惠的改革,主动划清与出现严重信任危机的李明博之间的界限,成功赢得国会选举和总统大选。值得注意的是,无论是在民主党还是新国家党,两党的执政理念和施政方针的差距明显缩小,韩国政治正在向中间路线靠拢。

在李明博政府任期的最后一年内,李明博政府的内外政策面临着诸多挑战,李明博的多名亲信和家属又接连爆出受贿丑闻,使得其在执政的最后一年里遭遇了极大的信任危机。李明博的胞兄、执政党国会议员李相得,因涉嫌从被停业的储蓄银行方面收受数亿韩元的贿赂事件退出政坛,[1] 国会议长朴熺太也因为4年前执政党全党大会期间向部分国会议员

---

1. 李相得于7月被韩国检方正式拘捕。文炳周:"总统的哥哥李相得因涉嫌非法资金被拘留起诉",
http://chinese.joins.com/gb/article.do?method=detail&art_id=89605&category=002002

行贿事件也辞职下台；1 李明博夫人的堂兄金在洪因受贿被判处2年监禁和3.9亿韩元罚款；2 李明博家庭还被"私宅门"缠身,其兄长、儿子先后接受了调查。在这种背景下,大国家党几乎被李明博所累,多位党内"亲李明博"的高层被迫宣布辞职。大国家党内多名忠于李明博的重量级人物又在4月份的国会选举中失利,进一步削弱了李明博的党内阵营,李明博在大国家党内部的影响力迅速下降。

其实,大国家党在2011年就由于首尔市长败选、DDoS攻击事件3和党内派别纷争的原因备受指责,在2012年初又被爆出贿选门事件,陷入了严重的政治危机。DDoS攻击事件后,已经开始备选总统并卸任党代表的朴槿惠重新出山收拾残局,组建"非常对策委员会"并出任委员长。在朴槿惠的主持下,非常对策委员会在2012年1月就是否删除党的政纲政策中关于"保守"、"大市场小政府"等字句展开了激烈争论。虽然最后为了避免党内分裂,大国家党放弃了"保守删除",4 但已经显示出党内高层希望大国家党与这些不好的保守形象划清界限。2012年2月13日,大国家党又正式更名为新国家党,以缓解因贿选等事件造成的不利影响,借机重塑形象,挽回国民信任。

以朴槿惠为首的非常对策委员会采取的一系列改革措施在一定程度上挽回了大国家党在韩国人心目中的形象,并且巩固了朴槿惠自身在党

---

1. [韩]李宥妊："前国会议长朴熺太因涉嫌行贿被判有期徒刑一年",
http://chinese.joins.com/gb/article.do?method=detail&art_id=86794&category=002002
2. [韩]"总统夫人金润玉女士的堂兄被判有期徒刑两年",
http://chinese.joins.com/gb/article.do?method=detail&art_id=84885&category=002002
3. 大国家党议员崔球植的秘书于2011年10·26首尔市长再补缺选举当天对当时中央选举管理委员会和时任首尔市长的朴元淳候选人主页进行DDoS(分布式拒绝服务)攻击,违反韩国信息通讯网法被拘留判刑。
4. [韩]申容昊："大国家党政纲决定放弃'保守删除'",
http://chinese.joins.com/gb/article.do?method=detail&art_id=79335

内的地位。李明博执掌青瓦台以来没能处理好的一系列问题削弱了他在党内和民众中的影响力，特别是从2011年起的腐败丑闻几乎导致大国家党分崩离析。朴槿惠通过大刀阔斧的改革措施，包括更换党名、党徽、党旗，公开批评政府等举动，刻意拉开自身与李明博之间的距离，并削弱党内的亲李明博势力，对大国家党进行了重新整合。朴槿惠显然已经注意到，李明博政府没有建立有效的社会保障体系，反而采取了重市场轻社会、重企业轻民众的一边倒政策，加剧了韩国社会的不平等、工作环境的不稳定，特别是对年轻人造成了极大的社会压力。因此，她领导的非常对策委员会使得大国家党的施政纲领不再一味保守，开始向中间路线偏转，更加关注妇女儿童保护、青年就业医疗保险和公共教育等社会政策。也正因为如此，大国家党才会在4月份的国会选举中胜出，保住了国会第一大党的地位，为年底的总统选举做了良好的铺垫，同时这一胜利也使得朴槿惠在党内的地位变得更加牢固。

在2012年的韩国大选中，进步势力与保守势力的对决更加明显。2011年底，代表进步势力的韩国市民统合党与韩国劳动组合总联盟合并，宣布成立"民主统合党"以整合力量，全力应对2012年大选。以无党派身份参选并在年轻选民中颇有人气的独立候选人安哲秀一度选择与统合民主党联手，但与民主党候选人文在寅并没有就一体化达成共识，最终安哲秀退出总统选举。这也表明没有政党组织的动员能量，无党派政治家在韩国依然难以生存。统合民主党的候选人文在寅在外交及安保政策方面，强调"推行'均衡外交'政策，通过加强韩美同盟使双方建立互惠关系，同时深化韩中经济领域合作，并加强与东亚各国的合作关系。"而新国家党候选人朴槿惠则表示"将进一步发展韩美同盟并推动韩中伙伴关系更上一层楼。[1]文在寅承诺与朝鲜"重开和平之门"，愿意无条件与朝鲜对

---

[1] [韩]宣政敏："大选首场辩论 朴槿惠就东北亚均衡论猛攻文在寅"，http://cn.chosun.com/site/data/html_dir/2012/12/05/20121205000016.html

话；而朴槿惠虽也愿意与朝鲜对话、化解分歧，但强调安全优先"必须保持强有力的威慑"，以应对朝鲜"挑衅"。[1] 朝鲜在 2012 年先后两次发射卫星，使得朴槿惠的外交与安保政策更容易获得选民的支持。而文在寅对于朴槿惠阵营的批评则集中在李明博政府方面，声称李明博政府不论是在民生，还是在民主主义、经济增长、韩朝关系、安全、各地区平衡发展等各个方面都遭到了失败。但朴槿惠同样对李明博政府进行了批评，并且通过整理党务清楚地划清了与李明博的距离，而其对民主统和党"扬言要废除韩美 FTA，破坏韩美同盟，让驻韩美军撤军，中止济州海军基地建设"的批评则在朝鲜半岛紧张局势下获得了选民的支持。

尽管新国家党与民主统和党在外交与安保政策方面的主张有所差别，但两者在选民最关注的经济、社会问题上的差别并不是很大。文在寅承诺抗击青年失业问题、降低大学学费、扩大社会福利，提出推进就业岗位革命、经济民主化、福利国家、新政治、和平与共存等五大核心课题[2]，而朴槿惠也把"国民统合、政治革新、重建中产阶层以及经济民主化作为'四大国政指标'"，关注弱势群体、应对贫富差距、保障社会公平等任务已经成为进步势力与保守势力共同关注的问题。两大党派在就业、福利问题上的争论并没有引起太多注意，实际上，他们都在承诺增加政府在儿童保育、医疗保险和公共教育方面的预算。两党之间的政策辩论已经变得模糊。文在寅提出"学费减半"、"国民 90%的医疗费免费"、"房租减半"、"中小学生免费供应午餐"等；朴槿惠则干脆提出，所有的"国民负担都减半"，还提出建立"70%的中产阶级社会"。朴槿惠无论是经济民主化政策、福利政策还是对朝政策，其保守的色彩都在淡化。新国家党在国会选举中的微弱多数(300 议席中 152 席)和朴槿惠以微弱优势胜出

1．"对话 or 威慑 南北关系成韩总统候选人首辩热点"，
http://news.xinhuanet.com/world/2012-12/05/c_124052524.htm
2．"文在寅发表竞选承诺 提出五大核心课题"，人民网首尔 11 月 12 日电。
http://world.people.com.cn/n/2012/1112/c1002-19550111.html

(51.56%对48.02%),也说明保守党派和进步党派之间的差距在缩小。可以预见,经过改革后的新国家党在执政理念和施政方针上都会更加偏向中间路线。

在对外政策方面,韩国的保守政党和进步政党存在着明显的差别。金大中和卢武铉所代表的的进步政党执政期间,韩中关系快速发展、韩朝和解进程取得重大进展,而韩美关系出现了疏远。李明博代表的保守政党执政之后则出现了明显的转向,韩美关系迅速修复并不断强化,韩朝关系不断恶化,韩中关系也频起波澜。不过,随着韩国政党执政理念的中间化倾向,以及其政党发展的逐渐成熟化,执政理念针锋相对的局面会越来越少,对外政策也会是根据韩国国家利益进行调整而不会发生重大变革。如李明博的亲美疏中政策就是对过去八年亲中疏美的一种平衡。

朴槿惠代表新国家党再次入主青瓦台后,提出要为开启"幸福的统一时代"奠定基础,将统一问题纳入施政目标。朴槿惠主张的对朝政策 "既不是阳光政策也不是施压政策,而是选择第三条路"。她认为"韩朝之前的信任降到历史最低水平,这一事实反过来也正好说明 现在是重建信任的机会",但是在强调交流、互信的同时,朴槿惠指出"朝鲜需要恪守与韩国及国际社会之间达成的协议",并且需要"为破坏和平的行为担后果"。[1] 朝鲜进行的第三次核试验使得朴槿惠的第三条道路面临着非常严峻的考验,其外交、安保政策向中间路线靠拢的难度倍增。朝鲜核试验后,朴槿惠也宣布增加国防预算,并"将维持此前主动遏制朝鲜核与导弹威胁的基本战略"。[2] 朴槿惠还提名前国防部部长金章洙为国家安保室长,前韩美

---

[1] Park Geun-hye, A New Kind of Korea building Trust Between Seoul and Pyongyang, Foreign Affairs, September/October 2011.
http://www.foreignaffairs.com/articles/68136/park-geun-hye/a-new-kind-of-korea?page=show

[2] [韩]"朴槿惠:国防费因朝核问题出现增加需求",
http://chinese.yonhapnews.co.kr/domestic/2013/02/18/0401000000ACK20130218003600881.HTML 朴槿惠政府将就朝鲜核与导弹维持"主动遏制"战略,

联合司令部副司令官金秉宽为国防部长,前驻美公使尹炳世为外交部长,[1]这三个人将是韩国外交、安保政策的核心人物,同时也是对朝强硬派,反映了朴槿惠政府以韩美同盟为基础处理外交、安保事务的倾向。

从朴槿惠的内阁成员构成和其一贯主张来看,韩国新政府将继续以韩美同盟为基石处理对外关系,但将适度调整李明博政府时期"重美轻中"的外交路线。朴槿惠当选总统后将首个特使团派往中国,并向中国领导人递交了亲笔信,表达了对中韩关系的高度重视,中韩两国都对此次访问给予了高度评价。朴槿惠自己也通晓汉语,了解中国文化,所以韩国新政府将会努力推动中韩关系的继续发展。但是,朴槿惠并没有提及明确的对华政策基调,只是表示"有必要考虑将对华关系提升到一个新的高度"。[2]相比之下,美韩关系和南北关系则被明确为韩国外交、安保政策的重点。朴槿惠明确表示"新一届政府将着眼于未来,推动韩美同盟关系更加广泛深入地发展",[3] "将采取切实措施进一步加强与华盛顿的传统亲密关系",[4] 其政策班底也以亲美人士为主。所以,中韩关系依然面临着韩美同盟的结构性限制。

(二) 政界商界的差别取向

经济上的共同利益曾是中韩建交的主要动力之一,中国进行改革开放,面临着资金短缺和技术落后的难题。韩国能够为此提供资金支持和技术转让,其出口导向型的发展战略也成为中国借鉴的重要经验。而韩

---

http://chinese.yonhapnews.co.kr/domestic/2013/02/21/0401000000ACK20130221004100881.HTML

1. 统一部部长的提名人柳吉在为朝鲜研究大学教授,其对朝政策持中立态度。
2. 《韩媒:朴槿惠拟将对华关系提升到新高度》,《参考消息》2012年12月20日。
3. [韩]"朴槿惠强调韩美两国是"血盟"关系",
http://chinese.yonhapnews.co.kr/domestic/2013/02/22/0401000000ACK20130222001500881.HTML
4. 《韩媒:朴槿惠拟将对华关系提升到新高度》,《参考消息》2012年12月20日。

国当时也亟需寻求新的市场、原料产地与经济合作伙伴。中国巨大的市场、丰富的资源、廉价的劳动力以及改革开放的政策扶持为韩国发展新的对外经济联系提供了机遇。中韩建交之后,经济上的相互依赖与合作继续在推动双边关系发展过程中发挥了基础性作用。不过,经济合作毕竟属于双边关系中的"低级政治"领域,政界与商界相比还要考虑国家安全、大国平衡和防止过度依赖等因素。此外,韩国商界中那些对中国具有比较优势的行业往往希望扩大中韩合作以获取利润,它们更愿意政府推动中韩关系的发展;具有相对劣势的行业如农业则要求保护国内市场,要求政府设置贸易壁垒防止中国商品涌入,就会给中韩经济关系的深入发展带来麻烦。这就要求韩国政府做好取舍,在总体上把握好韩中关系的发展。

韩国经济属外向型经济,靠出口带动经济增长,当世界经济出现波动时就会严重影响韩国的经济状况。2008年全球金融危机爆发后,韩国的出口情况迅速出现恶化。2008年,韩国的贸易逆差达到130亿美元,是1997年金融危机后时隔11年首次出现逆差。2008年12月,韩国对美国出口、对日本出口分别减少19.8%和16.9%,而对最大贸易国中国的出口更是锐减32.2%。[1] 这引起韩国政府和企业界的高度关注,韩国政府迅速出台措施,包括支持韩国大型企业(财阀)收购中国濒临破产的企业、成立"对华出口非常对策小组"等来拓展对华出口。这种情况是韩国政商两界在对华政策上的一次典型互动。

2009年1月,韩国政府和企业界成立了"对华出口非常对策小组",该小组由韩国政府和汽车行业、出口保险业、造船业等10个主要行业协会组成,积极制定"搭配型出口促进政策",对中国不同地区制定不同相关政策。韩国政府通过驻华使馆、行业协会、在华韩企等各种渠道,积极了解中国各行业发展趋势和企业收购合并相关信息及制度,并将这些信息有计划地传达给韩国企业界。

---

1. 数据来源:韩国进出口银行网站。

韩国政府和企业界联合制定了"搭配型出口促进政策",政府通过"动员全部政策力量"为韩国企业扩大中国市场,针对中国不同地域的产业结构推出不同的出口政策。如对上海的汽车业推出汽车配件出口政策,对大连的造船业退出船舶技术和配件出口政策,对广东的电子产品则是电子、电器出口政策等等,而其服务的对象则主要是三星、现代汽车、现代重工等大财阀。韩国政府属下非盈利贸易促进机构大韩贸易投资振兴公社(KOTRA)[1] 还积极扩大韩国企业共同物流中心在中国的分布,其数量从 2008 年的 3 所迅速扩大到 2011 年的 16 所,以支援韩国企业向中国大陆地区出口。

在对华经贸合作方面,韩国政界与商界之间除了充分配合之外,也存在着一些差别。企业以追逐利润为"天职",逐利性使得韩国的大企业希望扩大中韩经济合作,全面参与中国为扩大内需而进行的大规模基础设施建设,对于一些原料、零部件的进口也偏好于价格较低的中国市场,在企业融资、产业重组等商业领域也希望通过市场经济的原则来与中国合作以获得资源的最优配置。但韩国政界的考虑则有着更多的顾虑,担心韩国在经济上过度依赖中国,长此以往将被吸入"中华经济圈",在次沦为中国的"藩属国"。因此,政界一些人士主张通过美国或者欧盟、日本等其他力量平衡中国在经济上对韩国的影响。这也使得在一段时间内,韩国政府积极推动韩美 FTA 的推动,而对经济界主张尽快签署中韩 FTA 的意见置若罔闻。一直到 2012 年韩美 FTA 正式签署之际,中韩 FTA 才开始正式谈判。

在另一方面,韩国对中国具有比较劣势的行业、竞争日益激烈的行业以及部分工会团体则对韩国政府加强中韩经济合作的措施表示反对。韩国农民和渔民对中韩 FTA 就持反对意见,担心廉价的中国农产品、水

---

1. 始建于 1962 年,旨在通过开展贸易信息传递,市场调研服务、跨国投资、技术合作和商务联系等多种贸易促进活动,大力帮助韩国的对外经济发展。

产品冲击韩国的农业和渔业,不止一次地组织游行示威向政府施加压力。三星、LG 这些大财阀也担心中国的家电进入韩国市场抢占份额,又担心 FTA 谈判久拖不决,中国自身产品升级后会挤掉它们在中国的市场。这种"利益均沾"的思想反映到政府层面,就使得韩国政府在谈判时优柔寡断,迟迟做不出决策。而"上汽-双龙"事件更是韩国工会影响力的一个缩影,韩国双龙汽车工会采用极端手段对抗中国公司的收购,导致上汽集团损失超过了 60 亿人民币,在中韩经贸界造成了非常恶劣的影响,中国企业界甚至以此为戒发出了减少中韩经贸往来的呼声。此外,双龙汽车工会甚至围堵中国大使馆,煽动反华排华,对两国的政治关系也产生了不利的影响。

(三) 民族主义的负面影响

随着民族主义影响力在韩国社会的不断扩大,韩国民众的极端民族主义情绪近年来日益高涨,导致中韩民间不谐之音增多和"反中"、"厌韩"情绪的扩散,这与中韩两国的战略合作伙伴关系是极不和谐的。面对中国崛起,韩国的心态更是矛盾而复杂:一方面认为中国崛起是机会,可发挥韩国和中国在地缘和文化上的优势,搭便车;另一方面又认为中国崛起是威胁,深感忧虑和担心,与华太近怕被同化,失去自我,太远则怕惹恼了中国,既躲不开中国的影响,又无法借助中国的力量。偏见和误解导致韩国人对中国的飞速发展充满疑虑和不安,他们担心中国崛起后会恢复朝贡体系、寻求亚洲大陆的霸权,韩民族再次失去其独立性和安全感。

但近年来受到韩国民族主义的影响,中韩之间关于历史争议、海洋权益纠纷等一系列问题发生了摩擦。从总体上看,韩国民族主义对韩中关系的影响主要集中在三个方面。

1. 政治上近而不亲

韩国人特有的历史悲情主义使得韩国对大国有着一种不信任感,特别是对中国的感情尤为复杂。历史上中国长期是朝鲜半岛国家的宗主国,二战之后,两国又兵戎相见且长期敌视。随着韩国经济的腾飞,韩民族长期压抑的情绪得以释放,认为韩国终于超越了中国。但近年来中国发展迅速,不仅超越了韩国而且韩国的经济日益依赖中国。历史的阴影和现实的压力,刺激了韩国敏感的悲情主义,使韩国一些人对中韩间的正常交往做出了极度扭曲的解读。如2008年12月21日中国驻韩大使宁赋魁邀请李明博就职前派特使访问中国时,韩国《中央日报》12月27日就以"无礼的中国外交"为题,发表评论称"这会让人想起向中国统一王朝朝贡并接受册封的朝鲜王朝的样子。"

韩国民众的这种感性情绪反映到政治领域,就是中韩关系近而不亲。尽管中韩政府间关系已经发展到相当的高度,但受韩国民族主义的影响,两国民众之间缺乏应有的好感和同属儒家文化圈的亲切感。特别值得注意的是,在这种民众情绪的映射下,韩国外交也是感性和理性的混合体,虽然总体上中韩关系是在向前迈进,但当韩国外交感性成分增多时,双边关系就会出现复杂的问题,韩国并没有以伙伴应有的态度来对待中韩见的伙伴关系,中韩关系的稳定性和牢固性还有待进一步加强。在这种情况下,如果中韩关系只是单纯政治力的提升而没有实质性的信任感,那么中韩关系将很难有本质上的提升。

2. 经济上贸易保护主义抬头

韩国人的爱国主义思想特别强烈,尤其强调对本土的热爱,主张"身土不二",意思是说,生我养我的土地上生产的东西才是最适合我的,以吃本国的粮食、疏菜、水果等食品为荣。韩国的市场里,进口的农产品价格一般比韩国本地产品的价格低,但韩国人还是买本地货,以吃本国的粮食、疏菜、水果等食品为荣。韩国经济崛起后,为了保护自己的民族工业,韩国政府更利用"身土不二"的传统观念,大力提倡、引导国民用国货。而当前韩国经济面临着"赶不上日本,又被中国追赶"的状态,形成了独特的"夹心三明治"的失落心理。"身土不二"的传统在失落心理的刺激下,韩国人的排外心理就会被激发,产生经济民族主义就不足为奇了。

长期以来,韩国对华贸易都保持了巨大的顺差,韩国已经成为中国最大的贸易逆差来源国。这一方面是由于中国庞大的市场和日益增长的消费能力,导致从韩国的进口不断扩大。另一方面也是因为韩国的经济民族主义导致对进口中国商品持消极态度,在不少商品领域设立贸易保护壁垒,阻碍中韩贸易的均衡发展。韩国对农产品提供了大量的政府补贴,以贷款和拨款的方式,对林业、渔业提供补贴;通过制定相应的进出口法规,对农产品、水产品和畜产品设置调节关税、配额关税和特殊保障措施关税等贸易壁垒;采取通关环节壁垒、技术性贸易壁垒和卫生措施等非关税壁垒,阻碍中国农产品、水产品、畜产品、食品及食品添加剂、药品及医药原料等产品进入韩国市场;还频频以反倾销调查阻止这些产品的进口。中国大部分具有竞争力的农产品都被韩国政府纳入关税配额管理范围。

3. 民间友好度下降

近年来相比中韩政治关系的不断提升,两国民间友好度却有逆向运行的趋势。2005 年,韩国 MBC 电视台与中国东方卫视共同进行的调查显示,中国民众对韩国人的友好度达到 79.0%。但此后几年受到韩国民族主义的影响,韩国对待中国文化和东亚传统文化资源问题上动作频频[1],招致了中国民众的反感。到了 2007 年,在《国际先驱导报》进行的一次

---

1. 涉及江陵端午节申报世界遗产问题、四大发明起源问题、韩医针灸穴位国际标准问题等。

网民邻国印象调查中,竟有40.1%的受访者称最不喜欢的国家是韩国,高居榜首。紧接着2007年底的长春亚冬会上,韩国五名滑冰运动员在颁奖台上公然打出"白头山[1]是我们的领土"的标语,造成了极恶劣的影响。而2008年情况也没有好转,由于汶川大地震后部分韩国网民的恶意言论,以及SBS电视台偷拍并泄露北京奥运会开幕式彩排等事件,中国民众的厌韩情绪在奥运会期间进一步高涨。

中韩民间友好度的下降,应从两方面来看。首先,中韩民众缺乏充分的沟通和了解。中韩毕竟"四十余载,不相往来",尽管官方关系发展迅速,但民间的交流和认识更是一个长期的过程,在度过暂时的蜜月期后,出现波动和降温是正常的。另一个原因就是韩国的民族主义,它的自大性和情绪性人为地影响了中韩民众的友好。部分韩国民众否定、"剽窃"中国文化,贬低中国产品,并进行情绪性的宣泄,非常容易遭致中国民众的反感和还击,如不能妥善处理,难免陷入恶性循环的轨道。民情是政策执行的基础,民间友好度的下降、不信任感的增强,将会削弱政府政策制定和执行的社会基础,对中韩战略合作伙伴关系的全面推进是一个基础性的障碍。

(四) 基督教保守化的影响

目前,韩国基督教对政治的影响已经渗透到各个层面。2008年,本身就是基督教保守教派长老的李明博当选总统,其内阁15位部长中有10位是新教教徒,2位为天主教教徒。[2]在李明博任内,56名前任和现任部长级以上官员中,新教徒占19名,天主教徒13名和佛教徒5名等国会296名议员中,新教徒占120名,天主教徒74名,韩国除了李明博总统还有三

---

1. 即长白山。
2. [韩]"佛教徒谴责政府偏好基督宗教",
    http://china.ucanews.com/2008/07/04/fojiaotueeeezhengfupianhaojiduzongjiao/

分之一的国会议员都是基督徒。[1] 无论在国会还是在政府中，基督教徒都占据着压倒性优势。而这些基督教徒中占据绝大多数都是新教徒，而且基本上都是保守派人士。2011 年初，韩国政府计划出台《伊斯兰债券法》以吸引伊斯兰国家的投资，却遭到了基督教保守势力的极力反对。在"韩基总"的主导下，基督教保守团体发起了一系列抗议活动。汝矣岛纯福音教会的元老牧师赵镛基甚至公然声称，如果政府继续推动制定《伊斯兰债券法》，誓死也要将李明博总统拉下台。最后，执政的大国家党只能宣布"不再处理"。[2] 同年 3 月，李明博在 "国家早餐祈祷会"上下跪祈祷再次引起轩然大波，被认为是基督教保守力量"干政"，违背了政教分离的宪法精神。而新当选的总统朴槿惠在竞选期间就接受"国家早餐祈祷会"的要求签署十项公约，许诺不通过同性恋婚姻法案、国家考试不能选在星期日举行、按照自己宗教来选择基督教学校就读、设立基督教现代研究所等。[3] 实际上，韩国的宗教保守势力已经开始像美国的宗教右翼力量一样，将自己的价值观和政治意愿体现在国家的政治进程之中。在第 18 届国会议员大选时，不仅出现了有着强烈新教背景的基督党，更有以统一教为根源的家庭党。[4] 韩国基督教保守力量已经表现出通过建立宗教政党来直接参与政治的倾向。

韩国基督教保守化派在对外关系上的立场、主张也十分明确，并对韩国外交产生了重要的影响。以"韩基总"为代表的保守派具有鲜明的亲美反共立场，他们反对韩国单独行使战时作战指挥权，反对朝鲜金氏政权，反对废除《国家安全法》，主张加强美韩同盟关系、保留韩美联合司

---

1. 詹德斌："韩国宗教为何底气十足"，
   http://finance.ifeng.com/opinion/hqgc/20110313/3648160.shtml
2. [韩]李宰明、李炳基《朝野向新教低头，放弃处理伊斯兰债权法》，《东亚日报》
3. 《朴槿惠当选韩国总统　承诺不通过同性恋婚姻法案》，《福音时报》2012 年 12 月 20 日。
4. 郑继永：《试析新教参与韩国政治的过程及特点》，《当代韩国》2010 年夏季号，第 14 页。

令部、稀释反美情绪。他们认为,应将韩美关系作为韩国外交的重点,盲目的反美情绪和主张自主带来的副作用对韩国是不利的。与此同时,一些保守派团体的反华倾向却十分明显。

2008年4月27日,北京奥运圣火在首尔传递时,"基督教社会责任"的徐京锡牧师和"阻止北京奥运圣火传递市民连带"180名成员举行集会抗议中国强制遣返脱北者及武力镇压西藏示威。[1] 徐京锡还长期从事所谓的"脱北者人权运动",多次组织了针对中国的抗议示威活动,指责"中国政府每年逮捕强制遣送5千名脱北者的行为是非人道的。" 实际上,韩国基督教界自1998年起派遣大批传教士辗转于中国各地间,一方面在像延边地区这样朝鲜族聚居区开展传教活动,培养朝鲜族人对韩国的归属感,宣传一些诸如长白山属于韩国之类的谎言缪与;另一方面搜罗"脱北者"并进行秘密培训,试图打造"脱北传教军团',加速"朝鲜内部决定性改变"。[2] 2002年、2003年密集发生的朝鲜脱北者朝闯入韩国驻华使馆事件,也得到了韩国一些基督教团体的协助和策划。[3]

韩国基督教团体不断制造"脱北者"事件,已经引起了中国和朝鲜的高度重视,朝鲜将韩国传教活动视为间谍活动,中国也多次驱逐从事非法活动的韩国传教士。此外,从2003年开始,"基督教朝鲜人联合"开始主导对朝鲜散发传单的活动,传单内容为抨击朝鲜领导人奢侈生活方式及其它问题,令韩国政府在处理南北关系时十分尴尬。[4] 基督教军方传教联合会

---

1. [韩]"反对和欢迎圣火传递的示威队在市内多处起冲突",
   http://app.yonhapnews.co.kr/yna/basic/articlechina/new_search/YIBW_showSearchArticle.aspx?contents_id=ACK20080427002200881
2. 许辉:《韩国"脱北者"组织全揭秘》,《凤凰周刊》2012年第8期,第28页。
3. 2004年10月26日,时任中国外交部发言人章启月对此表示,"闯馆"和"闯校"活动是由一些外国所谓的宗教、人权组织和个人策划的。中方将依法严惩组织"闯馆"和"闯校"活动的'蛇头'。"中方将严惩组织闯馆'蛇头'",http://news.xinhuanet.com/newscenter/2004-10/27/content_2142678.htm
4. [韩]郑在垶:"做秀性"传单要不得 ⋯ 不能失去"真诚",
   http://www.dailynk.com/chinese/read.php?cataId=nk01300&num=2877

还以"保障国民的宗教自由和进行宗教活动"为由，多次申请在圣诞节点亮三八线附近的灯塔。这一活动在"天安舰"事件后得到了政府的批准，而在金大中、卢武铉时期是被禁止的。这种做法被朝鲜认为是在对朝方开展心理战，并警告韩方如果届时点亮灯塔，将引发"难以预测"的后果，对此韩方要负全部责任。

这也表明，由于基督教在韩国国内的巨大影响力，再加上保守的大国家党执政，基督教保守派的一些主张已经一定程度上影响到了政府的外交政策。2012年2月，韩国总统李明博公开就脱北者问题向中国政府施压，并将此问题提交联合国。在中韩建交20周年之际，韩国的这种表现令人难以寻味，这背后与基督教保守势力的施压不无关系。2012年国会选举时，韩国基督教市民团体协议会就决定发动基督教选民只将选票投给反对强制遣返"脱北者"的国会议员候选人，声称不关心"脱北者"生死的候选人没有资格担任国会议员。[1] 一些议员为获得选票，甚至参与了在中国大使馆门前的示威活动。

目前，韩国一些保守的基督教会已经脱离了政教分离原则，广泛地参与各种社会活动，影响大选结果，并随时对政府政策提出批判意见。韩国基督教保守团体积极的海外传教姿态也使得宗教问题日益成为韩国对华关系中的重要内容，如何规范传教活动、避免非法传教对两国关系造成负面影响应当引起两国的共同重视。

"用气球向朝鲜散发传单"，
http://www.trtalbanian.com/trtworld/al/newsDetail.aspx?HaberKodu=4c99f202-895c-41b0-aa98-323be30a3fac

1. 《韩国就脱北者问题施压中国涉嫌干涉中国内政》，《环球时报》2月23日。

第三节　当前韩中关系面临的问题与对策

(一) 韩中关系取得成果

1. 政治共识增多，合作基础稳固

中韩建交以后，双方高层互访不断，20年间国家元首或政府首脑会谈进行了55次，双边高层交流和外长定期互访形成机制化。频繁的接触，使得彼此的共识与互信日益增多。在双方领导人的一致努力推动下，政治关系发展极为迅速，在国与国的关系发展史上创造了奇迹。从1998年建立面向21世纪的合作伙伴关系，到2003年全面合作伙伴关系，再到2008年的战略合作伙伴关系，中韩关系每5年就跃上一个新的台阶，为中韩关系稳固而健康发展奠定了一个牢固的政治基石。

在2010年天安舰事件和延坪岛事件以后，中韩关系受到了一定的冲击，暴露出两国在军事、安全领域的合作相对落后。2011年至今，渔业纠纷、脱北者、苏岩礁等问题也使得中韩关系在建交二十周年之际显得磕磕绊绊。目前，中韩政治关系正处于一个关键的十字路口。从长远看，这种波动无碍中韩关系发展的大局。目前，作为韩国政治早熟的一代"六零后"正在崛起，成为韩国政治中的一个新亮点。这些"六零后"最早被称作"386世代"[1]，如今他们已经四十多岁，所以也就自然进化成了"486"。"386"一代人有比较强的亲朝、反美的意识，而这也正是他们成为广泛支持带有反美倾向的卢武铉政府的骨干分子，李明博保守政府执政以来，"386"一代饱受争议。如今已经被称为"486世代"的六零后不仅是韩国社会各领

---

1. 这个代号产生于上世纪90年代中后期。当时正值英特尔386电脑开始普及，所以借用这个数字本身就带有先进、前卫的含义。具体来说，"3"是指当时这一代人只有三十来岁，"8"是指80年代上大学，"6"是指60年代出生。韩国"386"一代正式崛起于金大中、卢武铉两届进步(民主)政府期间。进步阵营的"386"在此期间经历了辉煌，也遭遇了不少挫折。

域的中坚力量，而且已经成为韩国政坛的领军人物。他们很有可能在2017年的大选中赢得总统宝座。六零后走在韩国政治的前台，意味着韩国政坛正在加速进行新老更替，也预示着韩国社会将迎来一个改革和变化的新时代。[1]这些"六零后"，代表着韩国的进步势力，他们接近中国的意识更加强烈。他们在政坛上的崛起将会推动韩中政治关系更上一层楼。

2. 经济互惠共赢，发展前景广阔

两国建交20年来，双边关系迅速发展，中国目前是韩国的第一大贸易伙伴国，双方经贸合作已经成为深化两国战略合作伙伴关系的重要支撑和突出的亮点。中韩贸易额在1992年两国建交时仅为63.7911亿美元，自此节节攀升，到2005年仅仅13年时间，中韩双边贸易额就突破了1000亿美元大关，而中日贸易额达此规模却用了整整30年。从2005年到2010年仅仅5年的时间，中韩贸易又翻了一番，达到2000多亿美元，20年来年均增速超过25%。[2] 2012年中韩经贸关系继续保持了良好的发展势头，两国于5月2日正式启动了双边FTA谈判，双边经济深化合作进入新的阶段。在欧债危机持续蔓延、发达国家需求不振、全球贸易保护主义抬头的大背景下，2012年中韩双边贸易额为2151亿美元，同比减少了2.5%，但中韩双边贸易额占韩外贸总额的比重依然达到了20.1%，而且韩对华出口增长率比韩整体出口增长率要高1.2个百分点。[3]

客观地说，1997年亚洲金融危机之后，韩国之所以很快从危机中恢复并重新使韩国人均GDP在2007年首次突破2万美元达到2.1695万美元而超越中国台湾地区，其中一个重要的原因就是受惠于中韩关系的发展，搭乘中国崛起的列车，分享了中国经济崛起的成果。当前，欧美经济尚未

---

1. 詹德斌：《韩国政治早熟的一代——60后》，《朝鲜日报》，2011年7月12日。
2. 根据中国商务部相关数据计算所得。
3. 数据来源：中国商务部网站。http://ccn.mofcom.gov.cn/spbg/show.php?id=13836

摆脱低迷状态,而中国经济的迅猛增长和韩国经济的持续发展,以及两国积极推动中韩 FTA 的努力,为两国的贸易发展提供了更加广阔的前景和巨大的潜力,大有可为。两国政府已提出到 2015 年双边贸易额达到 3000 亿美元的目标。可以说,中韩经贸合作关系的节节攀升也为中韩关系不断发展提供了强大的"合动力",两国由持续四十余载的"鸡犬之声相闻、老死不相往来"的彼此隔绝状态,迅速发展成为"战略合作伙伴关系",这其中经济因素功不可没。

3. 文化交流广泛,汉风韩流交相辉映

1994 年 3 月,中韩两国就签署了政府间的《文化合作协定》,此后又间签署了一系列文化交流合作协定,合作领域不断拓宽、加深。20 世纪 90 年代韩国歌手李贞贤的表演在中国引起了巨大轰动,韩国电视连续剧《爱情是什么》以 4.2%的超高收视率拉开了"韩剧"流行中国的序幕,以此为契机,韩国的流行歌曲、动人的舞蹈以及韩国的电影等浸透着韩国文化气息的产品和生活方式引起了我国一些青少年对韩国影视明星和歌手的兴趣和关注,形成了一股"风潮"。因为韩流的影响,两国间的外交有了更广阔的民间基础。韩流已然成为韩国文化外交的重要方式,通过韩流,不仅塑造了韩国的文化形象,也扩大了韩国的影响力。

在"韩流"涌动的同时,随着中国文化在韩国的传播,在韩国社会也形成了一股强劲的"汉风"(又称"中国热")。现在,韩国的 408 所高校中,超过一半的学校都开设了中国语或和中国相关的学科,"随着中国影响力的不断扩大,汉语已逐渐成为个人提升自身价值,迈向国际化和世界化的必修语言,"据不完全统计,目前在韩国接受正规教育学习汉语的人数有将近 20 万,而把通过各种类型教育学习汉语的人数加到一起有将近 50 万。[1]

---

[1] "孔子学院是增进中韩相互理解和友谊的重要平台——访中国驻韩国大使馆教育处参赞艾宏歌",
　　http://news.sina.com.cn/o/2009-03-27/193415378985s.shtml .

2004年,世界第一家孔子学院在韩国揭牌,到目前已经成立了20多所。韩联社、《朝鲜日报》、《中央日报》、《东亚日报》等都先后开通了中文网站,韩国的三大主流电视台也逐渐增加了介绍中国的节目。

中韩双方的人员往来也达到了空前的规模,由建交之初1992年的每年13万人次,迅速增加到2010年的600万人次。中国已成为韩国第一大海外旅游目的地,两国主要城市之间开设了65条定期客运航线,每周820个班次;10条定期货运航线,每周47个班次。目前,在韩中国留学人员有7.9万人,在华韩国留学人员也达到了6.8万人,在外国留学生中人数最多,双方已互为最大留学生来源国,韩国参加汉语水平考试的人数占全球考生人数一半以上。[1] 66万韩国人居住在中国,同时,有56万中国人居住在韩国,互相在对方国家形成规模最大的外国人社会群体。此外,两国中央政府部门及地方政府之间均建立了友好交往与合作关系,双方共建立了104对友好省市关系。

4. 安全合作逐渐扩大,合作水平明显上升

中韩军事领域的交流起自1993年12月韩国设立驻华使馆武官处、1994年4月中国设立驻韩使馆武官处。2000年1月,中国中央军委副主席、国务委员兼国防部长迟浩田上将率团访问韩国,韩国的国防部长官随后也对中国进行了正式访问。这是中韩建交后两国国防部长首次实现互访。2001年10月,韩国海军舰艇编队访问中国。2002年5月,中国海军军舰成功回访韩国,实现双方首次舰艇互访。从2002年开始,中韩定期召开国防部长会谈、国防政策实务会议和非定期陆海空军交流。2008年11月24日,中韩签署了《有关建立中韩海空两军间直通电话及运营的谅解备忘录》,并宣布两国正式开通军事热线,以应对半岛紧急事态。

---

1. "驻韩国大使张鑫森在启明大学的演讲:加强中韩战略合作,共创美好未来",http://www.cscse.edu.cn/publish/portal24/tab1065/info13712.htm.

2011年,中韩两国建立了高级国防战略对话机制。[1] 2012年,中韩两国军方就签订军队间相互提供物资协定展开谈判,若成功签订,将是朝鲜战争后中韩两国首次在军事领域签订协定。[2] 总体看来,中韩两国在军事安全领域的合作已经超越了军事交流的阶段,进入了"军事合作的低级阶段"。[3] 中韩安全合作作为双边合作中的高级形态,将随着时间的推移而更加紧密,面向未来的中韩军事合作必将对朝鲜半岛的和平稳定以及东北亚地区新的国际关系秩序起到积极的促进作用。

(二) 韩中关系面临的课题

在国家利益处于首位的国际关系中,合作和矛盾永远都是并存的,这是冷酷的现实,也是国际关系的真理。世界上任何国与国的关系发展过程中,都不可避免地会出现一些分歧与摩擦,中韩关系的发展也不例外。

首先,韩中两国要充分认识两国关系中"美国因素"和"朝鲜因素"的存在。对中国来说,不能忽视美国在战后半个多世纪的时间里对韩国的全面影响,正确对待韩国在中美之间的左右摇摆。中国需要接受美韩同盟将会长期存在这样一个客观事实。即便是乐观的新自由主义也认为"与经济力量相比,军事力量处于支配地位",[4] 中韩紧密的经贸合作无法超越或替代美韩同盟对于韩国安全与外交的基石作用,而且中国崛起使韩国更加依赖美国来平衡中国。目前,"韩美之间的各种条约、协定数量已经有260多个,韩中之间只有70个左右"。[5] 中韩关系在制度化方面明显落

---

1. 《中韩两国国防部发表联合新闻公报》,《解放军报》2011年7月15日。
2. [韩]"国防部:韩中正推进签署军需支援协议",韩联社首尔5月21日电。
   http://chinese.yonhapnews.co.kr/allheadlines/2012/05/21/0200000000ACK20120521002200881.HTML。
3. [韩]申庚振:《韩中建交20年及韩中安全合作》,《中央日报》2012年5月4日。
4. [美]罗伯特·基欧汉、约瑟夫·奈著,门洪华译:《权力与相互依赖》,北京大学出版社2002年版,第18页。
5. 董向荣、李永春、王晓玲:《韩国专家看中国——以中韩关系为中心》,《现代

后与美韩关系,依然存在很大的发展空间,中国不能因为贸易额的庞大而就认为中韩关系达到了一个很高的高度。

对韩国来说,也要充分理解中朝关系的友好历史与地缘政治的因素,对中韩关系的发展不应抱有不切实际的过高要求。中韩两国在处理朝鲜半岛事务的基本准则上没有原则性分歧,[1]中韩积极合作推动了朝鲜半岛无核化进程和南北双方的和解。但是2008年以后,特别是2010年天安舰事件和延坪岛事件以后,韩中韩两国在朝鲜问题上出现分歧。韩国应该理性地认识到,朝鲜和韩国都是中国周边外交中的重要环节,中韩关系的发展与中朝关系并不是彼此矛盾、相互对立的。朝鲜是独立的国家主体,是中国传统的友好邻邦,中朝关系的发展,对中国的安全与战略利益同样十分重要。如何处理中朝关系,中国会根据自身的外交需要和安全需求做出自己的安排。而且,中国的大国外交比重约占中国外交的70%左右,韩国只是中国 20% 的周边外交的一部分。韩国不要对中国的对朝政策妄加猜想,更不要主观片面地横加指责和干预。

第二,中韩各个领域之间的分歧和摩擦是客观存在的,应当积极应对而不能搁置回避。目前,中韩两国间的问题大致集中在贸易摩擦、海洋权益纠纷和历史认识分歧这三个方面。在贸易方面,随着经济合作的深入,贸易摩擦和贸易逆差问题逐渐凸显。这一方面是由于韩国对一些本国产品特别是农产品采取保护性贸易措施造成的;另一方面也是因为随着中国总体出口竞争力的提高,中韩贸易分工正由早期的垂直互补演变为水平竞争,两国之间互补性减弱、竞争性增强。[2] 在这种情况下,中国和韩国之间的贸易摩擦呈不断增多的趋势,甚至成为相互提起反倾销调

国际关系》2011年第5期,第61页。
1.《构筑新关系 携手创未来——访韩国总统金大中》,《人民日报》1998年11月14日。
2 吴凤娇:《由互补到竞争——解析中韩国际贸易分工格局的转变》,《国际商务(对外经济贸易大学学报)》2007年第1期,第23页。

查最多的国家之一。此外,中韩日益增长的贸易逆差问题也越来越值得关注。双边贸易不平衡本是国际贸易中的正常现象,追求绝对平衡贸易的管理贸易政策,不利于贸易对象国的经济发展,也不符合自身的经济利益。但中韩之间面临的问题的关键"不是韩国对华出口增长过快,而是韩国没有采取有效的措施扩大从中国的进口"。[1] 中韩两国今后如何在通过战略性、制度性的合作来推进两国贸易的便利化与和合理化是两国面临的共同问题。

中韩之间的海洋权益纠纷已经由来已久,其根源在于双方的海洋专属经济区存在着大片的重叠。2012年以来,中韩之间多次就渔业纠纷和苏岩礁问题发生摩擦,并出现了中国渔民和韩国海警死亡的悲剧。韩国不但在苏岩礁和日向礁修建了人工建筑,还采取措施"加强离於岛(苏岩礁)附近海域的海上安全保卫",[2] 甚至要专门组建"独岛离於岛舰队",并开始修建济州岛海军基地。中韩之间在安全领域的合作本就薄弱,如果因苏岩礁问题而出现敌视心理和行动,对双边关系的将产生非常不利的影响。渔业纠纷也是由海洋划界长期难以达成共识而导致的。中韩渔业纠纷主要是指中国渔民越界到韩方渔区打捞,并因此和韩国海警及渔民发生冲突的问题。自2006年至2011年底,已经有大约2600艘中国渔船被韩方扣留,约800名中国渔民被捕。[3] 相比较苏岩礁问题,渔业纠纷直接涉及到了两国渔民的现实利益,并已发生了多次激烈的对抗行为,导致多起受伤及死亡事件。目前,中韩两国海洋维权措施都在加强,海洋权益纠纷将会持续存在。

---

1 廉晓梅:《中韩贸易关系的发展与存在的问题》,《东北亚论坛》2004年06期,第51页。
2 [韩]"海警厅为离於岛海上治安部署一架固定翼飞机",
 http://chinese.yonhapnews.co.kr/allheadlines/2012/03/19/0200000000ACK20120319001600881.HTML.
3 "中国渔民与韩国海警冲突频发 韩国不断提高罚款额度",
 http://china.cnr.cn/xwwgf/201205/t20120502_509541935.shtml.

在历史认识问题上，中韩两国学界和民间长期存在着争议。韩国的民族史学家从近代开始就"以北方的高句丽为中心重新构筑韩国的历史体系"，并刻意地将中国作为韩民族的对立面，"将古朝鲜和高句丽形容为古罗马那样的大帝国，并将匈奴、女真、蒙古、鲜卑族等都视为同族，强调朝鲜族对汉族侵略和殖民的'光荣史'"，以激发韩国国民的民族精神。[1] 史学作为知识分子塑造国家认同和民族认同的重要工具，在韩国近代民族国家形成的过程中发挥了重要作用。韩国独立以后，一些非学者的民间人士组成在野史学派，他们将神话故事、民间传说和评书演义与真实的历史混为一谈，甚至将无限扩大的民族史学写入教科书，对二战后出生的韩国人形成了颇为根深蒂固的印象，成为韩国极端民族主义产生的重要根源。2002年，中国启动了"东北工程"学术研究计划，对毗邻朝鲜半岛地区的历史和文化归属问题进行全面的系统调查，相关的研究成果引起韩国学术界、舆论界的强烈抗议和指责。2005年，韩国将江陵端午祭申报为世界非物质文化遗产，也使中国民间的反韩情绪迅速升温。这些事件经媒体放大或扭曲，使得中国"厌韩"情绪迅速高涨。[2] 尽管在2004年，中韩两国政府就历史认识问题达成口头谅解，承诺将致力于防止古代史等悬案阻碍中韩关系发展，但这种历史认识的差异在民间将会长期存在，其产生的负面影响也很难控制。

第三、中韩之间在政府内部缺少"中国通"与"韩国通"，导致两国政府内的外交决策部门缺乏有效沟通。在民间层面的互动也存在不少问题，再加上民族主义的因素，一些负面情绪出现了蔓延。

中韩建交以来，在大量的留学生当中，不乏"中国通"与"韩国通"人才。他们都有着长期在对方国家学习研究的经历，对彼此国家的民族情绪、

---

1. 王元周：《韩国人的历史观与中韩关系》，《国际政治研究》2009年第4期，第142页。
2. 庾龙源示：中国人厌韩是因为否定中国文化贬低中国产品.朝鲜日报,2008.9.25

风土人情等有着亲身的体验，对彼此国家的国情有着深刻的认识与感悟；这些人都希望两国关系发展得好，希望自己为中韩友好做出贡献。这应该是两国关系发展中的重要财富，应该让这些人充分发挥其聪明才智，为中韩关系的发展出谋划策，"集思广益"，为两国外交部门提供政策咨询与决策参考。两国政府应该重视"知中派"和"知韩派"的培养，发挥他们在外交领域的重要作用。但是，在韩国社会，由于现政府的"亲美政策"导向，研究中国问题的专家都是一种小心翼翼的姿态，防止被人称作"亲中派"。他们在公开发表言论时总是小心翼翼，时刻将自己与中国拉开距离，极力避免制造"亲中"口实，以免成为学界、政界和媒体界的弃儿。研究中国问题的学者们在当今社会中没有取得一定的社会地位，属于典型的弱势群体。因为韩国的保守政府是亲美的，其对外政策都是围着美国转的。在这种大社会环境下，亲美在韩国似乎是堂堂正正的，而亲中则是偷偷摸摸的，以至于在中国拿到学位的韩国学生为了找个学者饭碗，还得去美国镀金，只有变成了"亲美派"，或者说变成一个"反中派"才能在韩国有个好的立足之地。由于李明博政府内阁和总统府高级幕僚中缺少真正了解中国事务的重量级人物，缺少"中国通"专家，而负责外交与安全的高级官员大多亲美或亲日，类似在"天安舰"事件上的分歧和对战略合作伙伴关系的解读上，韩国对中国的认识很多都处在想当然的状态，所以，韩国政府还不能准确了解中国的意图，而且也不觉得有紧迫性，因为"远亲胜于近邻"的想法占了上风，美国逻辑渗透进了韩国对外政策的各个角落。

在民间交流方面，中韩两国也需要重视汉风韩流的大气候下也有着负面情绪的蔓延。由于长达半个多世纪的冷战，造成两国人民之间曾经"四十余载，互为敌人，不曾往来"。两国人民在不同的意识形态下成长起来，无论是历史观还是价值观都存在着重大差异。而且，在韩国人的心中始终抹不去作为中华帝国藩属国地位的半岛历史，同时又具有经济上对中国的优越感；而在中国的一些国民心中还有着历史上中华帝国的优越感,近年来随着国家崛起带来的自豪感也不断上升。2010年,一项中韩合作完成的民意调查显示,大部分韩国人并不认为从中韩贸易中受惠,并表现出很强的优越感,"常常流露出对中国的不屑"。对于中国崛起对韩国的影响,"绝大多数受访者的负面情感溢于言表"。而在中国人形象的调查中,"负面因素远远高于中性和正面因素"。至于为何对中国持负面看法,大部分受访者"说不清楚这些印象形成的原因,也找不到具体的事实支撑,但是却习惯性地反复作出相同的判断"。[1] 而在中国方面,2007年在网络上的一项邻国印象调查中,12000名参加调查的中国人中有41.1%的人称最不喜欢的国家是韩国,比日本的30.2%还高出十个多百分点。[2] 英国广播公司在2011年进行民意调查也显示,中国人近几年对韩国的印象急转直下,约有一半的中国受访者对韩国印象不佳,仅次于德国的51%。[3] 中韩民间的负面情绪已经不再是孤立的单一现象,而是一种群体性情绪的体现,从而成为两国双边关系中不可回避的问题。

(三) 发展韩中关系的对策

随着FTA谈判的正式启动,中韩两国将在未来几年内建立自由贸易区。(时任韩国总统李明博认为谈判会在两年内完成)中韩FTA的建立将会产生显著的政治经济效应,其所带来的贸易、投资便利,统一标准施行,法律政策对接等条件将加快东北亚经济一体化进程,使中韩两国间的共同利益更加充实。随着经济一体化进程的推进,中韩关系中"低级政治"领域的一些问题将会找到妥善的处理路径。但是,经济领域的合作不能必然带来安全上的互信,特别是"在东亚地区的现实主义因素更为显著,

---

1. 《几乎无人乐见中国崛起韩国缘何误读中国?》,《国际先驱导报》2010年5月28日。
2. 《中国网民邻国印象调查》,《国际先驱导报》2007年12月12日。
3. "中国民众对韩印象恶化 韩网民称对华全无好感",
   http://www.chinanews.com/gj/2011/03-08/2891558.shtml。

有时使得接近于复合相互依赖的模式相形见绌。"[1] 面对走向成熟但又复杂的双边关系,中韩两国应充分调动国内外资源,加强薄弱环节的合作,特别是提高政治互信的深度,增强战略上的沟通与合作,改变在在政治和安全领域合作相对滞后的局面。

1. 中韩两国需要重新调整彼此的认知定位,避免错误知觉

中韩两国之间存在着彼此认知的错位,一方面,韩国习惯于以1992年建交之初的视角来评价中国,未能准确认识崛起的中国,未能及时把握东北亚势力的结构性变化;[2] 另一方面,中国认为中韩两国同属东亚儒家文化圈,两国存在着天然的亲密感,经济合作又加强了两国之间的关系,而对两国国情与文化的差异性估计不足,对于在政治、安全领域的合作存在过于乐观的看法。心理学研究显示,人们对世界的认知是"处理、分辨和理解复杂和不确定环境的最基本工具",[3] 但是现实世界经常会出现与人们原有信仰和观念不一致、不协调的现象。此时,人们会顽固地坚持自己的认识,即使事后证明事实与他们的认识截然相反,他们也会这样做。他们忽视与自己的认识不吻合的信息,扭曲这样的信息使之符合自己的认识,或者至少使之不与我们的认识相矛盾。[4] 在中韩两国的相互认知上也存在着这样的问题,合理地调整彼此的心理认知,消除错误知觉、降低乐观预期将有助于双边关系的健康发展。

---

1. [美]罗伯特·基欧汉、约瑟夫·奈著,门洪华译:《权力与相互依赖》,北京大学出版社2002年版,中文版序言第42页。
2. 詹德斌:《"天安舰"事件后韩国对中韩关系的反思》,《世界经济与政治论坛》2011年第6期,第120页。
3. Yaacov Y. I. Vertzberger, The World In Their Minds: Information Processing, Cognition, and Perceptions in Foreign Policy Decision-making(Stanford, CA: Stanford University Press, 1990), p.113. 转引自张清敏:《国际政治心理学流派评析》,《国际政治科学》2008年第3期,第89页。
4. [美]罗伯特·杰维斯著,秦亚青译:《国际政治中的知觉与错误知觉》,世界知识出版社2003年版,第141页。

韩国需要正视中国崛起这样一个客观事实,并以此来审视其对华政策。由于过去认知的思维定势,中国崛起引起了韩国对历史上韩国是中国属国的恐惧,冷战记忆更使很多人认为"社会主义国家强大后不会起到好作用。"[1] 而中国崛起已经是一个不争的事实,不仅为韩国提供了最大贸易顺差来源,也在越来越深刻地改变东北亚地区的实力格局。既然韩国能够以美韩同盟为对外政策的基石,中国作为大国在处理国际事务中有自己的立场和原则,更有理由根据自己国家利益行事。要推动中韩关系的发展,韩国理应学会换位思考来理解中国。随着中国大国、强国地位的继续巩固,韩国必须要接受和适应这样一种现象。中国也需要对韩美同盟和中韩关系的现状保持客观认识,接受美韩同盟是韩国外交、安全政策基石的现实,在此基础上调整对韩政策。

中韩两国政府和民众也需要降低中韩文化同根同源的固有预期,明确两国文化的差异性,以减少由此造成的心理落差。中韩文化同根同源这样的表述被广泛地使用,以至于没有太多人去探究其真实性到底有多大,更忽视了两国文化明显的差异性。韩国李氏朝鲜时期弘扬的儒家文化主要是程朱理学,反对多元化的流派争论和儒道释三教合一的思想倾向,并塑造了此后韩国社会的基本形态。而中国辽阔的幅员和多元的民族构成使得其传统文化在以儒家文化为内核的同时吸收了多元的文化因素。[2] 韩国半岛属性的地理环境和单一的民族结构使其文化具有"半岛性格"和"岛屿文化"的特性,更加注重等级结构,更具进取性、刚烈性和危机感,同时也容易滋生自大或自卑的极端心理和急躁的情绪。在韩国现代

---

1. 《几乎无人乐见中国崛起韩国缘何误读中国?》,《国际先驱导报》2010 年 5 月 28 日。
2. 关于儒学在中国传统文化中的核心地位这一问题在中国学术界虽然有广泛的共识,但也一直存在争议。也有学者认为儒道结合是中国传统文化的核心,还有学者认为中国传统文化在不同时期有着不同的主题,在很多朝代是以儒家文化来维系社会结构,以法家文化来维持社会秩序。

化的进程中,"西方的文化和知识也对韩国产生了极大的影响","西方价值观体系在韩国达到了普遍流行"[1],个人主义、利己主义等观念也渗透到现代韩国人的思维方式中去。韩国是亚洲最大的基督教国家,拥有1300万人的信徒。韩国人的信仰体系和价值观念和中国人之间的差异非常明显。全球最有影响力的跨文化组织行为学研究项目"GLOBE"项目[2]的相关数据也显示,在儒家文化圈内"韩国与中国大陆的文化距离是最远的,无论是现实距离和价值观距离",也意味着"中国企业在和韩国企业沟通与合作的时候面临的困难是最大的"。[3] 因此,中韩政府与民众应对两国文化同质性降低过高的心理预期,更加重视差异性,避免出现现实与预期之间的落差。

2. 以FTA为契机提高中韩合作的机制化水平

中韩合作的规模和层次已经达到一定程度,两国间的共同利益也要多于冲突性利益。中韩两国在经贸合作、人文交流、朝鲜半岛无核化、非传统安全、东亚共同体建设等领域享有广泛的共同利益,在海洋权益纠纷、历史认识、朝鲜问题、韩美同盟、贸易摩擦等方面则存在着冲突性利益和竞争性利益。在涵盖领域的广泛性和问题的等级性方面,中韩之间的共同利益都占据优势。因此,中韩两国需要继续巩固基于共同利益而展开的积极合作,同时也要重视存在冲突性利益和竞争性利益的领域,开展必要的消极合作,避免双边关系受到影响。"积极合作的目的在

---

1. 崔志鹰:《全球化对韩国社会的影响》,《当代韩国》2007年冬季号,第33页、第34页。

2. Global Learning and Observations to Benefit the Environment, 即"全球领导力和组织行为效率"项目,该项目致力于研究国家文化之间的同与异,以及它们如何影响各地组织的实践行为尤其是领导行为。详情参见该项目网站:http://globe.gov

3. 蒋璐、程兆谦、林棍:《儒家文化圈内的文化差异及其对组织间合作的影响研究》,《中国软科学》2007年第7期,第123页。

于扩大相互有利的利益,消极合作则主要是通过预防潜在的冲突或对抗的发生,或者限制这些冲突和对抗所产生的破坏效应,以减少相互不利利益给彼此造成的损失"。[1]

中韩两国一方面应当继续在经贸合作、人文交流、区域合作以及朝鲜半岛无核化等领域继续深化现有的合作水平,形成更加紧密的相互依赖关系。同时进一步加强两国在外交和安全领域的对话与合作,落实两国共同声明中建立外交部门高级别战略对话机制的倡议。在中韩共同利益不断扩大的基础上,通过多渠道的沟通途径和多样化的合作议题,逐渐提高两国之间复合相互依赖的水平。另一方面也要重视冲突性利益和竞争性利益,推动消极合作的开展。以"天安舰事件"为例,韩国认为中国基于战略合作伙伴,应当支持韩国的立场;中国对此的反应令韩国失望,而韩国与美国进行的联合军演又将韩国置于中美矛盾中的对立面上。产生这一现象的原因在于中韩两国忽视了两国之间存在的冲突性利益:中国认为制裁和武力威胁不利于朝鲜问题的解决,更对美国力量在周边的活动保持警惕;韩国则对朝政策日趋保守和强硬,在外交与安全方面更倚重于美韩同盟。因此,在中韩存在冲突性或者竞争性利益的领域,两国有必要采取更加明晰化的战略,做好对方出台对己不利政策的心理准备。虽然这种消极合作不能促进双边关系的提升,但能够防止双边关系的波动与下滑。

2012年5月2日,中韩两国共同宣布正式启动中韩FTA谈判,这是推动两国经贸合作升级进而促进中韩战略合作伙伴关系深化发展的重要一步。近年来中韩经济相互依赖不断提高,也增加了韩国对于中国依赖度过高的担忧,两国之间的贸易摩擦也时有发生。相互依赖在提高互信、增加战争成本的同时,"一国在相互依赖关系中高度脆弱性的现实会

---

[1]. 阎学通:《对中美关系不稳定性的分析》,《世界经济与政治》2010年第12期,第16页。

加强其对国外市场变动的敏感性以及减少其政策调整的自主性和独立性,从而对该国的安全构成潜在的威胁"。[1] 而高度相互依赖能否促进国家间关系的健康发展,而不是起到相反的作用,与国际制度有着重要的联系。国际制度的建立能够"使各方的需求汇聚在一个中心,为官员的合法行动以及决策者达成可行的一致模式提供了指南,并降低了行为的不确定性。长远来说,人们甚至可以看到,政府在顺应机制的各种规则基础上,是如何界定它们的自我利益的"。制度还"可以通过禁止确定的行动来约束国家的行为"。[2]

因此,中韩签署FTA,建立自贸区首先能够降低两国贸易成本,促进双边经济关系健康发展。而且,目前的FTA已经远远超越了经济范畴,需要政府部门、研究机构、企业及中介机构等各个行为体参与,涵盖了政治、经济、文化等各个领域。自贸区的建立将会提高中韩合作的制度化水平,将中韩相互依赖关系中双方必须承担的责任和义务以法律形式确认下来。这种法理化的制度规定除了能控制经贸领域的交易成本外,还在客观上要求参与方提供标准化的信息,就"可以形成一种信息结构,它们决定什么行动原则是可以接受的,从而作为减少冲突的基础以及判断政府行动是否合法的标准。"[3] 这样就能够为中韩关系提供更加稳定的的基础和框架,降低不确定性。但是,中韩两国也不能对自贸区建设过于乐观,尤其是需要注意合作过程中"当更多考虑地缘战略的时候,合作就被竞争所取代"[4]的现象。"在经济关系向政治互信的转化过程中,国际关系的结构性因素会在特定的背景下发生重要作用",这在中国与东盟自贸区

---

1. 苏长和:《经济相互依赖及其政治后果》,《欧洲》1998年第4期,第38页。
2. Robert O. Keohane and Joseph S. Nye, Power and Interdependence Revisited, International Organization, Vol.41, No,4(Autumn 1987), p.743.
3. Robert O. Keohane. International Institutions: Can Interdependence Work? Foreign Policy, Spring, 1998, p.91.
4. Breslin, Shaun. "Comparative theory, China, and the future of East Asian regionalism(s)", Review of International Studies, Vol.36 (No.3), 2010, pp.709.

实践中已经有所体现。1 中韩两国应该对此做好未雨绸缪的工作。

3. 改善两国关系的民意基础, 约束极端民族主义的蔓延。

中韩两国需要不断改善两国关系的民意基础, 重视对"知中派"和"知韩派"的培养, 努力提高中韩人文交流的质量。人是情绪的载体, 同时也是沟通的主体, 人与人之间的互信则是国家间互信的基础。中韩两国也非常重视人文交流, 多次在联合声明/公报及领导人会晤强调加强人文交流。中韩友好交流年、中国访问年、韩国访问年等活动也取得了积极成果, 人文交流的公共性得到提高。但是, 一些人文交流的效果却不尽如人意。以互派留学生为例, 中韩互派留学生人数都居对方留学生首位, 但是, 因韩国人的 "外国人厌恶症"和"偏爱自己集团"的倾向, "在韩的外国留学生中 68%"因韩流来到韩国后厌恶韩"。2 "'韩国梦'破碎的中国留学生正不断增多, 他们的反韩情绪成了不小的问题"。3 这说明韩国社会对外国人存在着明显的偏见和误会, 韩国对留学生的管理也存在着不足。这样的人文交流不仅没有起到积极效果反而起到了反作用。因此, 中韩两国的人文交流在量的增加的同时, 也需要及时地对交流效果进行评估, 及时解决相关问题, 以提高交流质量, 实现有效交流。

中韩两国应当推动两国间人文交流走向制度化, 中国应该注意"非官方的个人、民间组织的作用"、"自身发展和内涵的提高", 要"及时地进行理念更新与体制规范", 要防止"只讲形式, 不求实效;外表光鲜, 内容陈旧", 和"走向'宣传'的老路。4 而韩国方面也需要积极改善国内的人文交流环境,

---

1. 王玉生:《中国东盟自贸区一年评估》, 李向阳主编:《亚太地区发展报告(2011):亚洲与中国经济模式调整》, 社会科学文献出版社 2011 年版, 第 139 页。
2. [韩]金智贤:《"在学校内外被孤立"68%留学生因为韩流来到韩国后对韩国产生厌恶感》,《东亚日报》2011 年 11 月 21 日。
3. [韩]李哲渊:《嘴里说着"讨厌韩国"而离开的中国留学生》,《朝鲜日报》12 月 15 日。
4. 金正昆、唐妮娜:《当代中国外交的新路径:"人文外交"初探》,《教学与研究》2009 年第 8 期, 第 37 页-38 页。

使两国的人文交流起到积极的效果。

  中韩两国主要媒体的报道活动应当恪守职业道德,保证报道的真实性和客观性。构建民间友好的重要渠道。媒体如今在国际交流中扮演着重要角色,在加强不同国家民众间的相互理解和信任方面发挥着重要作用。规范报道并不是指刻意限制报道的内容,从而妨碍新闻自由。而是要追求报道的真实性和客观性,防止片面报道和恶意炒作,坚决抵制各种怪论和假新闻。媒体报道具有引导大众的作用,特别是对民族主义的塑造有着巨大的影响,"应充分考虑到自身所具有的积极力量与作用,避免因一些错误,片面的新闻报道而造成两国民众之间的民族情绪对立"。5 在进行报道时,要坚持正确的评论立场以引导舆论,绝不挑逗和操弄民族主义情绪。失真报道不仅增加了两国民意的对立,而且不利于两国政府采取措施缓和事态。在中韩之间的历史认识、海洋权益纠纷等相关敏感问题上,应杜绝虚假报道,避免片面的具有煽动性的报道。

  中韩两国政府还应当积极发挥两国民意沟通的桥梁作用,合理引导民众情绪,防止民间情绪对立。随着中国大国地位的继续巩固和提升,政府应当引导中国民众形成一种大国国民风范。中国民众应具备成熟厚重的民族心理,拥有现代国家应有的公民精神,发挥中华民族强大的融合力,以宽广的胸襟对待韩国民族主义。政府应当引导中国民众以平等而尊重、自信而包容的公民精神来看待韩国,对于韩国特定条件下形成的民族性格予以必要的理解。韩国方面也应当正视自身存在的问题,更新对中国崛起的认识,以"谦虚和温情的态度来看待中国",6 以一种更开放、包容的心态吸取他民族之长,完善民族性格,推动民族主义的国际化,培养一种更开放、包容的民族心态。

---

5. [韩]朴秉光:《改革期中国民族主义出现的背景与现状》,(韩)《国际问题研究》2008年秋季号,第90页。
6. [韩]刘光钟等:《以谦虚和温情来化解中国的反韩情绪》,《中央日报》2008年9月1日。

第六章 韩国外交的主动性：中等强国的维度

中等强国在国际社会中具有不可忽视的影响。韩国作为中等强国群体中的重要成员和新兴力量，其中等强国外交的实施，对其国际形象的塑造和国际地位的提升具有重要意义。本章将在对中等强国外交展开深入理论解析的基础上，厘清韩国中等强国外交的战略目标、可用资源、实施方式，以及优势与局限。同时，结合加拿大和澳大利亚这两个中等强国外交的典型案例，在比较研究的视野之下，分析中等强国外交的共性，并厘清韩国中等强国外交的特性。最后，结合韩国的"东北亚均衡者"、"新亚洲倡议"和"全球韩国"等具体议程，探析韩国积极游走于大国之间、强力推进多边外交的中等强国外交战略与行为。通过中等强国维度的学理审视，深入诠释韩国外交的主动性。

第一节　中等强国外交的理论解析

进入 21 世纪以来，随着新兴经济体的群体性崛起，国际格局的多极化趋势日渐明晰，虽然单极多元的体系结构尚未发生质变，但世界政治中的权力转移与流散已成为可能的预期。在这一背景下，"中等强国"作为国际体系中的重要单元群体影响渐增，日益成为重新塑造当下和未来国际秩序的一支不可忽视的力量。中等强国的外交战略与行为，有着不同于大国和小国的独特风格和固有禀性，在国际政治中发挥着特有功能与作用。对于中等强国外交的系统考察和深入研究，有着重要的学术价值和现实意义。

(一) 中等强国外交：概念辨析

1、何谓"中等强国"

"中等强国"(Middle Power, 又译"中等国家")，顾名思义，即国家实力地位介于大国和小国之间的国家，亦即在国际权力格局中居于中间地位的国家。现代意义上的"中等强国"概念产生于二战后期的加拿大，60年代中期以后，对中等强国理论的研究突破一国范围，逐渐扩大到其他中等强国。[1] 当前国内外学界并无统一的中等强国定义标准。如何对中等强国进行科学合理的学理性界定，成为中等强国外交研究的首要课题。笔者认为，中等强国可基于如下两个指标加以界定：

(1) **国家实力**

中等强国首先应具备弱于大国而强于小国的国家实力。这种国家实力，既包括领土规模、自然资源、人口数量等物质性要素，也包括民族性格、国民士气、政府素质等非物质性要素；既包括经济和军事等维度的硬实力，也包括文化和价值观等维度的软实力。中等强国，在全球综合国力的排序上应居于中等偏上的位势，实力虽不及美、中、俄、日、英、法、德等少数公认的大国，却领先于为数众多的小国，在国际体系中居于"第二梯队"。不过，"国家实力总是相对的、易变的及难以精确测量的"，[2] 单纯的国力比较和定量分析对中等强国的学理界定而言并非周延，其他相关要素亦应充分考量。

(2) **角色身份**

中等强国应是具有一定全球影响的区域性强国。一方面，中等强国在其所在地区范围内应具有相对靠前的实力地位，在该地区扮演重要角

---

1. 潘迎春：《"中等国家"理论的缘起》，载《世界经济与政治论坛》2009年第3期，第120-123页。
2. 魏光昌：《中等国家与全球多边治理》，载《太平洋学报》2010年第12期，第37页。

色。虽然由于美国这一超级大国和若干世界大国的存在和影响,中等强国在地区事务上并不一定具有主导性作用,但其地缘政治上的特殊地位和对外政策上的纵横捭阖,使其在地区范围内能够成为具有关键地位的国家。例如韩国,通过"东北亚均衡者"战略定位和外交努力,[1] 巩固和提升着自身的地区影响,成为地区事务的重要参与者。另一方面,中等强国积极参与国际事务,在全球范围内具有一定影响力。中等强国虽然在世界权力格局中并不居于一流地位,但在全球性和地区性国际事务上通常采取积极的参与政策,在各类政府间国际组织中往往扮演重要的政治角色。这种行为模式和战略选择,使得中等强国能够在国际政治舞台上取得全球范围的影响力,并形成良好的国际形象。

由于概念界定的差异和衡量标准本身的模糊性,学界对于中等强国的具体外延尚存在分歧。以上述两大标准来衡量,中等强国大致包括加拿大、澳大利亚、西班牙、巴西、墨西哥、南非、埃及、土耳其、印度、越南、印度尼西亚、韩国等十余个国家。这些中等强国包含两种类别。爱德华·乔丹(Eduard Jordan)将中等强国划分为"传统中等强国"和"新兴中等强国"两类,认为澳大利亚、加拿大等属于传统中等强国,而南非、土耳其等属新兴中等强国。[2] 皮尔森·克里斯蒂(Pyerson Christie)和大卫·迪威特(David Dewitt)则分别将这两类中等强国称为"第一代中等强国"和"第二代中等强国"。[3] 传统中等强国(第一代中等强国)即传统发达国家中的中等强国,而新兴中等强国(第二代中等强国)则属于群体性崛

---

1. 李敦球:《卢武铉:做东北亚的"均衡者"》,载《世界知识》2005 年第 11 期,第 30-32 页。

2. See Jordaan Eduard:"The Concept of a Middle Power in International Relations: Distinguishing between Emerging and Traditional Middle Powers", Politikon: South African Journal of Political Studies, Vol.30, No.1, 2003.

3. See Pyerson Christie and David Dewitt:"Middle Power and Regional Security", Conference paper for IBSA, Argentina and Global Security, Buenos Aires, Argentina, May 31, 2006.

起中的新兴工业化国家。韩国正是新兴中等强国群体中的重要一员。

2、何谓"中等强国外交"

身份建构行为,中等强国的身份认同自然会带来相应的对外行为,中等强国外交的出现成为理论上的必然和现实中的实然。中等强国外交作为国际关系领域的重要课题值得深入考察。但对于何谓"中等强国外交",目前学术界尚未给出明确的定义,因此这一研究首先需要对中等强国外交进行明晰的界定。笔者认为,中等强国外交应具备两个层面的基本要素。

(1) 主体要素

首先,实施主体在客观层面须具备中等强国的实力与地位。国家行为体在国际体系中的实力强弱与地位高低,与其对外行为有着高度的相关性。实施主体在世界格局中的居中实力和在国际体系中的中间地位,是中等强国外交之所以形成的前提和基础。实力强于中等强国的大国,在国际事务上有着更大的话语权,是国际战略博弈的主要棋手,其外交模式与中等强国有较强的异质性;而实力弱于中等强国的小国,在国际事务上影响十分有限,在国际战略博弈中完全处于棋子地位,其外交模式更是与中等强国迥异。

其次,实施主体在主观层面须具有中等强国的自我定位。国家行为体的对外行为深受其对自我身份认知的影响。中等强国的身份认同是开展中等强国外交的前提和基础。只有在具备中等强国战略定位的基础上,一国才有可能推行实质意义上中等强国外交。如加拿大中等强国外交的形成,即源自加拿大政治精英在外交实践中提出的"中等强国"战略理念:1943年7月9日,时任加拿大总理麦肯齐·金(William Lyon Mackenzie King)在议会发表了著名的关于"实用原则"的演讲,首次提出了"中等强国"的概念,"为战时加拿大对战后世界的考虑和战后加拿大的发展奠定了基调。"[1]

---

1. 潘迎春:《第二次世界大战与加拿大独立外交的形成》,载《世界历史》2009年

(2) 行为要素

首先，中等强国外交在外交决策上须独立自主。"中等强国最重要的标志，是参加国际活动领域和是否采取积极和独立自主的政策的政治意志"。[1] 由于实力地位的固有弱势，霸权的干预和控制成为许多中等强国面临的现实挑战。中等强国外交不应是霸权国家操纵之下的产物，而应是出于自主权利的战略运筹。只有在不受他国干涉的前提下独立自主地开展的外交活动，才能使中等强国的角色身份产生实质意义，才能称为中等强国外交。事实上，中等强国外交的最初形成，即是加拿大和澳大利亚两国摆脱大英帝国架构之下英国在外交领域的长期控制和影响，谋求独立自主外交的产物。

其次，中等强国外交在国际事务上应积极参与。中等强国外交的一个重要标志，是实施主体积极参与国际事务的意愿与行为。孤立主义的外交政策，是不能构成中等强国外交的。加拿大作为中等强国外交的典型案例，是真正意义上的中等强国外交，即始于其二战后摆脱孤立主义外交传统，积极参与国际事务。中等强国参与国际事务，有两种角色身份：一是领导者(leader)，如加拿大在国际禁雷倡议中的角色、澳大利亚在反对南太平洋核试验问题上的角色等；二是追随者(follower)，如韩国在东北亚安全事务上的角色等。但无论这些国家扮演何种角色，积极的参与行为是构成其中等强国外交的重要前提。

综上所述，中等强国外交，意指具备中等强国客观条件与主观定位的国家，在独立自主基础上积极参与国际事务的外交战略与行为。值得注意的是，并非中等强国的所有外交行为均属"中等强国外交"。例如中等强国所开展的单纯的睦邻外交、简单的经贸合作、纯粹的双边协调等等，无关于这些国家的中等强国身份，并不构成"中等强国外交"。

第 5 期，第 66 页。

1. G·冈萨雷斯：《何谓"中等强国"》，载《国外社会科学》1986 年第 6 期，第 44 页。

(二) 中等强国外交：研究现状

从冷战时代至今，国内外学界已从多个维度对中等强国外交展开了深入的研究，并已取得一系列研究成果。这些研究大致可分为三类：

1. 单一国别中等强国外交的案例研究

这种国别研究，既有传统中等强国外交的研究，又有新兴中等强国外交的研究。传统中等强国外交研究多以加拿大和澳大利亚案例。如唐小松和宾科的《陆克文"中等强国外交"评析》一文。该文对澳大利亚陆克文政府的中等强国外交进行了系统解读，指出陆克文政府力图通过"首创精神"来实现"富有创造力中等强国外交"。文章认为美澳同盟关系限制了澳大利亚外交的独立性，澳大利亚外交政策中"通过同盟政治保障安全"和"通过地区参与获取影响"两大变量竞争的内在矛盾、亚太权力竞争的现实，加之自身实力的局限性，使得陆克文政府的中等强国外交面临困境。[1]

新兴中等强国外交的研究则考察了一些较为冷门的国家。如丁工的《土耳其中等强国外交的现实性和可能性》一文。该文认为土耳其基本满足中等强国的标准，具备开展中等强国外交所需要的软硬条件，虽在独立自主外交和完善国内机制等方面距离中等强国的要求存在一定的不足，但外交战略的选择基本与其所处形势的转变相一致。作者指出，在近期的中东变局中，土耳其充分演绎了中等强国的外交角色特征。其在中东变局中的作为，得到绝大多数阿拉伯国家的认同，使其地区影响力持续飙升。文章还提出，土耳其目前的国际影响力同中等强国外交的行为特性尚不完全匹配，能否成为真正意义上的世界性中等强国，取决于土能否克服现实中的制约因素。

---

1. 参见唐小松、宾科：《陆克文"中等强国外交"评析》，载《现代国际关系》，2008年第10期。

2. 两国或多国中等强国外交的比较研究

此类研究多为对新兴中等强国外交的研究。如阿图罗·维拉斯盖斯(Arturo C.Sotomayor Velázquez)的《联合国中的拉美中等强国：巴西和墨西哥比较研究》(Latin America's Middle Powers in the United Nations: Brazil and Mexico in Comparative Perspective)和雷蒙德 A. 希讷布什(Raymond A.Hinnebusch)的著作《叙利亚与伊朗：可渗透性地区体系中的中等国家》(Syria and Iran: Middle Powers in a Penetrated Regional System)。前者以巴西和墨西哥为例比较分析了同为中等强国却发出不同国际行为的原因，认为这与政府意愿无关，但与政府的官僚设置以及在海外的侨民有密切关系。[1] 后者对叙利亚、伊朗、以色列、埃及、土耳其等中东中等国家的行为方式及相互关系做了探讨，尤其强调了这些国家在地区事务中的权力野心。

此外也有基于传统中等强国外交的研究，如安德鲁 F.库珀(Andrew F.Cooper)、理查德 A.希格特(Richard A.Higgott)及吉姆·理查德·纳赛尔(Kim Richard Nossal)三位学者合著的《重新定位中等国家：世界秩序变革中的加拿大和澳大利亚》(Relocating Middle Powers: Australia and Canada in a Changing World Order)同样对中等国家的概念做了回顾，并对中等国家在参与国际事务时的角色定位和行为路径进行了有益探讨。他们提出的双重角色定位观点，认为中等国家在国际事务中可以在追随者角色和领导者角色上自由选择。

3、以特定理论问题为指向的中等强国外交研究

此类研究最多的是对中等强国参与全球治理的研究。如魏光启的《中等国家与全球多边治理》一文，指出中等国家发挥其全球治理功效

---

1. See Arturo Velázquez："Latin America's Middle Powers in the United Nations: Brazil and Mexico in Comparative Perspective", Journal of International Peacekeeping, Vol.16, No.3, 2009.

的主导思想之一是多边主义,认为多边主义是中等国家在准确定位自身能力之后而形成的"利他"与"利己"彼此交错的优先选择,但这种选择面临着巨大的挑战。[1] 唐纲的博士论文《中等强国参与全球治理研究——议程设置的视角》则从议程设置的特殊视角分析了中等强国对全球治理的参与,认为中等强国在全球治理中发挥主导性作用的前提和基本经验是对特定问题进行成功的全球治理议程设置。该文揭示出中等强国选定的议题多为环境、卫生、人权等低级政治议题,中等强国多借重国际组织特别是非政府组织和跨国倡议网络的力量,两者在全球议程设置中进行合作,形成良好互动。[2] 赵晨的《国内政治文化与中等强国的全球治理——基于加拿大的考察》一文则从国内政治文化的角度探讨了中等强国参与全球治理的问题,认为作者以加拿大为例,分析了这一典型中等强国的国内政治文化是如何影响它与国际组织的互动、它对待非政府行为体的态度以及主权观和人权观等三个全球治理观察指标,探索了加拿大追求妥协的渐进式政治发展历程、多元主义文化和对美国复杂矛盾的心理这三者构成的独特的政治文化与其全球治理理念和政策之间的逻辑关系。[3]

此外中等强国参与全球治理问题之外,国内外学界还有一些对其他相关问题的研究。如坎迪斯·摩尔(Candice Moore)的《新兴中等强国与国际政治的视野和秩序》(The 'New' Middle Powers, Vision and Order in International Politics: Triumph of Liberalism or Opportunity Missed?)指出,发展中国家在一些有能力的国家领导下,正在改变南北对话的模式,侵蚀北方的主导地位。尽管这些国家对国际权力的分配持批评态度,但是并没有否定现有国际秩序的中心原则,如互不侵犯、主权至上等。但是由于硬实力欠缺等因

---

1. 参见魏光昌:《中等国家与全球多边治理》,载《太平洋学报》2010年第12期。
2. 参见唐纲:《中等强国参与全球治理研究——议程设置的视角》,上海外国语大学博士学位论文,2012年。
3. 参见赵晨:《国内政治文化与中等强国的全球治理——基于加拿大的考察》,载《世界经济与政治》2012年第10期。

素使得新兴中等强国难以成为国际制度规范的创新者。[1] 丁工的《中等强国崛起及其对中国外交布局的影响》则从中国的立场和视角考察了中等强国的群体性崛起,指出进入 21 世纪,中等强国实力不断增强,在国际和地区事务中的作用提升,成为决定国际体系走势的一支重要力量,并开始成为全球游戏规则的制定者。文章提出中国目前的外交布局中没有中等强国的定位,对此需要加以调整,以适应中等强国崛起的新形势。[2]

(三) 中等强国外交:基本特征

1、目标层面:注重国际影响力的提升

国家的实力地位影响着各国对外行为的战略目标。在维护国家利益这一所有国家外交政策的共有目标的基础之上,国际体系中国家实力地位的层次性,使国家在国际社会中的利益需求和行为动机也产生层次性。超级大国致力于全球霸权的护持,大国参与地区事务主导权竞争,小国则主要寻求基本的国家安全保障。中等强国,作为世界权力格局中的中间力量,在维护国家安全利益和经济利益的同时,还注重提升和拓展本国的国际影响力。中等强国以与本国实力地位相符合的外交战略与行为,积极主动地参与全球性和地区性的国际事务,推动各类国际热点问题的解决,力图在国际社会中扮演相对重要的角色,实现自身国际影响力的提升。

中等强国为提升国际影响力,不仅以积极的姿态广泛参与国际事务,还着力开展公共外交活动,优化国家形象,提升国际声誉。例如加拿大,早在 1939 年即成立了第一个重要的公共外交机构——国家电影局(NFB),1943 年又成立了战时信息局(WIB),"整合了当时所有与对外信息交流有关

---

1. Candice Moore:"The'New'Middle Powers, Vision and Order in International Politics: Triumph of Liberalism or Opportunity Missed?", 2007, http:// busieco. samnet.sdu.dk/ nisa/papers/ politics/CEMOORE.pdf.
2. 参见丁工:《中等强国崛起及其对中国外交布局的影响》,载《现代国际关系》2011 年第 10 期。

的项目,在美国、英国、澳大利亚、法国和拉丁美洲国家对加拿大进行了有力的宣传。"[1] 近年来,加拿大通过承办国际会议、开展文化交流、利用网络媒介等多种方式发展公共外交,取得了良好的效果。中等强国提升本国国际影响力的外交战略目标,成为"中等强国外交"的重要特征。

2、资源层面：重视国家软实力的作用

国家实力是外交的基础,也是包括中等强国在内所有国家外交的首要可用资源。中等强国在国家实力上相较少数世界大国为弱,但相较为数众多的小国为强。对中等强国而言,由于自身客观条件的限制,在军事、经济、科技等层面依靠硬实力的较量来提升国际影响力,其上升空间相对有限,且易于同一些世界大国形成直接竞争。这使得软实力的作用在中等强国外交中得以凸显。"软实力"概念的提出者约瑟夫·奈认为,软实力的内涵主要包括"对他国有吸引力的文化"、"在国内和国际均能得到遵循的政治价值观",以及"被视为合法和享有道德权威的外交政策"等。[2] 中等强国多为全球或地区范围内社会经济发展相对领先的国家,其社会文化、价值观念、政治体制、意识形态、生活方式等软实力因素所具有的吸引力和感召力,是其推行外交政策的重要可用资源。

中等强国外交为实现提升本国国际影响力等目标,重视软实力的战略效能,特别是文化因素在国际关系中的作用。文化外交和软实力输出成为中等强国外交的重要实施方式。通过国家软实力的功能发挥和灵活运用,中等强国构建着良好的国家形象,提升着本国的对外影响。例如澳大利亚,依靠多元的文化、稳定的秩序、清廉的政府、舒适的生活等软实力资源,吸引着大量外国人到本国留学、工作甚至移民,使本国成为亚太地区

---

1. 张笑一：《"超实力发挥"——加拿大公共外交的历史、特色及启示》,载《国际论坛》2011 年第 3 期,第 34-35 页。
2. Joseph S.Nye, "Think Again: Soft Power", Foreign Policy, February 23, 2006, http://www.foreignpolicy.com/articles/2006/02/22/think_again_soft_power.

甚至全球范围最具公众影响的国家之一。包括澳大利亚在内的很多中等强国都重视发展文化外交和公共外交,以充分发挥国家软实力的作用。

3、议题层面:偏好低级政治领域议程

中等强国外交与大国外交的一个重要区别,在于对国际事务的参与上:大国外交的参与议题较为全面,既涵盖政治、军事等高级政治领域,又涵盖经济、环境等低级政治领域;中等强国外交的参与议题则偏好低级政治领域。研究中等强国外交的著名学者安德鲁·库珀将国际事务诸多议题划分为三大议程:安全领域为第一议程,经济发展和对外援助领域为第二议程,人权、人类安全、环境和卫生等领域为第三议程。[1] 中等强国外交大多与其中第的二议程和第三议程相关。

中等强国在高级政治领域的国际事务上一向扮演着追随者角色,而低级政治领域的一些议题,则属于其"权威领域",即詹姆斯·罗斯诺(James Rosenau)所揭示的对国际事务具有解决能力或可以发挥权威主导性作用的领域,[2] 能够扮演领导者角色。在偏好低级政治、聚焦权威领域的总体背景下,国际议程倡议成为中等强国外交的重要手段。中等强国在特定领域率先发起普遍倡议,号召具有共同意向的国家对某一议题予以集体关注,进而主导这一议程,使本国成为相关事务的领导者。

4、方式层面:充分利用多边机制路径

不同于霸权国家对单边主义的热衷,各中等强国均对多边主义表现出浓厚的兴趣。在具体的外交实践中,中等强国善于利用多边机制路径

---

1. A.Cooper, R.A.Higgott and K.Nossal:Relocating Middle Powers: Australia and Canada in a Changing World, Vancouver: University of British Columbia Press, 1993, pp.19-21.

2. James E.Dougherty&Robert L.Pfaltzgraff, Jr.: Contending Theories of International Relations: A Comprhensive Survey, (reprinted by)Beijing: Peking University Press, 2004, pp.111-114.

实现提升国际影响力的战略目标。对于中等强国而言,国际机制框架下的多边外交是最为理性的战略选择。在多边主义架构下的外交行为,可以最大可能地避免同大国间的直接冲突,最大程度低提高本国的国际声望。

基于以上考量,中等强国皆最大限度地利用多边机制平台开展外交活动,积极采取多边主义方式介入国际事务。事实上,早在在二战结束后的最初阶段,积极参与国际组织的筹备与建构便已成为大多数中等力量国家参与国际事务的主要途径。[1] 当前,加拿大和澳大利亚等中等强国均高度重视多边外交和国际机制的作用,加拿大官员称将"致力于联合国的改革并愿意在多边框架中参与国际事务的治理",[2] 澳大利亚外长斯蒂芬·史密斯更是表示要"使联合国在澳大利亚追求国家利益和全球利益的道路上发挥重要作用"。[3] 充分利用多边机制路径,已成为中等强国参与国际事务和制定外交政策的一个重要特征。

第二节 韩国:中等强国外交的运筹

韩国开展中等强国外交是基于自身独特的地缘位置、综合实力的考虑,谋求地区领导力增强,国际地位提升、统一外交推进,为此韩国积极通过国际议程倡议、国际贡献外交、国际会议外交、文化外交等多种方式进行中等强国外交运筹。近年来,韩国历届政府都不遗余力地推动韩国的中等强国外交开展,比较典型的案例有卢武铉时期的"东北亚均衡者"构想,李明博时期的"新亚洲倡议"和"全球韩国"。

---

1. 钱皓:《中等强国参与国际事务的路径研究——以加拿大为例》,载自《世界政治与经济》2007年第6期,第49页。
2. 钱皓:《中等强国参与国际事务的路径研究——以加拿大为例》,载自《世界政治与经济》2007年第6期,第52页。
3. Stephen Smith:"A New Era of Engagement with the World", August 19, 2008, http://www.foreignminister.gov.au/speeches/2008/080819_si.html.

(一) 韩国中等强国外交的目标

韩国中等强国外交的目标与其他中等强国既存在类似的地方,如提升国际地位,增强外交实力,但也存在独特之处,最为明显的是摆脱大国束缚和谋求半岛统一。

1、坚持不懈 提升国际地位

韩国开展中等强国外交的目标与提升韩国的国际地位密切相关,正如李明博总统在卸任时所说,韩国已经由世界的"边缘国家"转变为"中心国家"。为了提升韩国的国际地位,韩国通过中等强国外交的积极运筹旨在提升韩国国际知名度,推动韩国不断走向世界中心舞台,这与加拿大、澳大利亚的中等强国外交开展的目标基本类似。[1]

提升韩国国际地位主要受韩国经济的不断发展、民族主义日益膨胀的驱动,这在冷战后表现的尤为明显,韩国提出了诸如东北亚均衡者、全球韩国、主导亚洲等一系列口号。民族主义对民族尊严、荣誉的渴望与追求推动韩国不断向大国目标迈进,实行大国平衡外交以抬升韩国的国际地位。历届韩国政府也都积极推动韩国国际地位提升。如金泳三推行"四强外交",金大中奉行"四强协调外交",卢武铉要把韩国打造成"东北亚的均衡者",李明博提出以"资源外交"、"贡献外交"、"文化外交"为三驾马车的全球外交。[2] 此外,韩国还通过举行大型国际活动、国际会议,积极参与国际组织和全球治理来扩大韩国的国际影响,提升韩国的国际知名度。上述表明,冷战后韩国历届政府都致力于追求韩国国际地位提升,这也是韩国中等强国外交的长远目标所在。

---

1. 钱皓:《中等强国参与国际事务的路径研究——以加拿大为例》,载《世界经济与政治》2007年第6期,第48页。
2. 郭锐、凌胜利:《民族主义与韩国外交政策》,载《世界经济与政治论坛》2010年第1期,第157页。

2、追求独立 摆脱大国束缚

韩国外交深受美韩联盟制约,在很长时段内,韩国外交主要唯美国马首是瞻。冷战后,美韩联盟出现利益分化,战略分歧,美韩之间矛盾日益凸显,韩国出现外交选择困境。如何更加独立地追求韩国的国家利益、摆脱大国束缚成为韩国中等强国外交开展的重要目标。正如有学者指出,韩国外交由冷战时期的"安保外交"进入冷战后的"统一外交",国内外交共识难以形成。[1] 其实,选择困境的出现与联盟限制有很大关系,美韩联盟导致韩国很难在独立追求国家利益的道路上走的太远,在中国经济、美国安全之间寻求平衡看似一箭双雕,实则无奈所致。韩国大国环抱,地缘政治环境决定了韩国最理想的外交战略选择是多元平衡而非结盟,"亲中不疏美"面临着很大的外交智慧考验。[2] 通过中等强国外交的开展,韩国可以降低对美国的需求与依赖程度,同时也增强了其相对美、日、中等大国的国际影响力。

3、曲线救国 增强外交实力

韩国中等强国外交开展主要借助一系列国际或地区性组织,奉行多边主义,从而将韩国的力量从大国政治中释放出来,与此同时也增强了韩国的外交实力。长期以来,韩国综合国力虽日益增强,但外交实力并未相应增强,进而导致国际影响与国家实力并不相符。中等强国外交的开展旨在通过多边舞台不断宣扬韩国的政策与主张,让世界更多地意识到韩国的存在与价值。通过多边主义的迂回战略,在大国政治中寻求多元平衡,韩国不仅能够增强自身的影响力,还能借力打力地弱化大国因素对韩国外交的影响,进而增强韩国的外交实力,这在经济上表现的尤为明显。

---

1. 韩献栋:《韩国的外交困境:一个概括性框架的解读》,载《东北亚论坛》2012年第3期,第62页。
2. 王生:《韩国外交的美国情结与现实抉择——接近中国并不会疏远美国》,载《东北亚论坛》2008年第4期,第27页。

近年来,韩国积极推进FTA外交,不仅推动美韩FTA正式启动,还与欧盟建立了自贸区。"目前,韩国可以和占全球经济总量(按国内生产总值标准)60%的经济体进行零关税贸易,相当于经济领土扩大了30倍。"[1] 对外贸易多元化有效降低了韩国对中美日市场的依赖程度,相应地也增强了韩国与大国竞争的底气与实力,这在其他领域也能收到同样功效。

4、远交近攻 谋求半岛统一

冷战后韩国外交的一个重要导向便是服务于半岛统一的需要,但统一外交的开展仅仅面向朝鲜将步履维艰,成效甚微。韩国更希望通过与世界其他国家的友好交往来提升其对半岛统一的话语权。为此,韩国积极开展了与东盟、非洲、中东、欧盟等地区和国家的合作,寻求统一外交的国际支持。事实上韩国中等强国外交的远交近攻策略也确实收到了实效,不再独自面对朝鲜的威胁,在国际舆论竞争中也取得了相对朝鲜的重大优势。

(二) 韩国中等强国外交:资源与方式

1、韩国中等强国外交的可用资源

"中等国家一般是指实力介于大国和小国之间、具有中等力量或规模的国家。它们不具有大国(great power)的国力条件和影响力,但在国际社会又发挥着不同于小国(small state)的作用。中等强国的概念已从过去简单地对一国规模、实力及其在国际政治力量分层中所处位置的考察,转向更加强调该国实现本国利益和国际责任的能力,及强调其在国际社会的特殊地位和作用。"[2] 无论是从有形的国家实力还是无形的国际影响,

---

1. 牛林杰:《2011年韩国政治外交述评与展望》,载《当代韩国》2012年第2期,第6页。
2. 丁工:《中等强国崛起及其对中国外交布局的影响》,载《现代国际关系》2011年第10期,第47-48页。

韩国都具备了开展中等强国外交的资源。

(1) 强大的国家实力

韩国经济实力较强，GDP长期位居世界第10-15位之间，并且在造船、电子等产业上世界领先，拥有三星、现代等国际知名品牌。研究韩国中等强国外交都对韩国的比较雄厚的国家实力形成了共识，无论是人口、经济、军事还是技术、文化。[3] 雄厚的国家实力为韩国中等强国外交开展奠定的坚实基础，使得韩国得以举行大量的重大国际活动或会议，积极开展国际贡献外交。

(2) 众多的国际组织成员身份

韩国是众多全球或地区组织的成员，并且还在一些国际组织中占据重要地位。自从1991年加入联合国以来，韩国已先后两次担任联合国安理会非常任理事国，足以显示其国际认可和国际影响。韩国也因为其经济的迅速发展成为OECD、G20的成员并在其中发挥积极作用。在地区层面，韩国与中国、日本一道推动东亚地区合作开展，是"10+3"的重要成员，并且韩国还曾积极推动中日韩领导人会晤机制形成，促成中日韩三国领导人秘书处落户韩国。

(3) 引人注目的韩裔国际组织高官

韩国积极参与国际组织的日常工作，据统计，在国际机构中活跃的韩国人有400余名，主要分布在联合国事务局、世界银行、亚洲开发银行等。[4] 其中一些韩国人担任高官，如潘基文担任联合国秘书长，韩裔美籍医学专家金辰勇出任世界银行行长，李钟郁曾当选为世界卫生组织

---

3. Tae-Hyung Kim, South Korea's Strategic Relationships with Africa, A paper prepared to present at the Annual Conference of the Northeastern Political Science Association (NPSA) in Boston, MA, on November 13, 2008.
4. 《金辰勇获世行行长提名韩媒细数国际机构中的韩国力量》，环球网，http://world.huanqiu.com/roll/2012-03/2557643.html

(WHO)总干事。由韩国人或韩裔人士担任国际组织的高官无疑提升了韩国的国际影响,与此同时也为韩国中等强国外交的运作提供了便利。

(4) 影响世界的"韩流"

韩国文化的对外传播为塑造韩国的国际形象立下了汗马功劳,这也成为韩国开展中等强国的宝贵资源。长期以来,韩国向来重视文化立国战略,积极推行文化外交,调动政府、企业、社团等多种力量参与到韩国文化的对外传播当中,塑造了影响世界的"韩流"。

2、韩国中等强国外交的实施方式

(1) 建设更加强大的韩国

韩国中等强国外交的开展首先是夯实自身,追求更加强大的韩国,从而成为国际先进社会的一部分。为此,经济上,历届韩国政府都不遗余力地推动韩国经济发展。李明博政府为了推动经济振兴,提出了747经济发展计划,尽管最终未能实现,但足以显示韩国发展经济的决心。国防上,韩国逐渐追求国防自主,成功收回平时军事指挥权,战时指挥权的收回也在计划之中。同时为了实现国防逐步自主,韩国不仅大量采购军事装备,[1] 还不断发展国防工业,追求远洋海军。[2] 通过不断增强自身实力,韩国的中等强国外交才具备坚实的基础,同时建设更加强大的韩国也成为中等强国外交开展的重要契机,通过发展经贸,加强军事合作,韩国日益与世界其他国家建立了良好而又紧密的关系。

---

1. 据斯德哥尔摩国际和平研究所2012年3月19日发布的报告显示,韩国过去5年成为全球第二大武器买家。
2. 关于韩国远洋海军建设科参见郭锐、凌胜利:《韩国海洋安全战略演变的路径探析》,《太平洋学报》2011年第8期;郭锐、王箫柯:《韩国海洋安全战略调整与海军军备发展》,《国际论坛》2011年第2期。

(2) 国际议程倡议

中等强国外交开展的一个重要特点是借助国际舞台不断呼吁倡议,谋求对国际议程的影响甚至是主导。如澳大利亚陆克文政府的中等强国外交就特别注重在国际机制、尤其是亚太地区机制的构建中保持首创精神,谋求扩大国际影响力。[1] 韩国也特别注重对国际议程的倡议。如利用担任 G20"主要三国"的契机,有韩国学者就建议"韩国应提出渐进的、行之有效的、短期内可实现的对策方案来发挥外交领导力,主导性地参与 G20 峰会。韩国可借此超越一直被局限在朝鲜半岛和东北亚中心的地理范围的外交,积极参与解决全球经济危机这一国际社会的重大问题,谋求扩大韩国外交的平台和提高国际威望。"[2] 李明博政府为了推行"全球韩国"工程,极力打造绿色韩国名片,在不同国际场合倡导绿色增长,试图赢得在国际生态、环保领域的话语权。

在地区机制创设上,韩国也表现的积极主动,为推动中日韩三国首脑会晤机制的形成作出了贡献。2007 年的新加坡会议上,韩国提出不定期轮流召开三国领导人会议,得到中国和日本领导人的赞同。2011 年 9 月 1 日,中日韩三国合作秘书处在首尔开始办公,这标志着韩国作为"东北亚均衡者"迈出重要一步。韩国学者认为:鉴于中日两大国之间存在东北亚地区主导权之争,作为大陆和海洋连接点的韩国可以起到"东北亚均衡者"的作用,应发挥韩国在东亚地缘政治中的"枢纽"地位和平衡作用,为东亚共同体建设创建一个循序渐进与阶段促进的发展模式。[3] 在东北亚,韩国的国家利益是建设国力,但近期内韩国想要拥有超过中国军事力量

---

1. 唐小松、宾科:《陆克文"中等强国外交"评析》,《现代国际关系》2008 年第 10 期,第 16 页。
2. [韩]崔源起:《20 国集团与韩国的外交》,载《当代韩国》2009 年春季号,第 18-21 页。
3. [韩]具天书:《"东亚共同体"建设的障碍与出路:韩国的视角》,载《当代亚太》2012 年第 1 期,第 109-111 页。

或日本经济力量的国力又不太现实。为此韩国主要主张推动东北亚制度化,通过多边主义牵制周边大国,提升韩国影响。[1]

(3) 国际贡献外交

韩国的中等强国外交特别注重国际贡献外交,突出表现在参与国际维和与对外援助。1992年加入联合国之后,韩国在外交上所面临的重大问题是获得国际社会的认可,这就需要韩国以实际行动来证明韩国具备在国际社会发挥更大作用的能力与意愿。李明博时期将贡献外交、资源外交、文化外交视为韩国外交的三驾马车,足以显示韩国政府对贡献外交的重视。贡献外交不仅可以帮助塑造韩国的良好国际形象,还能增强韩国参与国际事务的能力,同时也是中等强国外交开展事半功倍的捷径。"最近几年,韩国有关ODA的预算迅猛增加,韩国政府的目标是截至2015年使ODA规模达到GNI的0.25%,以2010年加入DAC为契机,表现出要把ODA作为韩国贡献外交核心内容的强烈意志。尽管韩国的贡献外交主要是服务于其国家利益,但对外援助的最终目的是提高韩国在国际社会中的地位。"[2] 此外,韩国还积极参与国际维和行动,"尽管这些军事行动并非完全出于公益与善举,但拓展了韩国的国际空间,保障了经济安全。"[3]

(4) 举办国际会议、大型国际活动

通过举行重大国际会议或大型国际活动成为提升韩国国际影响力的重要途径,也为韩国中等强国外交开展积累了成功经验。汉城奥运会的

---

1. [韩]朴仁辉:《国际开发援助与韩国的外交战略:以国家利益为中心》,载《当代韩国》2009年秋季号,第9页。
2. [韩]朴仁辉:《国际开发援助与韩国的外交战略:以国家利益为中心》,载《当代韩国》2009年秋季号,第8-10页。
3. 赵建明、吕蕊:《冷战后韩国海外军事行动述评》,载《外交评论》2011年第1期,第141页。

举办让韩国首次引发世界关注,之后与日本联合举办世界杯又再次提升了韩国的国际影响。通过举办重大国际活动或国际会议,展现韩国魅力,提升韩国知名度是韩国中等强国外交开展的重要方式。"事实上,韩国一直是举办国际会议的大国:承办国际会议的次数在全世界可以排在15名左右,在亚洲位列前三。2010年,韩国主办G20峰会,这在韩国被上升到有史以来"最大外交胜利"的高度,举国欢呼。"[1] 2012年,韩国还举行了第二次核安全峰会,50多个国家的国家领导人或代表集聚首尔,围绕防范核恐怖主义活动、确保核材料与核设施安全、打击核材料走私等问题进行深入讨论。实际上也借此在朝核问题上可以对朝鲜施加压力。此外韩国还举行了亚运会、APEC会议、世界烟草控制大会(2012)等国际会议。

(5) 加强文化外交　推动软实力输出

韩国的文化外交、软实力输出一直为世界称道。长期以来,韩国政府一直将文化作为战略产业予以全力支持。"早在1998年,时任韩国总统金大中就认为在韩国发展战略中,文化是21世纪最重要的产业之一。为此韩国不断扶植本国文化产业发展并积极向国外推销本国的影视作品,旅游资源,设立了许多行业机构来促进文化产业发展。"[2] 韩国推行文化立国战略,不断向世界推销韩国的文化、价值观念,不仅有优秀的影视作品《大长今》、而且还有风靡全球的《江南Style》,这些对于提升韩国国际知名度都起到了积极作用。李明博政府倡导将韩国传统文化与先进技术结合,继续推行文化外交,可以预计,未来的韩国政府还将一如既往的重视文化外交,奉行软实力输出战略。

---

1. 詹小洪:《韩国力拼"国际会议之都"》,《瞭望东方周刊》,2010年第5期。
2. 陶文昭:《韩国的软力量:从奥运会到联合国秘书长》,载《政工研究》,2009年第1期,第23页。

（三）韩国中等强国外交：优势与限制

1、韩国中等强国外交的优势

（1）资源充足

韩国开展中等强国外交是基于韩国自身实力的务实选择。韩国经济实力位居世界前列，对国际组织的参与也比较积极，众多韩国人士在国际机构发挥重要作用，这些构成了韩国中等强国外交开展的宝贵资源。与此同时更为重要的是历届韩国政府都不遗余力的追求韩国国际地位提升，从金大中到李明博更是保持了强势延续。

（2）大国环绕

韩国为大国环绕的地缘政治现实对韩国中等强国外交构成了双重效应。一方面韩国的实力与影响因周边大国的强大而被削弱，另一方面韩国也可以通过对周边大国实施多元平衡外交而巧妙地提升国际影响。强国环伺的地缘政治使得韩国较为容易引发世界关注，中等强国外交的开展也更为便利。

（3）国际体系转型

国际体系转型为中等强国发挥影响提供了契机。"冷战期间，中等强国的作用发挥受制于美苏两霸，主要充当国际事务的中间人和斡旋者。"[1] 冷战后，国际行为体的多元化、国际问题的复杂化、全球治理的多样化使得中等强国更有用武之地。受全球经济危机推动，当前国际体系加速转型，比较显著的是全球经济治理由 G7 转向 G20，中等强国力量得到重视。[2] "中等强国可以利用国际格局正处于'旧破新未立'的特殊阶段，摆脱大国跟随者定位，成为国际格局中不可忽视的力量。随着中等强国对地

---

1. 钱皓：《中等强国参与国际事务的路径研究——以加拿大为例》，载《世界经济与政治》2007 年第 6 期，第 53 页。
2. Min SoYoung, The Roles of Middle Powers: A Smart Mediator,

区事务参与程度的加深和地区制度塑造能力的增强,大国全面主导地区秩序的趋势减弱,呈现出地区组织搭台、大国导演、中等强国唱戏的局面。"[1] 作为中等强国的一员,韩国完全可以利用国际体系转型、全球治理改革的机会增强韩国对国际社会的参与力度,提升韩国的国际地位。[2]

2、韩国中等强国外交的限制

(1) 美韩联盟

作为美韩双边不对称联盟中的小国,韩国外交深受美国影响,因而韩国中等强国外交的开展也不能离美国太远。美韩联盟的存在意味着韩国外交的独立性受到限制,特别是美韩利益出现分化时,韩国外交将可能陷入困境。卢武铉时期主张韩国成为东北亚的均衡者,试图在中美之间寻求平衡,因而遭到了美国的排挤与打压。"李明博上台后,极力修复美韩联盟,将推进 21 世纪韩美战略同盟关系作为首要任务。美韩之间积极开展国防合作、联合军演,并在对朝问题上加强了沟通与协调,在国际上也给予美国更多的支持。"[3] 事实证明,韩国的中等强国外交必须处理好美韩联盟关系,过于唯美或疏美都不利于韩国中等强国外交的开展。

(2) 大国权力政治

尽管国际格局变动、国际体系转型给予了韩国中等强国外交更多的运筹空间,但大国权力政治的现实却成为韩国诸多国际倡议难以超越的现实。对于韩国而言,其中等强国外交不应追求取代大国的地位与影响,而应充分利用大国的支持以提升自身的国际影响,更多地充当协调者而

---

1. 丁工:《中等强国崛起及其对中国外交布局的影响》,载《现代国际关系》2011 年第 10 期,第 50 页。
2. Sook-Jong Lee, South Korea as New Middle Power Seeking Complex Diplomacy, EAI Asian Security Initiative Working Paper 25, September 2012.
3. 牛林杰:《2011 年韩国政治外交述评与展望》,载《当代韩国》2012 年第 2 期,第 5 页。

非主导者的角色。在全球层面,韩国虽然于2012年再次担任安理会非常任理事国,也于2010年成功举办了G20峰会,但韩国却难以提出实际性的政策建议并获得国际社会的认可与支持。在地区层面,韩国相对中日两国而言实力稍逊,韩国提出的东北亚平衡者、亚洲领导者很难实现,倚重而非取代大国权力政治才是韩国中等强国外交的明智选择。

(3) 国内政治变动

国内政治变动是影响韩国中等强国外交的重要因素。韩国的政治制度规定总统不能连任,每一任期为五年,这就导致韩国的很多政策缺乏延续性。毕竟韩国的中等强国外交开展要求韩国承担大量的国际责任,国际利益与国家利益的不相一致导致韩国民众对外交政策的支持缺乏保障,这与其他国家的中等强国外交开展遇到的困境比较类似。"中等强国国内政治的变化或混乱也严重妨碍了其参与国际事务的积极性。"[1] 中等强国外交的运作是一个长期的过程,需要韩国历届政府坚持不懈的努力,国内政治的变动构成了政策延续的挑战,成为影响韩国中等强国外交的潜在负面因素。

总体而言,韩国中等强国外交通过各种方式塑造了韩国良好的国际形象,增强了韩国的国际影响,提升了韩国的国际地位。但也由于联盟制约、大国权力政治限制,国内政治变动等因素影响,当前无法使韩国获得实质性的地区领导权或较多的国际话语权。不过只要韩国历届政府坚持不懈地推行中等强国外交,其影响不容小觑,中国对此应予以重视。

---

1. 钱皓:《中等强国参与国际事务的路径研究——以加拿大为例》,载《世界经济与政治》2007年第6期,第54页。

第三节　比较视野下的韩国中等强国外交

韩国的中等强国外交,可在比较研究的视野之下得到更明晰的认知。加拿大和澳大利亚作为传统的中等强国,二战以降一直推行中等强国外交战略。本文选择这两个典型案例与韩国展开比较研究,试以此厘清中等强国外交的共性及其根源,并分析韩国中等强国外交的特性及其动因。

(一) 中等强国外交的典型案例:加拿大与澳大利亚

中等强国概念的外延,由于学界衡量标准的差异而界限模糊,但其核心指涉相对而言存在共识。最无争议也是最为典型的中等强国,当属加拿大和澳大利亚。一方面,这两个国家的综合国力、国际地位和对外行为,均十分符合中等强国的学理特征;另一方面,"中等强国"的政治理念,最初即是由加拿大和澳大利亚两国所提出和践行。加拿大和澳大利亚的中等强国外交,有着数十年的政策传统和全方位的现时实践,通过对这两个典型案例的分析考察及其与韩国的比较研究,可以对韩国中等强国外交的现实特性与深层规律形成更为全面和深入的认知。

1、加拿大中等强国外交

加拿大最早提出了"中等强国"的外交理念与政策构想。二战之前,加拿大作为大英帝国架构中一个自治领,在外交上长期受宗主国英国的主导和控制。反法西斯战争提高了加拿大的国际地位。二战后期,加拿大在外交领域逐渐摆脱英国的影响,开始谋求独立外交。[1] 基于对自身实力、国家利益与国际环境的准确把握和认知,加拿大初步形成了与本国权力与地位相符合的务实的外交战略目标与政策路径。"中等强国"的定位与诉求正是在这种情势下产生的。该时期加拿大的中等强国外交理

---

1. 参见潘迎春:《第二次世界大战与加拿大独立外交的形成》,载《世界历史》2009年第5期,第62-65页。

念,以"机能主义(functionalism)"为核心观念,[1]旨在谋求与加拿大国家实力与国际贡献相称的国际地位。在中等强国理念指导下,加拿大积极参与联合国、布雷顿森林体系和北大西洋公约组织的创建,并在很多议题上扮演了重要角色。

冷战时代,加拿大在中等强国身份定位的基础上,以灵活而务实的外交手段活跃于国际政治舞台。在对外关系方面,加拿大一面以追随者角色积极参加美国主导的多边联盟机制,巩固同资本主义阵营国家的关系;一面谋求独立自主地发展同苏联、中国等社会主义国家的正常关系,并努力拓展同广大第三世界国家的友好关系。在国际事务方面,加拿大在多项议题上发挥了积极作用。在低政治领域,加拿大"率先启动了中等强国参与国际难民救援和人道主义援助的机制",[2]此后又积极推动国际环境保护议题的合作进程。在高政治领域,加拿大以国际和平为己任,始终积极联合国维和行动,并针对一些重大国际冲突展开了一些力所能及的调节和斡旋。1956年苏伊士运河危机中,加拿大在联合国框架内积极实施调解,并推动了第一支联合国维和部队的创建,促进了危机的平息。越南战争爆发后,加拿大主动介入、积极斡旋,于1964-1965年和1966年两次展开斡旋行动,虽然均以失败告终,但其外交努力已为世所共睹。

后冷战时代,加拿大在高政治领域继续保持美国追随者角色的同时,积极在低政治维度诸多议题领域构建领导者形象,充分利用国际组织和多边外交机制,发挥中等强国的特殊功能。加拿大在人权保护、贸易谈判、禁用地雷、防止核扩散等诸多问题上起到独特作用,在环境污染、跨国犯罪、公共卫生等领域的国际治理中具有重要地位。公共外交成为

---

1. 根据"机能原则",中小国参预国际事务应该基于下列三个条件:与国家利益攸关、国家对相关问题的解决作出了直接贡献、国家的参预能力。参见潘迎春:《"中等国家"理论的缘起》,载《世界经济与政治论坛》2009年第3期。

2. 钱皓:《中等强国参与国际事务的路径研究——以加拿大为例》,载自《世界政治与经济》2007年第6期,第49页。

加拿大中等强国外交的一个重要实施方式。"通过国际广播、文化交流项目、国际教育项目和新媒介等新旧公共外交工具的灵活运用,加拿大公共外交迈入'新公共外交'的新阶段,其在达成国家外交政策目标方面发挥了重要作用。"[1] 公共外交提升了加拿大的国际形象,增强了加拿大的国际影响力。

2、澳大利亚中等强国外交

澳大利亚也是最早提出"中等强国"战略定位的国家之一。与加拿大的历史相近,澳大利亚外交在二战以前也是由英国把持,并无自己的独立外交。二战蔓延至澳大利亚,客观上为其在对外事务上摆脱英国的控制提供了契机。战后,澳大利亚对自身的国际地位有了新的自我认知,不再满足于传统的政治附庸角色,愈发积极谋求独立自主的对外行为。"中等强国"外交开始成为可行的战略选择和公开的政策言说。

冷战时代,澳大利亚的中等强国外交采取了一种"双轨并行"的路线。一方面,澳大利亚从本国实力地位和现实战略环境出发,认真扮演追随者角色,巩固和发展美澳联盟,以保障国家安全。基于此种安全战略理念,澳大利亚以美国忠实盟友的身份卷入了朝鲜战争和越南战争,以军事参与来换取盟友的安全保障。虽然付出了较大代价,但有效强化了与美国的同盟关系,使国家安全利益得到了可靠保障。另一方面,澳大利亚在联盟架构内努力谋求对外行为的独立性和自主性,广泛拓展友好关系,积极参与地区和全球事务,以提升本国的国际影响力。澳大利亚努力发展同第三世界国家特别是亚太地区发展中国家的关系,同时借助联合国等多边国际机制平台对国际事务积极发声、广泛参与。在地区事务上,澳大利亚在柬埔寨和平进程、抗议法国南太平洋核试验等诸多问题上开展了

---

1. 唐小松、吴秀雨:《加拿大新公共外交评析》,载《国际论坛》2010年第6期,第1页。

一系列积极的外交行动,扮演了重要参与者甚至领导者的角色。在全球事务上,澳大利亚在军控与裁军问题、南极环境保护问题等多个领域做出了引人注目的贡献。

后冷战时代,澳大利亚中等强国外交在延续冷战时代外交模式的同时,有了多维度的突破和发展。一方面,澳大利亚在安全战略上出现了重要转向,"由原来的单纯与美国结盟以求安全,发展到在保持和更新与美国联盟关系的基础上积极开展全方位外交以求安全。"[1] 特别是在2007年工党重新上台执政之后,澳大利亚政府着手撤回驻伊拉克的作战部队,并在维系美澳同盟传统关系的同时,将外交政策的重点向亚洲转移。另一方面,澳大利亚在国际事务上采取了更加积极的参与立场,"拓展外交行动的参与面,全面参与联合国等国际组织,努力使澳大利亚在国际社会共同关心的议题上发出更大声音。"[2] 澳大利亚以积极的姿态参与全球性问题的共同治理,通过国际组织和各类正式或非正式的国际机制,开展多边外交活动。例如在全球气候治理问题、核裁军与防扩散问题、禁止生化武器问题等多个领域,澳大利亚均有重要参与并作出了突出贡献。通过这些外交行动,澳大利亚构建了良好的国际形象,增强了本国的国际影响。

(二) 韩国与加、澳中等强国外交的共性

共同的角色身份建构着国家行为体同质的对外行为,使得诸中等强国的外交战略与行为形成多方面的相同特征。作为中等强国群体中的一员,韩国与加拿大、澳大利亚的中等强国外交在战略目标、可用资源、实施方式和限制因素等多个维度存在共性:

---

1. 李军:《澳大利亚百年对外关系史简析》,载《国际关系学院学报》2002年第1期,第7页。
2. 唐小松、宾科:《陆克文"中等强国外交"评析》,载《现代国际关系》2008年第10期,第16页。

1、相同的战略目标

韩国同加拿大、澳大利亚两国在中等强国外交上的共性,首先表现为战略目标的一致性。中等强国的对外战略目标通常包括两个层面的内涵:一是作为国际社会中正常的主权国家,谋求维护和实现本国在政治、经济、安全等诸领域的国家利益;二是作为国际体系中具有特定权力位势的中等强国,谋求提升本国在地区和全球范围的国际影响力。前者属于一般意义上的外交范畴,在中等强国外交范畴内,韩国同加拿大、澳大利亚相同的战略目标在于提高本国的国际地位,增强各自的国际影响力。

加拿大和澳大利亚在外交领域均重视国际地位与国际影响力的提升。两国积极参与国际事务,发挥中等强国的特有优势,游走于大国之间,依靠灵活的外交手段及其与多方的友好关系,扮演斡旋者、协调者的角色,推动热点问题解决,提升本国的国际影响力。韩国作为大国林立的东北亚地区内唯一的中等强国,高度重视其国际地位的提升。在国际体系的不同层次上,韩国均提出来明确的目标与构想。在东北亚这一次区域层次,韩国提出"东北亚均衡者"的自我定位,致力于在东北亚国际关系中发挥协调者的作用;在亚洲这一区域层次,韩国提出了名为"新亚洲构想"的战略设计,谋求将韩国外交拓展至整个亚洲地区,提升其在亚洲的外交和经济影响力;在国际体系层次,韩国提出了"全球韩国"的谋划与构想,着力构建其在全球范围的影响力。

2、同质的可用资源

同为中等强国,韩国同加拿大、澳大利亚两国在诸多维度存在较强的同质性。在共有的中等强国外交意义上,这种同质性首先体现在可用资源方面。这种同质的可用资源,包含硬实力和软实力两个层面的内涵:

在硬实力层面,这三个中等强国均拥有仅次于少数世界大国的政治、经济、军事实力。加拿大领土面积998万平方公里(世界排名第二)，人口3467万(世界排名第三十五)，国内生产总值17368.69亿美元(世界排名第十)，人均国内生产总值50435.50美元(世界排名第九)；[1]澳大利亚领土面积769.2万平方公里(世界排名第六)，人口2284万(世界排名第五十二)，国内生产总值约1.5万亿美元(世界排名第十三)，人均约6.6万美元(世界排名第六)；[2]韩国领土面积虽然仅10.329万平方公里，但人口约5000万(世界排名第二十五)，国内生产总值11164亿美元(世界排名第十五)，人均22489美元(世界排名第三十二)，且现役总兵力65.5万(世界排名第六)。[3]

在软实力层面，三个中等强国均拥有相对丰富的软实力资源。加拿大和澳大利亚两国是传统发达国家，有着发展程度较高的政治文明、繁荣而多元的社会文化，以及颇具道德感召力的外交政策。韩国作为"亚洲四小龙"之一，是具有代表性的亚太新兴工业化国家，其民族文化的对外传播有着广泛影响，在东亚地区甚至更广泛的国际地域中形成被称为"韩流"的时尚潮流，成为韩国提升国际影响力的重要依托。

3、共同的实施方式

韩国同加拿大、澳大利亚两国在中等强国外交的实施方式上也存在显著的共性。首先，三国均以多边外交为重要实施方式。加拿大历来重视多边机制路径，在联合国、二十国集团和八国集团多边组织中均发挥着重要作用。澳大利亚近年来在气候变化和减排议题、防核扩散议题、

---

1. 参见"加拿大国家概况"，外交部网站，
http://www.fmprc.gov.cn/mfa_chn/gjhdq_603914/gj_603916/bmz_607664/1206_608136/
2. 参见"澳大利亚国家概况"，外交部网站，
http://www.fmprc.gov.cn/mfa_chn/gjhdq_603914/gj_603916/dyz_608952/1206_608954/
3. 参见"韩国国家概况"，外交部网站，
http://www.fmprc.gov.cn/mfa_chn/gjhdq_603914/gj_603916/yz_603918/1206_604234/

全球金融危机议题和粮食安全议题等多个领域积极参与多边合作,并取得了多方面的成效。韩国自 2010 年以来连续主办了 G20 峰会、第二次核安全峰会等一系列大型国际会议,积极在多边框架下提出本国主张,提升韩国国际影响力。其次,三国均以公共外交为重要实施方式。加拿大通过国际广播、文化交流项目、国际教育项目和新媒介等公共外交工具的灵活运用,其在达成中等强国外交政策目标方面发挥了重要作用。澳大利亚建立了从电台广播、有线电视到互联网等新旧媒体服务全面覆盖的公共外交传播体系,并打造了国际教育、文化外交与其它各种对外沟通联系项目等一系列公共外交品牌活动。[1] 韩国则一向重视文化外交,不断向世界推销韩国民族文化,并取得了较大的国际影响。再次,三国均重视开展国际议程倡议。加拿大在国际维和、人权保护、气候治理、地雷控制等多个领域均有积极的议程倡议,并发挥了重要作用。澳大利亚中等强国外交注重在国际机制、尤其是亚太地区机制的构建中保持首创精神,谋求扩大国际影响力。[2] 韩国也注重对国际议程的倡议,如李明博政府为推行"全球韩国"构想,在不同国际场合倡导绿色增长。

4. 近似的限制因素

韩国同加拿大、澳大利亚两国在中等强国外交上不仅有相同的特性和优势,还面临着相似的制约因素,包括外部制约因素和内部制约因素两个方面。外部制约因素,主要是同霸权国家美国的联盟关系制约。加拿大自 1949 年以缔约国身份加入北大西洋公约组织之后,即已在安全事务上形成了对美国的非对称依赖。联盟架构内依附与自主之间的张力,成为加拿大中等强国外交无法回避的难题。

澳大利亚自二战以来一直是美国的忠实盟友,现阶段,"美澳同盟框架

---

1. 黄忠、唐小松:《澳大利亚公共外交探析》,《国际观察》2012 年第 4 期,第 57-59 页。
2. 唐小松、宾科:《陆克文"中等强国外交"评析》,《现代国际关系》2008 年第 10 期,第 16 页。

限制了澳'中等强国外交'在行动上的独立性",因为"中等强国澳大利亚仍需要重要的经济、政治和安全资源,而这些都与美国有关,受美国控制。"[1] 韩国也面临着同样的情况,其与美国的联盟关系限制着韩国在对外行为中的选择。美韩同盟在后冷战时代的强化,使得韩国对外事务全面而彻底的自主性仍未可预期。

内部制约因素,主要是国内政治的制约。加拿大中等强国外交的主要内部制约是魁北克的分离主义运动。正如国内一些学者所指出的,这种国内政治的变化或混乱妨碍了加拿大参与国际事务的积极性,"类似的国内政治波动大大分散和削弱了加拿大政府投入国际事务的时间和精力,也削弱了中等强国之间的联盟可能。"[2] 澳大利亚面临的问题则主要是党派之争的束缚。左翼的工党自1940年代伊瓦特任外长期间即已开始推行典型的中等强国外交,而右翼的自由党等保守派在外交领域则更为重视传统的权力政治,刻意回避甚至反对"中等强国外交"的理念,这使得澳大利亚的中等强国外交之路跌宕起伏。韩国中等强国外交也面临着国内政治的制约,周期性的领导人更迭导致韩国的外交政策缺乏延续性,对中等强国外交的开展构成负面影响。

(三) 韩国与加、澳中等强国外交的差异

韩国与加拿大、澳大利亚的中等强国外交不仅存在共性,还存在差异之处,主要表现为战略环境的差异:

韩国地处东北亚,特殊的战略环境影响着韩国的外交政策。东北亚是当前国际社会安全形势最为严峻的地区之一,是美、俄、中、日四大国战略利益交汇与碰撞的地带,是诸多战略矛盾相互作用的地区。错综复

---

1. 唐小松、宾科:《陆克文"中等强国外交"评析》,载《现代国际关系》2008年第10期,第18页。
2. 钱皓:《中等强国参与国际事务的路径研究——以加拿大为例》,载自《世界政治与经济》2007年第6期,第54页。

杂的利益关系与动态演化的权力结构,使得东北亚地区形成了复杂而独特的安全秩序。特别是朝鲜半岛已成为冷战最后的"活化石"。"朝鲜、韩国、与之相邻的三个大国,以及美国相互之间进行着特殊的博弈,这种博弈作为冷战在微观世界的残余,几乎没有改变。"[1] 朝鲜同美韩之间的对立状态与朝核问题的存在,更是使半岛难以摆脱战争的风险。这种严峻的外部安全环境,影响着有限的战略资源在外交领域的具体配置,使韩国将大量精力与资源用于保障国家安全,不利于韩国中等强国外交的开展。

加拿大和澳大利亚所处的环境则相对具有较高的安全系数。加拿大三面环洋,北靠北冰洋,东临大西洋,西濒太平洋,广袤的大洋为加拿大国家安全的天然屏障。加之南邻系传统盟友美国,这种特殊的地理环境使得加拿大本土受到他国军事入侵的危险很小。澳大利亚则地处南半球,在太平洋和印度洋之间独占一整块大陆,周边不存在实质性的战略对手,有着充分的安全盈余。加拿大和澳大利亚所面临的这种安全稳定的地缘政治环境,使这两个国家不必像韩国一样耗费大量的战略资源用于安保。韩国保持了65.5万总兵力,而加拿大和澳大利亚分别只有6.8万和5.9万现役军队即是明证。

第四节 韩国中等强国外交的案例分析

(一) 东北亚均衡者

1、主要背景和原因

2005年3月,时任韩国总统卢武铉在韩国陆军第三士官学校发表演讲,首次较为全面地阐述了其"东北亚均衡者"构想。所谓"均衡者",主要

---

[1]. [英]巴里·布赞、[丹]奥利·维夫著,潘忠岐等译:《地区安全复合体与国际安全结构》,上海世纪出版集团,2010年版,第144页。

是指韩国在东北亚大国关系中将发挥协调者的作用,同时在朝鲜半岛事务中确立韩国的主导地位。[1] 事实上,"东北亚均衡者"构想是卢武铉执政理念的重要组成部分,与其在 2003 年就职仪式上提出的要将韩国建成东北亚中心国家的想法一脉相承,也与和平繁荣政策相辅相成。[2] 卢武铉总统提出"东北亚均衡者"构想是韩国谋求中等强国影响的重要战略,与韩国的地缘政治、经济实力、国际环境和政策导向密不可分。

(1) 对韩国地缘政治的深刻认识

任何国家务实的对外战略都不能脱离本国所处的地缘政治现实。韩国处在周边大国环伺地带,[3] 既为"交地",也属边缘破碎地带,更是被布热津斯基称为"地缘支轴",地缘位置十分重要。朝鲜半岛自古以来即为亚洲大陆与日本列岛间的天然通道,是亚洲大陆势力与海洋势力的交汇点,加之半岛自身力量的虚弱,所以不可避免地成为大国竞相争夺之要地。[4] 大国对朝鲜半岛的觊觎从未中断,这导致韩国对周边大国心存疑虑,在外交上追求超脱大国影响是冷战后韩国外交的重要目标。"东北亚均衡者"构想实际上是要利用韩国所处的独特地缘位置,化劣势为优势,将朝鲜半岛打造成东北亚的中心国家,包括东北亚物流中心、交通中心等,使韩国成为周边大国颇为倚重的重要国家。

(2) 利用大国矛盾,谋求多元平衡

"东北亚均衡者"构想是韩国四强外交的延续,旨在利用中美日俄四大国之间的矛盾来提升韩国协调者、仲裁者的地位。韩国认为,冷战后东

---

1. 魏志江:《论韩国卢武铉的"和平繁荣"政策及其对东北亚战略格局的影响》,载《当代韩国》2006 年秋季号,第 28 页。
2. 梁佶炫:《卢武铉政府对东北亚时代的新构想——多中心的看法》,载《当代韩国》2004 年春季号,第 1 页。
3. 文井:《历史地缘因素影响韩国外交》,《瞭望新闻周刊》2004 年 11 月 1 日,第 44 期。
4. 李军:《试析卢武铉政府的"均衡者外交"》,载《现代国际关系》2005 年第 12 期,第 31 页。

北亚国际格局已发生巨变,以意识形态来划分阵营、组成联盟进行对抗已不合时宜。在安全威胁大为降低的情况下,韩国希望谋求更大的自主性。美韩联盟分歧增多,矛盾不断;日韩之间因历史纠葛、领土争端龃龉不断;中韩之间经贸发展迅速,对韩国经济繁荣影响深远;[1]韩俄能源、军备合作有声有色。从四强外交来看,韩国处在中间地带,能够成为各方比较信任的对象。正如卢武铉总统的国家安全高级顾问文正仁曾指出,韩国在中日之间可以发挥微妙的作用:很多时候,中国提出什么意见,日本都会反对;当日本提出建议,中国也会有同样的反应。最后,它们会说不如由韩国来提议。韩国人士还认为韩国可以在中美关系中发挥类型的巧妙协调作用。[2] 总而言之,"东北亚均衡者"实际上是想利用韩国的中等强国优势,利用其与各大国关系较为良好的优势来发挥国际政治掮客的作用,进而可以超脱事外,避免卷入大国冲突。[3]

(3) 基于雄厚经济,谋求国际话语权

国家实力是韩国谋求国际话语的基石所在,经济实力的增强和政治生态的变化是韩国进行对外战略调整的国内因素。[4] 韩国 GDP 总量已进入世界前列,经济实力大增使韩国底气十足,追求更大的国家自主性和更高的国际地位。韩国的经济发展使得其成为 OECD 等国际组织的成员,与中日两大国一道成为东亚"10+3"合作机制的重要成员。虽然经济实力增强为韩国谋求了更多的国际话语,但令韩国难以满足的是缺乏由韩国主导或领导的国际机制。"东北亚均衡者"构想基于韩国雄厚的经济实力,

---

1. 李敦球:《卢武铉:做东北亚的"均衡者"》,载《世界知识》2005 年第 11 期,第 31 页。
2. Min SoYoung, The Roles of Middle Powers: A Smart Mediator.
3. 李敦球:《卢武铉:做东北亚的"均衡者"》,载《世界知识》2005 年第 11 期,第 31 页
4. 李敦球:《卢武铉:做东北亚的"均衡者"》,载《世界知识》2005 年第 11 期,第 30 页。

谋求韩国主导的东北亚国际机制,同时以此为依托,能够在更多国际问题上发出更有分量的声音。

(4) 主导地区机制,服务统一外交

韩国对外战略的着眼点之一便是服务于统一外交,"东北亚均衡者"构想也不例外。在冷战结束初期,韩国北方外交取得成功,争取到中俄两国的支持使得朝韩两国同时加入联合国,六方会谈机制分担了韩国独自应对朝鲜的负担,这使得韩国意识到可以利用周边大国服务于韩国对北政策。金大中时期积极推行阳光政策,朝韩关系不断改善,卢武铉继续奉行对北和解政策,采取和平繁荣政策,要建设东北亚和平共同体和繁荣共同体,东北亚均衡者构想实际上在对外政策上服务于和平繁荣政策。"在韩国看来,东北亚区域安全机制尚未建立、地区热点问题犹存,加上大国的霸权竞争,东北亚地区可能陷入新的混乱与不稳定状态。[1] 通过发挥韩国东北亚均衡者作用,推进东北亚地区安全机制、危机管理机制建设,可以发挥韩国预防大国在东北亚冲突中的作用。[2] 这不仅有利于提升韩国的地区影响,促进地区稳定,也有助于韩国统一外交的开展。

2、主要内容

(1) 利用朝鲜半岛的独特地理位置,打造东北亚经济中心国家

"东北亚均衡者"构想旨在利用韩国所处的独特地理位置,发挥其连接东北亚和太平洋的枢纽作用,打造东北亚物流、旅游、贸易和产业的中心,使其成为东北亚货物、能源的集散地,构建东北亚经济中心国家。为此韩国将顺应世界经济全球化、中国经济高速发展的形势,大力发展物

---

1. 李军:《试析卢武铉政府的"均衡者外交"》,载《现代国际关系》2005 年第 12 期,第 31 页。
2. [韩]李洙勳:《寻求韩国预防大国在东北亚冲突中的作用》,载《当代韩国》2011 年春季号,第 22 页。

流、信息、金融等高附加值产业,进一步建立开放、灵活的市场机制,加强对外合作,不断提高韩国在东北亚地区乃至世界经济中的中心地位,最终发展成东北亚地区经济活动的中心。[1]

(2) 推动美韩联盟调整,逐步提升国防自主

要成为东北亚的均衡者,韩国必须以更加独立的姿态出现,一味地追随美国将限制韩国北方外交的开展,因而推进美韩联盟调整,提升韩国的国防自主性成为东北亚均衡者构想实施的重要一环。卢武铉代表的是韩国政治力量的左派,在美韩联盟上主张构建更加平等的盟友关系,为此推进国防自主,尽早收回军事指挥权,拒绝美韩联盟地区化与全球化,谋求安保更加独立的韩国。

(3) 促进南北和解,谋求东北亚安全机制构建

"东北亚均衡者"构想服务于统一外交,因而特别关注如何以促进南北和解为契机构建以韩国为主导的东北亚安全机制。以和平解决朝核问题为实施"均衡者外交"的着力点,卢武铉政府对朝推行较为温和的和平与繁荣政策。在南北关系上,致力于南北和解合作制度化及共同繁荣;推动缔结"和平协定"以取代"停战协定",构建半岛和平体制。[2] 但是,从东北亚均衡者构想的远大雄心来看,半岛和平体制仅是近期目标,长远目标在于构建韩国能够主导的东北亚多边安全机制(这与六方会谈有很大的不同)。

(4) 追究多元平衡,着力发展平衡的大国关系

东北亚均衡者能否实现的关键在于韩国能否处理好四强外交,与中美日俄均保持良好关系。推动美韩联盟调整并不意味着韩国要脱离美国,美国仍然是韩国的重要盟友,亲美但不唯美能够为韩国大国平衡外交

---

[1] 徐萍:《韩国的东北亚物流中心战略及我国应取的对策》,载《综合运输》Z1 期,第 157 页。
[2] 李军:《试析卢武铉政府的"均衡者外交"》,载《现代国际关系》2005 年第 12 期,第 30 页。

加分。中韩经贸关系发展迅速,构建更加全面的中韩关系符合两国利益。2003年7月中韩两国首脑将双边关系确定为"全面合作伙伴关系",这标志着两国关系发展进入新的阶段。韩日关系虽因历史问题、领土争端矛盾不断,但为了使韩国成为东北亚均衡者,卢武铉政府并不愿两国关系恶化,为推动韩日面向未来的伙伴关系的发展也做出了一些克制和努力。以经贸、能源合作为契机,韩俄关系有所发展,双方合作领域不断拓展和向前推进,在能源、航天、信息技术、军备等领域形成了良好合作。[1] 为了协调四强外交,推进大国多元平衡,韩国还在相关机构设置上进行了调整,如国防部新设了"东北亚科"。[2] 总之,东北亚均衡者追求韩国与四强的良好关系,谋求东北亚的协调者角色。

3、影响与评价

"东北亚均衡者"构想是韩国中等强国外交实施的重要尝试,试图依靠韩国独特的地理位置和比较成功的四强外交为基础,将韩国打造成东北亚的物流、旅游等中心,构建以韩国为主导的东北亚多边合作机制,推动韩国成为东北亚中心国家。这显示了韩国外交的远大理想,同时也受到现实诸多因素的限制,在理想与现实之间,东北亚均衡者构想的实施效果喜忧参半。

从统一外交来看,东北亚均衡者构想服务于统一外交但又不局限于统一外交。通过和平与繁荣政策的实施,朝韩关系有所发展,不再视对方为敌人。[3] 南北关系的缓和有利于推动朝核问题、统一问题的解决,促进半岛和平机制建设,这极有可能成为韩国主导东北亚多边安全机制构建

---

1. 李军:《试析卢武铉政府的"均衡者外交"》,载《现代国际关系》2005年第12期,第30页。
2. 刘复晨、徐宝康:《韩要充当东北亚均衡者 韩美日同盟会不会解体》,《环球时报》2005年04月08日,第3版。
3. 2005年,朝韩双方的政府表述上都不再视对方为敌人或主敌,遗憾地是随着李明博时期南北关系的恶化,双方再次以敌人相称。

的契机。

不过为了充当更为诚实的掮客,韩国的大国多元平衡外交对美韩联盟形成了一定的冲击。东北亚均衡者要求韩国以更加独立的姿态参与到地区、全球事务,为此卢武铉政府不遗余力地推动美韩联盟向更趋平等方向调整,同时为了减少联盟牵连风险,多次婉拒美韩联盟地区化、全球化的建议,将驻韩美军的作用局限在朝鲜半岛。韩国的上述做法与美国存在战略分歧、利益分化,导致美方颇有怨言,并对韩国的联盟信任有所下降。构建韩国主导的东北亚多边安全机制如何处理美韩联盟也是韩国东北亚均衡者战略实施的困境。

对于地区稳定与发展而言,韩国的"东北亚均衡者"构想具有积极意义。客观而言,冷战并未在东北亚终结,东北亚依然存在诸多冷战遗留问题,冲突与对抗的隐患大量存在。东北亚均衡者构想看重东北亚冲突预防、危机管理机制建设,进而构建东北亚多边安全机制,这是地区各国的共同利益所在。不过建成由韩国主导的东北亚多边安全机制又恐怕没有任何一个东北亚大国能够接受,这也是韩国东北亚均衡者构建的重大障碍所在。

总之,东北亚均衡者实际上是金大中东北亚中心国家思想的延续,是韩国追求地区领导权、国际影响力的战略设想。作为一项长远战略,东北亚均衡者构想难以在一任政府期间实现,但其影响却不容低估,至少它展示了韩国的战略视野、战略雄心。

(二) 新亚洲倡议

2009 年 3 月 8 日,韩国总统李明博在访问印度尼西亚期间,提出名为"新亚洲构想"的计划,旨在将韩国外交政策重心从中国、美国、日本俄罗斯的"四强外交"转移至整个亚洲地区,谋求提升韩国对亚洲其他国家的外交和经济影响力。韩国政府为"新亚洲倡议"规划了四大目标,主要涉及经贸合作、政策协调、地区合作等方面。"新亚洲倡议"显示了韩国作为亚洲新兴国家的领导者,逐步成为在国际社会代表亚洲利益的中心国家的愿望。[1]

1、原因

(1) 亚洲利益不容忽视

韩国提出"新亚洲倡议"与亚洲的全球地位提升密不可分。正如李明博总统在印尼访问时所言:"全球经济中心正向亚洲转移,'亚洲时代'即将来临,为此韩国必须推进对亚洲的外交"。[2] 毫无疑问,21世纪将见证亚洲的崛起,无论是人口、面积还是经济实力,亚洲都在全球占据重要地位。2009年,韩国在提出"新亚洲倡议"时就非常深刻地认识到了亚洲的重要性,认为亚洲占世界人口的52%(38亿)、世界GDP的21%(10兆7千亿美元)、世界交易额的26%(8兆美元),并韩国的48%对外贸易额和53%海外投资也面向亚洲国家。[3] 如此重要的世界地位和对韩国经济的重要影响使得韩国不得不格外重视亚洲地区,担忧其他大国对亚洲影响的增强将导致韩国在该地区籍籍无名、加速边缘。韩国外交因此需要转换思路,从以前固守的"四强外交"转向"地区外交",从"大国平衡外交"转向"近邻外交",利用经济外交拓展为政治影响增强铺路。新亚洲倡议以东南亚、东盟为突破口,加强韩国与亚洲诸中小国家之间的合作关系,对于提升韩国的地区影响十分关键、意义重大。[4]

---

1. 朱庸中:《李明博"新亚洲外交构想"向中日发起挑战》,载《朝鲜日报》,2009年10月26日。
2. 李明博提出"新亚洲构想",新华网,2009年03月09日 http://news.xinhuanet.com/world/2009-03/09/content_10976184.htm
3. 《人们对"新亚洲"外交构思的期待和忧虑》,载《东亚日报》,2009年3月8日。
4. 李明博提出"新亚洲构想",新华网,2009年3月9日, http://news.xinhuanet.com/world/2009-03/09/content_10976184.htm

(2) 经济危机下的经济复兴

加强亚洲地区外交也是韩国应对经济危机冲击的重要举措。韩国对美日贸易依存度很高,2008年全球经济爆发后,韩国深受冲击并遭到重创。如何减少经济危机对韩国经济的危害,促进韩国经济振兴和实现747计划,加强对亚洲地区的经济合作力度必不可少。李明博总统是经济干将出身,奉行"实用主义"。在美日欧经济均不景气,第一大贸易伙伴中国又把重点置于内需扩大的情况下,韩国要想分散经济风险,促使经济尽快回暖,将受金融危机冲击较小、资源能源丰富、市场广大的亚洲诸中小国家作为其贸易发展对象无疑是其最佳选择。[1] 通过同亚洲国家展开自由贸易谈判,谋求与每个亚洲国家建立"一对一"经济合作关系,韩国将有可能进一步提升其与亚洲各国的经贸关系,促进韩国市场多元化,同时强化资源外交和能源外交功效,对于应对经济危机、实现经济复兴大有裨益。

(3) 突围中日主导

"新亚洲倡议"也体现了韩国对地区领导权的抱负,试图从中日大国包围中突围,加强韩国的地区影响力。尽管韩国经济实力强大,制造业拥有全球影响,但政治、安全、经济等方面一直受制于周边大国,影响能力有限。[2] 李明博总统认为,韩国在与亚洲国家打交道时拥有中日两国均不具备的得天独厚的优势。一是韩国与亚洲特别是东南亚国家具有历史共感带,感情上容易亲近。亚洲的许多国家在历史上与中日相比都处于弱势,并且都曾是中日的受害者,至今仍在心理上对中日存在恐惧与排斥。韩国和他们有着类似的经历和心理,可以引发共鸣。二是韩国的崛起方式与经济、政治形态可供亚洲诸国借鉴。在经贸合作的同时输出发展方式甚至政治模式、理念,将极大地有利于韩国拉拢此类国家,有助于其国际

---

1. 刘天聪:《"新亚洲构想":韩国回归亚洲》,载《北京周报》,2009年第21期。
2. Young Jong Choi, South Korea's Middle Power Diplomacy and Regional Security Cooperation.

地位的提升。[1] 基于韩国优势的认识,李明博政府亟欲改变以往追随大国外交,加强地区外交,谋求地区领导权。

(4) 稳定民心

"新亚洲倡议"还存在安定民心、转移国内矛盾的诉求。李明博上台时曾立下"747誓言",即实现年均经济增长7%、10年内人均收入翻番至4万美元,推动韩国跻身全球7大经济强国。但受全球经济危机影响,韩国经济深受重创,经济增长乏力,失业率一路飙升。国内民众对此抱怨不已,李明博总统的支持率也持续下降。为了弱化国内矛盾,安定民心,寻求应对经济危机冲击,谋求经济复苏,李明博政府必须在内政和外交方面有新的建树。[2] "新亚洲倡议"的出台,在一定程度上表明了李明博政府解决经济困境的魄力和决心,暂时可以给韩国政坛各界及民众一个交代,在一定程度上转移了国内矛盾,安抚了民心,从而确保政府信任得以延续,执政地位得以巩固。

2、主要内容和实施

韩国新亚洲倡议的主要内容有四点:一是同所有亚洲国家开展自由贸易协定谈判,扩大经济交流;二是积极参与应对金融危机、气候变化等国际问题的磋商;三是同每个亚洲国家建立"一对一"经济合作关系;四是增强韩国在亚洲地区的影响力和话语权。此外,韩国政府还将推进建立亚太地区绿色发展地带、扩大亚洲地区自由贸易和相互投资、向亚洲地区发展中国家传输开发经验,及扩大对发展中国家的有偿、无偿援助。从"新亚洲倡议"的主要内容来看,主要是以现有的"四强外交"为基础,将韩国目前的亚洲外交朝两个方向延伸:一是区域的扩大。将过去"偏

---

1. 刘天聪:《"新亚洲构想":韩国回归亚洲》,载《北京周报》2009年第21期。
2. 邵冰:《韩国"新亚洲外交构想"的实施及其前景》,载《理论观察》2011年第2期,第38-39页。

重于东北亚国家"的外交范围拓宽至东南亚、南太平洋、中亚、南亚以及中东在内的整个亚洲地区;二是领域的拓展。将过去"以经济为中心"的合作网络拓宽到安全保卫、文化、能源等领域,与亚洲各国在经济、安保、文化、能源、绿色发展等各领域建立合作关系的新型外交战略。韩国希望通过"新亚洲倡议",将韩国在亚洲地区的地位和作用升级至"主导国家"。

为了推进韩国的新亚洲倡议,李明博政府加强了对亚洲地区的外交,形成了东南亚为经济外交中心,中亚、中东为资源外交主战场,南太平洋、南亚为战略提携伙伴地带的地区外交布局。

东南亚地区是韩国新亚洲倡议实施的重中之重,也是韩国以经济外交为突破口谋求政治影响力的重要地区。韩国与东南亚的关系发展由来已久,双方在贸易、投资、旅游等领域进行了密切合作,自贸区建设也在筹划之中。为了推进新亚洲倡议,韩国政府加强了对东南亚国家的外交力度。2009年4月10-12日,李明博总统出席在泰国举行的东盟与中日韩领导人会议和东亚峰会;2009年6月,为纪念韩国—东盟建立对话关系20周年,韩国将邀请东盟10国领导人齐聚济州岛召开"10+1"特别峰会;2009年11月出席在新加坡举行的亚太经合组织(APEC)会议,顺访了东盟相关成员国。通过紧密的外交访问,韩国加强了与东南亚各国的联系,也增强了韩国在该地区的影响。在2009年6月的特别峰会上,韩国与东盟各国领导人商讨了提升双边关系,加强韩国对该地区的文化外交和对外援助力度,并谋求在一些地区和全球问题上加强沟通。[1] 东盟是韩国新亚洲倡议的起点(最早在印尼首都雅加达提出)也是重心,通过着眼于东盟,发展韩国与东盟更紧密关系,最终推动韩国的发展。[2]

---

1. 朱庸中:《李明博"新亚洲外交构想"向中日发起挑战》,载《朝鲜日报》,2009年10月26日。
2. 张明亮:《韩国的东盟战略——以其"新亚洲构想"为视角》,第89页。

在中亚、中东方面，韩国利用经济互补优势大搞资源外交。2009年5月10日至14日，李明博对乌兹别克斯坦和哈萨克斯坦进行了为期5天的访问，期间李与乌、哈两国总统就矿山、石油、天然气、信息通信、纤维、农业等领域签署了20多项协议和谅解备忘录，资源外交取得重大进展。韩国还利用各种国际组织、国际论坛的契机，加强了韩国与中东地区的经济合作，[1] 为进一步巩固韩国资源外交提供了有益支撑。随着"新亚洲构想"的展开，未来韩国还将继续推进与中亚、中东其他国家的关系，这将对韩国经济发展与国际地位提高起到积极作用。[2]

南太平洋地区是韩国"新亚洲倡议"极力争取的地区，该倡议的提出实际上就始于李明博对澳大利亚、新西兰、印尼的访问当中。访问期间，韩国与澳大利亚、新西兰两国就FTA达成了合作意向，[3] 商讨了在20国集团峰会中加强合作事宜。同为中等强国，韩国特别重视澳大利亚，青瓦台发言人金恩慧表示："李明博的新亚洲外交构想与澳大利亚的亚太合作构想、日本的东亚共同体构想，在本质上是一脉相承。"以此表示韩澳两国的共有利益所在。

韩国还注重与印度关系的良好发展，视印度为韩国提升地区影响的战略伙伴。2010年1月25日韩国总统李明博在印度新德里同印度总理辛格举行首脑会谈，商定将两国2004年达成协议的"长期合作伙伴关系"提升为"战略伙伴关系"。并决定以此为契机，将两国交易规模从2009年的122亿美元增加至2014年的300亿美元等，进一步增进经济、贸易领域的合作，同时将合作范围扩大到政治、安全、科技、文化等领域。

---

1. 钮松：《韩国的中东经济外交：估计组织与论坛的视角》，载《亚太经济》2012年第3期，第64页。

2. "新亚洲构想"：韩国回归亚洲, 中国网, 2009年6月12日, http://www.china.com.cn/book/zhuanti/qkjc/txt/2009-06/12/content_17939718.htm

3. "新亚洲构想"：韩国回归亚洲, 中国网, 2009年6月12日, http://www.china.com.cn/book/zhuanti/qkjc/txt/2009-06/12/content_17939718.htm

3、评价：

(1) 蓝图美好,值得努力

"新亚洲倡议"的提出,表明韩国意欲在亚洲寻找应对当前金融危机和经济萧条的突破口,进而将自身发展为区域强国,提升在国际社会的影响力的远大抱负。[1] 并且韩国为新亚洲倡议设置了四大目标,展现了韩国地区外交、中等强国外交的美好蓝图。努力履行"新亚洲倡议"政策,不但有望使韩国找到新的经济增长点,提高本国的重要性及国际地位,客观上还将对亚洲的经济恢复与一体化、地区和平稳定产生一定的积极影响,应当予以支持和鼓励。[2] 韩国希望利用自身的特点和长处,发挥中日两国无法替代的作用,这一点具有积极意义,但也面临着中日抵触的风险。李明博政府的新亚洲构想主要强调的是经济上的合作,而不是建立政治或军事同盟,也不是构筑反华意识形态同盟。因此,在全球克服经济危机的情况下,韩国的新亚洲构想值得肯定和鼓励。当然,在中国和日本在亚洲发挥巨大影响力的情况下,李明博的上述构想能否实现尚难预料。[3]

(2) 国内信心不足,前景看衰

韩国国内认为,在中国和日本在亚洲地区已经形成的巨大影响力面前,李明博政府这一"雄心勃勃"的构想能否实现,还远是未知。韩国推进重视亚洲的政策,并不表示亚洲各国瞬间就能成为韩国的好友。在亚洲,韩国的威信和影响力明显低于中国和日本,新亚洲倡议的成败取决于韩国是否能充当中国和日本无法胜任的角色。[4] 并且一些韩国人士认为新亚洲倡议不切实际,新瓶装旧酒。卢武铉政府也曾宣称要成为"东北亚中心国家"、"路由器",不过最后只引起了周边国家的反感、毫无收获。而

---

1. 李明博"新亚洲外交构想"的背景与意义,韩联社,2009年3月8日。
2. 刘天聪：《"新亚洲构想"：韩国回归亚洲》,载《北京周报》2009年第21期。
3. 詹德斌：《韩国提出做亚洲主导国家中国网民嗤之以鼻》,载《国际先驱导报》2009年03月12日, http://news.QQ.com。
4. 《人们对"新亚洲"外交构思的期待和忧虑韩国》,载《东亚日报》2009年3月9日。

且李政府也曾因为过于强调能源外交和韩美同盟恢复而引起负作用。"一步实际行动胜过一打纲领",这是被大量事实和历史经验证明了的道理。如果我国政府不设身处地就无法成功实现重视亚洲的政策。"新亚洲"构思不需要虚张声势,只需要"使用"。韩国应该先努力培养实力,从而提高国家威信。[1]

(3) 大国竞相角逐,地区领导权很难实现

亚洲全球地位的提升不仅引发了世界关注,也激发了域内外国家对地区领导权的追逐。中国、日本、印度、澳大利亚等国都提出了各自的亚洲地区合作方案,相对而言,韩国并不具备太多优势。韩国认为自身相对中日而言所具备的两点优势并不能保证韩国对地区领导权的争夺。在亚洲地区,国际政治的现实依然是权力政治,中日两国才是亚洲地区最有可能的领导者。尽管韩国的"新亚洲倡议"并不谋求取代中日两国的亚洲地位,但要取代与两国相当地位也是困难重重。中日两国也对韩国充当亚洲地区领导表示质疑。[2] 不过韩国谋求地区领导权也并非没有可能,主要在于亚洲地区形成何种领导模式,作为中等强国,韩国有资格和能力成为亚洲地区共同领导、合作领导的一部分,因而韩国的巧妙策略在于推动亚洲的地区主义,通过多边主义弥补韩国的实力差距,提升韩国地区影响。

(4) 全球韩国

"全球韩国"(Global Korea)一直贯穿于李明博政府的外交政策当中,无论是在竞选还是卸任时期,李明博总统都对"全球韩国"高度重视,在卸任时表示韩国已毫无疑问地成为世界中心国家,实际上也是宣示其"全球韩国"的政绩。"全球韩国"比较宽泛,其主要目的在于通过经济外交、资源外交、文化外交、国际组织外交等多种方式不断提升韩国国际地位,推

---

1. 《人们对"新亚洲"外交构思的期待和忧虑韩国》,载《东亚日报》2009年3月9日。
2. 《韩国在亚太地区的实利外交遭受质疑》,载日本《富士产经商报》10月24日。

动韩国成为世界中心国家,打造韩国的国家品牌。

2007年,李明博总统参与竞选时就提出"全球韩国"的概念,竞选获胜后成立的政权接管委员会将"全球韩国"选为新政府的五大国政指标之一。[1] 2008年2月,李明博在总统就职演说中也重点阐述了其"全球韩国"构想,指出韩国将以更加广阔的视野与更主动的姿态,开展与国际社会携手前进、交流合作的全球外交,包括资源外交、贡献外交、文化外交等多方面。[2] 从李明博及其参谋在不同场合的讲话中可以看出,"全球韩国"首先是一个先进化韩国,就是达到发达国家标准的韩国;其次,"全球韩国"是与世界同步发展、共同进步的韩国;再次,"全球韩国"是在全球承担与国力相称的义务的韩国。[3]

1、主要内容:

(1) 积极修复和提升美韩联盟

卢武铉时期,美韩联盟因战略分歧、利益分化等各种原因有所恶化,李明博政府必须采取措施进行修复。李明博意识到了美韩联盟对于韩国的重要性,在就职时就承诺"将把与美国的传统友好关系发展与加强成为面向未来的同盟关系,并以两国间形成的历史性信赖为基础巩固战略性同盟关系"。可见,李明博对美韩联盟大打感情牌和历史牌,试图缓和美韩矛盾。上任后李明博总统积极修复并提升美韩联盟,将首访选为美国显示了韩国新政府对盟友的重视。2008年4月中旬,李明博上任后首次出访就前往美国。他在美国提出建立以价值同盟、互信同盟、构建和平同盟为原则的新世纪韩美战略同盟关系,得到美国总统布什的赞赏。双方"心理距离得到拉近",在以往存在分歧的对朝政策和朝核问题上也达

---

1. 《政权接管委员会今天举行解散仪式》,韩联社,2008年2月22日。
2. 参见李明博总统就职演说。
3. 詹德斌:《聘用"洋国师"李明博欲施展"全球外交"》,环球网,2008年6月29日 http://news.dayoo.com/world/200806/29/53871_3450844.htm

成了一系列共识。[1] 2009年,美韩两国共同签署了《美韩联盟共同展望》,在美韩联盟全球化上达成共识。借助美韩联盟是韩国全球地位提升的捷径,宣扬韩国是美国的全球伙伴,可以通过美国的提携让韩国更多地参与到国际社会。

(2) 继续巩固发展均衡的周边大国外交

"四强外交"是韩国的外交传统,也是韩国安身立命的关键所在。搞好与周边大国中日俄的关系对于应对朝鲜,维护地区稳定十分重要。"李明博表示要均衡发展韩国同这三国的关系,实现东亚的和平与共同繁荣。"[2] 上任第一年,李明博就完成了对中日俄的访问,并推动了双边关系的提升。其美日韩两国因应对朝鲜威胁而合作加强,美韩准联盟趋势一度明显。中韩两国关系进一步发展,2010提升为全球战略合作伙伴关系。中日韩合作机制日益完善,三国合作秘书处落户首尔更为韩国外交的重大胜利,也是显示韩国地区领导力,提升全球影响的重要战果。

(3) 资源、贡献、文化三管齐下

资源外交、贡献外交、文化外交构成了李明博为打造"全球韩国",推行"全球外交"的三驾马车。"韩国国土面积狭小,自然资源匮乏,能源和各种原材料大多依赖进口。为拓展海外资源,韩国将俄罗斯、中亚、非洲和拉美作为资源外交的四大战略区域并积极行动。"[3] 资源外交的良好运作有利于李明博经济振兴747计划的实现,无怪乎李明博对资源外交十分重视,认为"为了实现韩国经济引擎的稳健运行,将努力确保资源与能源的稳定供应。"为了提升韩国的国际地位,李明博政府还特别注重国际

---

1. 李拯宇、干玉兰:《年终综述:韩国"全球外交"得与失》,2008年12月25日,新华网, http://news.xinhuanet.com/world/2008-12/25/content_10557771.htm
2. 李拯宇、干玉兰:《韩国走向"全球外交"》,载《瞭望》,2008年第9期,3月3日,第102页。
3. 李拯宇、干玉兰:《年终综述:韩国"全球外交"得与失》,2008年12月25日,新华网, http://news.xinhuanet.com/world/2008-12/25/content_10557771.htm

贡献外交,其中以对外援助、国际维和为重点。在上任时就表示"将开展与韩国的经济规模与外交力量相符的体现人类普遍价值观的贡献型外交,积极参加联合国维和部队活动与扩大公共外交援助规模"。[1] 利用韩国文化资源,塑造韩国软实力,拓展韩国国际影响是文化外交的基本内核。"着力开展文化外交,更好地与国际社会沟通。若将韩国的传统文化与尖端技术完美结合起来,就能向世界充分展现韩国的魅力"。让韩流涌动世界,便可低成本地提升全球韩国影响。

(4) 国际拓展外交

李明博的"全球韩国"特别重视对国际会议的主办与参与,国际组织的创建与引进。李明博总统就职仪式就特别重视提升韩国的国际影响,特别邀请了一些国家的国家元首或政府首脑参加。2010年主办G20峰会被认为是"全球韩国"的重大胜利,是韩国向国际社会展现魅力的重要时机。2012年,第二次核安全峰会在韩国举行,再次将韩国推向国际舞台中心,实现了韩国的防扩散由地区向全球的拓展。除了主办国际会议外,韩国还积极参与各种国际会议,并不时提出韩国的主张,增大韩国国际影响。韩国还特别注重国际组织的创建与引进,绿色气候基金(GCF)落户仁川引发韩国举国欢呼。此外,韩国还主办"全球韩国"学会会议,邀请世贸组织总干事等众多国际名流参与,增加韩国在国际社会的曝光度。为了推进全球韩国建设,李明博总统还邀请比尔·盖茨等10多位国际知名人物担任国际咨询委员,为韩国的发展献计献策。[2]

(5) 注重环保,倡导绿色发展

绿色韩国是"全球韩国"的一张名片。李明博在就职演说时就提到"无论任何情况下,都要保持环境友好型、文化友好型的基调,重视环保产

---

[1]. 参见李明博总统就职演说。
[2]. 詹德斌:《聘用"洋国师" 李明博欲施展"全球外交"》,环球网,2008年6月29日 http://news.dayoo.com/world/200806/29/53871_3450844.htm

业。"此后在多种国际场合,韩国都不遗余力的推销绿色增长理念,塑造绿色韩国典范。成功引入绿色气候基金(GCF)落户仁川,获誉 OECD 第一个绿色增长国家等都是绿色韩国的重要进展。

2、评价:

"全球韩国(Global Korea)"是提升韩国国际形象、国际地位的一项系统工程,也是李明博任期向国际社会所极力推销的。尽管存在诸多困难,但从实效来看,对于提升韩国国际影响还是起到了积极作用。

李明博总统的高度重视是"全球韩国"计划得以成功的首要因素。李明博总统上任时就宣称要从"理念时代"迈向"实用主义时代",对全球外交高度重视,在各种场合都不断推销韩国国际形象,宣扬其"全球韩国"构想。尽管李明博总统认为关于其政绩的评价交由历史,但对于"全球韩国"的成绩却十分自信和满意,在 2013 年发表新年献词和 2013 年的卸任演说上都认为韩国已成为全球中心国家。他表示:"韩国不仅是经济强国,同时也是文化强国、体育强国和绿色强国,韩国已跨入世界中心国家的行列"。[1] 其主张也得到其他国家的一定认可。美国总统奥巴马对其"全球韩国"表示敬意,并希望提升与韩国新政府的合作关系,保持韩国和美国在经济、安全和国民间的交流方面的全球伙伴关系。[2]

三驾马车齐头并进,全球影响日益增多。资源外交、贡献外交与文化外交是"全球韩国"最为倚重的三驾马车,在李明博任期都取得了不错的成绩。在资源外交方面,韩国与中亚、中东、东南亚、大洋洲等一些国家建立了良好的关系,为韩国经济发展的资源需求提供了保障。贡献外

---

1. 赵衍龙:《李明博发新年贺词称韩国跻身世界中心国家》,环球网,2013 年 1 月 1 日, http://www.dzwww.com/xinwen/xinwenzhuanti/2008/ggkf30zn/201301/t20130101_8047870.htm
2. 覃博雅:《奥巴马祝贺朴槿惠获胜 对李明博"全球韩国"表敬意》,人民网,2012 年 12 月 20 日, http://www.chinadaily.com.cn/hqgj/jryw/2012-12-20/content_7817718.html

交上以对外援助和国际维和为重心,不仅参与力度大,投入资金多,而且确实也提升了韩国的国际影响。文化外交上注重先进技术与传统文化的融合,倡导先进文化,实际上是一种新的文化理念的传播。

　　规划系统细致,参与倾尽全力是"全球韩国"成功的保障。在"全球韩国"的宏观目标下,李明博政府提出了实现它的5大战略：创造新的和平架构、开展实用主义通商外交、迈向世界的先进安全保障、构建亲环境的经济和能源结构、创造美好的生活和富有创意的文化等。在5大战略菜单下,李明博政府细分出了47个需要完成的课题。这些课题又根据重要程度,划分成3个等级。[1] 除了较为详细的规划,韩国还调动全球韩国人积极参与,每一个韩国人都成为韩国国际品牌的一部分。不仅驻外人员肩负传播"全球韩国"的使命,每一个韩国人都应该支持"全球韩国"建设,正是这种全方位的参与,成为"全球韩国"成功的有力支撑。

　　国际会议外交极大地提升了韩国的国际影响,[2] 为"全球韩国"建设增砖添瓦。李明博任期,韩国举办了G20峰会和第二届和安全峰会,一时间首尔成为世界外交中心。通过召开国际会议提升韩国国际影响取得了一定成效,但巨大的花销也引起部分民众的抱怨。除了主办国际会议外,李明博政府还积极参与国际会议,并在绿色增长,环保等议题上寻求倡议作用。

---

1. 詹德斌：《聘用"洋国师" 李明博欲施展"全球外交"》,环球网,2008年6月29日 http://news.dayoo.com/world/200806/29/53871_3450844.htm
2. Kim Sung-han, Global Korea: Broadening Korea's Diplomatic Horizons, CSIS, July 27, 2012.

■ 著者:汪伟民

研究方向:东北亚国际关系, 中国外交, 国际安全理论。
主要代表作包括:《联盟理论与美国的联盟战略》,《美韩同盟再定义与东北亚安全》,《中国周边安全环境与安全战略》等。
迄今在国内外核心期刊发表论文近50篇, 各类评论文章百多篇。

韩国在中美之间的战略选择: 中国的视角
중국과 미국 사이에서 한국의 전략적 선택
South Korea's Strategic Choice
between China and the U.S. : China's Perspective

印　刷:2015년 8월 14일
發　行:2015년 8월 25일
著　者:汪伟民
發行者:權好順
發行處:시간의물레(時間的紡車)
　　　　서울시 마포구 마포대로 4다길 3, 1층
登　錄:제1-3148호
TEL:(02)3273-3867
FAX:(02)3273-3868
E-mail:timeofr@naver.com
定價:30,000원
ISBN 978-89-6511-133-7 (93340)